"十四五"国家重点出版物出版规划

军事高科技知识丛书·黎 湘 傅爱国 主编

国家出版基金项目
NATIONAL PUBLICATION FOUNDATION

信息化条件下后装综合保障

沈国际 罗 旭 等 ★ 编著

Integrated Logistics Support Under Information-based Condition

国防科技大学出版社
·长沙·

图书在版编目（CIP）数据

信息化条件下后装综合保障 / 沈国际，罗旭编著. -- 长沙：国防科技大学出版社，2025.1.（军事高科技知识丛书 / 黎湘，傅爱国主编）. -- ISBN 978 - 7 - 5673 - 0666 - 0

Ⅰ. E233 - 39

中国国家版本馆 CIP 数据核字第 2025ZP0785 号

军事高科技知识丛书

丛书主编：黎　湘　傅爱国

信息化条件下后装综合保障

XINXIHUA TIAOJIANXIA HOUZHUANG ZONGHE BAOZHANG

沈国际　罗　旭　等编著

出版发行：国防科技大学出版社
责任编辑：邹思思　向　颖　　　　　　　　责任美编：张亚婷
责任校对：邓　磊　　　　　　　　　　　　责任印制：丁四元
印　　制：长沙市精宏印务有限公司
印　　张：21.25　　　　　　　　　　　　开　　本：710×1000　1/16
版　　次：2025 年 1 月第 1 版　　　　　　字　　数：314 千字
书　　号：ISBN 978 - 7 - 5673 - 0666 - 0　印　　次：2025 年 1 月第 1 次
定　　价：128.00 元

社　　址：长沙市开福区德雅路 109 号
邮　　编：410073
电　　话：0731 - 87028022
网　　址：https://www.nudt.edu.cn/press/
邮　　箱：nudtpress@nudt.edu.cn

版权所有　侵权必究

告读者：如发现本书有印装质量问题，请与所购图书销售部门联系调换。

军事高科技知识丛书

主　　　编　黎　湘　傅爱国
副　主　编　吴建军　陈金宝　张　战

编委会

主 任 委 员　黎　湘　傅爱国
副主任委员　吴建军　陈金宝　张　战　雍成纲
委　　　员　曾　光　屈龙江　毛晓光　刘永祥
　　　　　　孟　兵　赵冬明　江小平　孙明波
　　　　　　王　波　冯海涛　王　雷　张　云
　　　　　　李俭川　何　一　张　鹏　欧阳红军
　　　　　　仲　辉　于慧颖　潘佳磊

总 序

孙子曰:"凡战者,以正合,以奇胜。故善出奇者,无穷如天地,不竭如江河。"纵观古今战场,大胆尝试新战法、运用新力量,历来是兵家崇尚的制胜法则。放眼当前世界,全球科技创新空前活跃,以智能化为代表的高新技术快速发展,新军事革命突飞猛进,推动战争形态和作战方式深刻变革。科技已经成为核心战斗力,日益成为未来战场制胜的关键因素。

科技强则国防强,科技兴则军队兴。在人民军队走过壮阔历程、取得伟大成就之时,我们也要清醒地看到,增加新域新质作战力量比重、加快无人智能作战力量发展、统筹网络信息体系建设运用等,日渐成为建设世界一流军队、打赢未来战争的关键所在。唯有依靠科技,才能点燃战斗力跃升的引擎,才能缩小同世界强国在军事实力上的差距,牢牢掌握军事竞争战略主动权。

党的二十大报告明确强调"加快实现高水平科技自立自强""加速科技向战斗力转化",为推动国防和军队现代化指明了方向。国防科技大学坚持以国家和军队重大战略需求为牵引,在超级计算机、卫星导航定位、信息通信、空天科学、气象海洋等领域取得了一系列重大科研成果,有效提高了科技创新对战斗力的贡献率。

站在建校70周年的新起点上,学校恪守"厚德博学、强军兴国"校训,紧盯战争之变、科技之变、对手之变,组织动员百余名专家教授,编纂推出"军事高科技知识丛书",力求以深入浅出、通俗易懂的叙述,系统展示国防科技发展成就和未来前景,以飨心系国防、热爱科技的广大读者。希望作者们的努力能够助力经常性群众性科普教育、全民军事素养科技素养提升,为实现强国梦强军梦贡献力量。

主编 黎湘 傅爱国

院士推荐

杨学军

强军之道，要在得人。当前，新型科技领域创新正引领世界军事潮流，改变战争制胜机理，倒逼人才建设发展。国防和军队现代化建设越来越快，人才先行的战略性紧迫性艰巨性日益显著。

国防科技大学是高素质新型军事人才培养和国防科技自主创新高地。长期以来，大学秉承"厚德博学、强军兴国"校训，坚持立德树人、为战育人，为我军培养造就了以"中国巨型计算机之父"慈云桂、国家最高科学技术奖获得者钱七虎、"中国歼-10之父"宋文骢、中国载人航天工程总设计师周建平、北斗卫星导航系统工程副总设计师谢军等为代表的一茬又一茬科技帅才和领军人物，切实肩负起科技强军、人才强军使命。

今年，正值大学建校70周年，在我军建设世界一流军队、大学奋进建设世界一流高等教育院校的征程中，丛书的出版发行将涵养人才成长沃土，点燃科技报国梦想，帮助更多人打开更加宏阔的前沿科技视野，勾画出更加美好的军队建设前景，源源不断吸引人才投身国防和军队建设，确保强军事业薪火相传、继往开来。

中国科学院院士 杨学军

院士推荐

包为民

近年来，我国国防和军队建设取得了长足进步，国产航母、新型导弹等新式装备广为人知，但国防科技对很多人而言是一个熟悉又陌生的领域。军事工作的神秘色彩、前沿科技的探索性质，让许多人对国防科技望而却步，也把潜在的人才拦在了门外。

作为一名长期奋斗在航天领域的科技工作者，从小我就喜欢从书籍报刊中汲取航空航天等国防科技知识，好奇"在浩瀚的宇宙中，到底存在哪些人类未知的秘密"，驱动着我发奋学习科学文化知识；参加工作后，我又常问自己"我能为国家的国防事业作出哪些贡献"，支撑着我在航天科研道路上奋斗至今。在几十年的科研工作中，我也常常深入大学校园为国防科研事业奔走呼吁，解答国防科技方面的困惑。但个人精力是有限的，迫切需要一个更为高效的方式，吸引更多人加入科技创新时代潮流、投身国防科研事业。

所幸，国防科技大学的同仁们编纂出版了本套丛书，做了我想做却未能做好的事。丛书注重夯实基础、探索未知、谋求引领，为大家理解和探索国防科技提供了一个新的认知视角，将更多人的梦想连接国防科技创新，吸引更多智慧力量向国防科技未知领域进发！

中国科学院院士

院士推荐

费爱国

站在世界百年未有之大变局的当口，我国重大关键核心技术受制于人的问题越来越受到关注。如何打破国际垄断和技术壁垒，破解网信技术、信息系统、重大装备等"卡脖子"难题牵动国运民心。

在创新不断被强调、技术不断被超越的今天，我国科技发展既面临千载难逢的历史机遇，又面临差距可能被拉大的严峻挑战。实现科技创新高质量发展，不仅要追求"硬科技"的突破，更要关注"软实力"的塑造。事实证明，科技创新从不是一蹴而就，而有赖于基础研究、原始创新等大量积累，更有赖于科普教育的强化、生态环境的构建。唯有坚持软硬兼施，才能推动科技创新可持续发展。

千秋基业，以人为本。作为科技工作者和院校教育者，他们胸怀"国之大者"，研发"兵之重器"，在探索前沿、引领未来的同时，仍能用心编写此套丛书，实属难能可贵。丛书的出版发行，能够帮助广大读者站在巨人的肩膀上汲取智慧和力量，引导更多有志之士一起踏上科学探索之旅，必将激发科技创新的精武豪情，汇聚强军兴国的磅礴力量，为实现我国高水平科技自立自强增添强韧后劲。

中国工程院院士　费爱国

院士推荐

陆建华

当今世界，新一轮技术革命和产业变革突飞猛进，不断向科技创新的广度、深度进军，速度显著加快。科技创新已经成为国际战略博弈的主要战场，围绕科技制高点的竞争空前激烈。近年来，以人工智能、集成电路、量子信息等为代表的尖端和前沿领域迅速发展，引发各领域深刻变革，直接影响未来科技发展走向。

国防科技是国家总体科技水平、综合实力的集中体现，是增强我国国防实力、全面建成世界一流军队、实现中华民族伟大复兴的重要支撑。在国际军事竞争日趋激烈的背景下，深耕国防科技教育的沃土、加快国防科技人才培养、吸引更多人才投身国防科技创新，对于全面推进科技强军战略落地生根、大力提高国防科技自主创新能力、始终将军事发展的主动权牢牢掌握在自己手中意义重大。

丛书的编写团队来自国防科技大学，长期工作在国防科技研究的第一线、最前沿，取得了诸多高、精、尖国防高科技成果，并成功实现了军事应用，为国防和军队现代化作出了卓越业绩和突出贡献。他们拥有丰富的知识积累和实践经验，在阐述国防高科技知识上既系统，又深入，有卓识，也有远见，是普及国防科技知识的重要力量。

相信丛书的出版，将点燃全民学习国防高科技知识的热情，助力全民国防科技素养提升，为科技强军和科技强国目标的实现贡献坚实力量。

中国科学院院士

院士推荐

王怀民

《"十四五"国家科学技术普及发展规划》中指出,要对标新时代国防科普需要,持续提升国防科普能力,更好为国防和军队现代化建设服务,鼓励国防科普作品创作出版,支持建设国防科普传播平台。

国防科技大学是中央军委直属的综合性研究型高等教育院校,是我军高素质新型军事人才培养高地、国防科技自主创新高地。建校70年来,国防科技大学着眼服务备战打仗和战略能力建设需求,聚焦国防和军队现代化建设战略问题,坚持贡献主导、自主创新和集智攻关,以应用引导基础研究,以基础研究支撑技术创新,重点开展提升武器装备效能的核心技术、提升体系对抗能力的关键技术、提升战争博弈能力的前沿技术、催生军事变革的重大理论研究,取得了一系列原创性、引领性科技创新成果和战争研究成果,成为国防科技"三化"融合发展的领军者。

值此建校 70 周年之际，国防科技大学发挥办学优势，组织撰写本套丛书，作者全部是相关科研领域的高水平专家学者。他们结合多年教学科研积累，围绕国防教育和军事科普这一主题，运用浅显易懂的文字、丰富多样的图表，全面阐述各专业领域军事高科技的基本科学原理及其军事运用。丛书出版必将激发广大读者对国防科技的兴趣，振奋人人为强国兴军贡献力量的热情。

中国科学院院士

院士推荐

宋君强

习主席强调，科技创新、科学普及是实现创新发展的两翼，要把科学普及放在与科技创新同等重要的位置。《"十四五"国家科学技术普及发展规划》指出，要强化科普价值引领，推动科学普及与科技创新协同发展，持续提升公民科学素质，为实现高水平科技自立自强厚植土壤、夯实根基。

《中华人民共和国科学技术普及法》颁布实施至今已整整21年，科普保障能力持续增强，全民科学素质大幅提升。但随着时代发展和新技术的广泛应用，科普本身的理念、内涵、机制、形式等都发生了重大变化。繁荣科普作品种类、创新科普传播形式、提升科普服务效能，是时代发展的必然趋势，也是科技强军、科技强国的内在需求。

作为军队首个"科普中国"共建基地单位，国防科技大学大力贯彻落实习主席提出的"科技创新、科学普及是实现创新发展的两翼，要把科学普及放在与科技创新同等重要的位置"指示精神，大力加强科学普及工作，汇集学校航空航天、电子科技、计算机科学、控制科学、军事学等优势学科领域的知名专家学者，编写本套丛书，对国防科技重点领域的最新前沿发展和武器装备进行系统全面、通俗易懂的介绍。相信这套丛书的出版，能助力全民军事科普和国防教育，厚植科技强军土壤，夯实人才强军根基。

中国工程院院士

信息化条件下
后装综合保障

编　著：沈国际　罗　旭　于慧颖

序言

大型装备是国民经济和国防安全的物质基础，装备健康和运维保障越来越成为生产力和战斗力的重要组成部分。近年来，计算机、人工智能与控制技术，特别是工业互联网和数据科学与工程实现迅猛发展。随着以信息技术为核心的高新技术在军事领域的广泛运用，以信息技术提升军事装备可靠性和综合保障能力势在必行。

随着军队机械化信息化智能化建设程度的不断提高，各类先进装备大量涌现，作战物资种类及数量也成倍增加。后装综合保障的作用在于运用物质力量和技术手段，及时、准确地保障武装力量的作战、建设等各项行动。因此，现代战争对后装综合保障能力的依赖性越来越大。

现代装备技术复杂程度越来越高，装备故障导致的非计划停用和事故损失巨大。因此，有必要深入研究装备复杂系统动力学行为，确保其自身的健康状况，实现长周期安全运行。国防科技大学长期坚持装备保障技术研究，在直升机动部件、舰船动力装置、航空发动机等大型装备测试诊断领域积累了丰富的技术成果与应用案例；同时，学校也注重军民融合，与全国范围内有关装备健康监控重点实验室持续开展技术交流合作。

国防科技大学课题组结合专业特长，编著了这本《信息化条件下后装综合保障》，系统全面总结了后勤与装备保障领域的理论方法和前沿技术。相信本书对于发挥装备潜力，打赢信息化战争具有重要实用和参考价值，将为我军后装综合保障的探索创新发挥重要作用。诚望更多领导和技术人员关注装备运用与保障技术，提升装备维护信息化智能化水平，为提高我军战斗力作出新的更大的贡献。

中国工程院院士

前言

后装综合保障是以体系对抗为着眼点，以信息为纽带，以装备自身技术态势和保障资源态势为基础，以保障的科学决策为核心，从装备全寿命周期层面上实施的综合化、一体化、信息化、智能化、精确化保障。后装综合保障是信息化条件下现代战争的必然需求。基于网络信息体系的联合作战已成为近年来发生的几次局部战争的主要作战方式，战争进程加快、体系对抗加剧，时间空间压缩、战争损耗巨大，与此同时军队机械化信息化智能化建设程度不断提高，各种先进装备技术水平高、结构复杂，对后装综合保障能力的依赖性越来越强，综合保障技术难度显著加大，综合保障时效性精确性要求更高，综合保障组织指挥更加复杂。

近年来，在世界范围内发生的几场局部战争中，高新技术在后装综合保障领域得到广泛应用，使得综合保障效能大大提高，为赢得战争胜利发挥了重要作用。后装综合保障是新时代部队建设的重要内容，保障力就是战斗力已成为军内外共识。各军兵种在新型战机、舰船、导弹等新研装备方案中均明确了综合保障要求，相关机构也竞相开展了综合保障技术应用研究。

本书以新时代部队建设和军事斗争准备的现实需求为牵引，结合信息化智能化等高新技术发展前沿，突出问题研究，按照面向战场、面向部队、面向未来的要求，系统介绍信息化条件下后装综合保障需求、理念、关键技术及应用，阐述装备保障特性、保障状态自主感知、保障信息集成与决策、智能保障作业、保障方案优化生成，以及后装保障实战化演练等技术手段。本书可作为后装保障课程的配套教材，方便读者了解信息化条件下后装综合保障的基本理论、技术要素、应用原理和前沿动态，树立全寿命周期全系统工程理念，从而着力提升装备综合保障效能。另外，本书还可以为相关指挥管理干部和技术人员提升任职能力提供参考和支撑。

本书编写过程中参考吸纳了军内外同行学者的先进经验，得到了装甲兵学院朱胜教授、国防大学李长海教授等专家的精心赐教指导，学校装备综合保障技术重点实验室的刘冠军、陈善勇、蒋瑜、李磊、程哲、葛哲学、张士刚、张伦、骆彦廷等老师先后参与了内容撰写，在此一并衷心感谢。

作 者
2024 年 10 月

目 录

第 1 章 绪论   1

1.1 后装综合保障的发展需求   2
1.1.1 信息化智能化作战对后装综合保障的需求   2
1.1.2 新时代部队建设对后装综合保障的需求   6

1.2 后装综合保障的概念与内涵   8
1.2.1 概念提出   8
1.2.2 主要内涵   9

1.3 后装综合保障的发展趋势和技术特征   10
1.3.1 发展趋势   10
1.3.2 技术特征   12

第 2 章 装备保障工程与装备保障特性   15

2.1 装备保障工程   15
2.1.1 装备保障工程内涵   15
2.1.2 装备全系统全寿命保障   18
2.1.3 装备保障特性   27

2.2　可靠性设计与试验　29

2.2.1　可靠性分析　30
2.2.2　可靠性设计　30
2.2.3　可靠性试验　33

2.3　维修性设计与试验　35

2.3.1　维修性分析　35
2.3.2　维修性设计　36
2.3.3　维修性试验　39

2.4　测试性设计与验证　40

2.4.1　测试性分析　40
2.4.2　测试性设计　41
2.4.3　测试性验证　41

2.5　保障性设计与试验　42

2.5.1　保障性分析　43
2.5.2　保障性设计　44
2.5.3　保障性试验　46

2.6　安全性设计与验证　47

2.6.1　安全性分析　48
2.6.2　安全性设计　49
2.6.3　安全性验证　51

2.7　环境适应性设计与试验　52

2.7.1　环境适应性要求　53
2.7.2　环境适应性设计　53
2.7.3　环境适应性试验与评价　54

第3章　保障状态感知技术　　57

3.1　装备状态感知技术　　57

3.1.1　装备测试技术　　57
3.1.2　装备状态监控与健康管理技术　　65
3.1.3　直升机状态感知系统案例　　71

3.2　物资资源感知技术　　76

3.2.1　自动识别技术　　76
3.2.2　无线射频识别技术　　77
3.2.3　无线传感网技术　　82

3.3　战场损伤分析与评估技术　　83

3.3.1　战场损伤分析内容　　84
3.3.2　战场损伤评估技术　　86

3.4　保障态势可视化系统　　89

3.4.1　地理信息系统　　89
3.4.2　资源可视化系统　　92

第4章　保障信息集成与分析技术　　95

4.1　保障信息化体系结构　　96

4.1.1　保障信息化体系结构概述　　96
4.1.2　保障信息化业务体系结构　　97
4.1.3　保障信息化系统体系结构　　101
4.1.4　保障信息化技术体系结构　　103

4.2 保障信息集成与数据管理技术 ... 106
  4.2.1 保障信息集成技术 ... 106
  4.2.2 保障数据管理技术 ... 114

4.3 保障大数据分析与云计算技术 ... 119
  4.3.1 保障大数据分析技术 ... 119
  4.3.2 云计算技术 ... 126

4.4 联合分布式信息系统 ... 129
  4.4.1 联合分布式信息系统概述 ... 129
  4.4.2 联合分布式数据处理系统 ... 131
  4.4.3 智能便携式维修辅助设备 ... 133

第5章 智能保障作业技术 ... 135

5.1 虚拟维修 ... 136
  5.1.1 虚拟维修分类 ... 136
  5.1.2 虚拟维修的作用和意义 ... 142
  5.1.3 虚拟维修技术实现 ... 143
  5.1.4 虚拟维修应用情况 ... 151
  5.1.5 柴油机虚拟维修应用案例 ... 154

5.2 交互式电子技术手册 ... 161
  5.2.1 交互式电子技术手册需求分析 ... 161
  5.2.2 交互式电子技术手册的作用 ... 162
  5.2.3 交互式电子技术手册功能定位 ... 164
  5.2.4 交互式电子技术手册应用情况 ... 165

5.3　装备自修复技术　　170

5.3.1　仿生自修复硬件技术　　170
5.3.2　软件故障隔离与自修复技术　　188

5.4　增材制造技术　　196

5.4.1　增材制造技术基本原理　　196
5.4.2　增材制造关键技术　　205
5.4.3　增材制造技术应用与发展情况　　207

第6章　后装综合保障方案生成及应用系统　　215

6.1　保障系统建模与仿真技术　　216

6.1.1　保障系统模型　　216
6.1.2　保障系统建模方法　　220
6.1.3　保障系统仿真方法　　222

6.2　保障方案的制定、建模与评价　　227

6.2.1　保障方案的制定　　227
6.2.2　保障方案建模方法　　233
6.2.3　保障系统整体特性及其评价参数　　242
6.2.4　研制阶段保障方案评价方法　　245
6.2.5　使用阶段保障方案评价方法　　250

6.3　装备自主保障系统　　253

6.3.1　装备自主保障系统概述　　253
6.3.2　装备自主保障系统构成　　258
6.3.3　装备自主保障系统效能分析　　263

6.4 智能军事物流系统　　265

6.4.1 军事物流及其信息化概述　　265
6.4.2 智能军事物流系统框架　　269
6.4.3 智能军事物流系统应用分析　　274

第7章 后装保障实战化演练　　286

7.1 演练组织结构　　287

7.1.1 职能式组织结构模式　　287
7.1.2 项目式组织结构模式　　287
7.1.3 矩阵式组织结构模式　　288
7.1.4 组织结构模式对比分析　　289

7.2 演练计划管理　　290

7.2.1 后装保障实战化演练计划管理过程　　290
7.2.2 后装保障实战化演练进度估计　　290
7.2.3 后装保障实战化演练计划编制　　292
7.2.4 后装保障实战化演练计划控制　　293

7.3 演练效果评价　　295

7.3.1 后装保障实战化演练效果评价体系　　295
7.3.2 后装保障实战化演练效果评价指标　　296
7.3.3 后装保障实战化演练效果评价模型　　297

参考文献　　301

第 1 章
绪 论

> 兵马未动，粮草先行。
>
> ——民间俗语

随着以信息技术为核心的高新技术在军事领域的广泛运用，以信息技术为核心的新军事革命方兴未艾，基于网络信息体系的联合作战已成为近年来发生的几次局部战争的主要作战方式。与此同时，随着军队机械化信息化智能化建设程度的不断提高，各类先进技术装备大量涌现，作战物资种类及数量也成倍增加。因此，现代战争对后装综合保障能力的依赖性越来越大，后装综合保障逐渐成为提高军队战斗力的关键要素。在这种条件下，以集约式的综合保障取代以往被动、逐级、迟滞的粗放式保障，已经成为一体化联合作战的必然要求。

1.1　后装综合保障的发展需求

1.1.1　信息化智能化作战对后装综合保障的需求

以一体化联合作战为主要形态的信息化智能化作战是发生在物理域、信息域、认知域、社会域中的军事行动,它的本质特征体现为"信息主导、要素联合、统一筹划、协调同步"。通过信息和知识的主导作用,在信息域和认知域层次达成统一态势,取得信息与认知优势;通过基于网络信息体系的一体化联合作战指挥信息系统,将相对独立的各作战要素(包括指挥机构、作战人员、武器装备、传感器等)和作战系统整合为互联、互通、互操作的一体化作战体系;通过决策一体化形成统一认知并做出统一筹划,取得决策优势;基于一体化联合作战指挥信息系统实现整个作战体系在全维战场空间、全时域上的紧密联合,实现作战行动的一致性和同步性。信息化智能化作战的特点主要体现在:

1. 作战空间扩大化

信息化智能化技术极大地扩展了兵力、兵器作战的空间性能,使交战的纵深更大、领域更多、立体性更强,交战将在全方位进行,没有明确的战线。主要表现在以下三个方面:

远程作战能力提高,战场呈现大纵深。大量高技术的信息化智能化系统及装备投入使用,使远距离作战能力空前提高,战场平面范围扩大,作战向远近交叉的大纵深发展。这主要表现在:一是作战侦察距离增大,可在全球范围内实施大纵深、全面积的侦察与监视;二是武器装备的射程和航程增大,洲际导弹可以打到世界上任何一个地方,战略轰炸机经过空中加油后可以实现环球飞行;三是兵力机动能力提高,能够实现"全球到达"。这些表现使作战前方与后方的界限进一步模糊。

兵力部署广泛，战场呈现高立体。数字化部队的作战武器分布向高度更高、纵深更深这两个极端方向发展，空间兵站的建立和天基作战平台的出现，将海洋空间和陆地作战连为一体。

电磁斗争激烈，战场呈现全方位。高技术的信息化智能化武器在战场大量应用，使时域和空域的数字化技术成为实现战场一体化的关键技术，因为信息化本身就是一种系统化技术，即通过数字化处理实现多种信息的融合，从而达成战场作战系统的一体化，进而实现战场一体化。

2. 高度网络化

一体化作战是信息化战场形成的重要前提，建立在技术一体化基础上的网络化，即网络信息体系化，是信息化战场的一个重要特征。信息化最重要的特征是计算机及网络技术在军事领域的广泛应用，大到重大工程的配套使用，小到各类军事系统和武器系统的广泛使用。因此，战场将出现"军事信息高速公路"，整个战场会处在多媒体信息计算机网络通信体系之中。该网络以综合服务数字网的形式出现，将电话、电报、数据、图像等综合在一个网中进行高速度、高质量、大容量的传输。由于实现了光纤通信和无线的数字化网络传输，它可以将移动的计算机连接到有卫星做中继的全球网络上。这样装备在坦克、火炮、战车、各级指挥与控制系统、手提箱及单兵等各类武器平台上的计算机都能联网，无论在任何地方都能接收和发送信息数据，提供和处理战场实时信息。这些网络具有灵活的信息处理功能，即能实现在不同速度、安全度和可靠性的计算机内联网，信息可以在其间任意传递。拥有任意机型的使用者可以随时随地入网，从而形成一个互通、互联、互操作的一体化网络。

3. 高度透明化

信息化可使战场高度透明化。建立在信息技术之上的一体化和网络化，不仅使战场处于一个四通八达的信息网络中，而且更关键的是信息化技术能够实现多种信息源的融合并行处理、分类与综合，并瞬间传递出去，使现有各种高技术侦察与监视设备所获取的"实时侦察"信息，能最迅速地传到用户手中，转变为"实时信息"，这样，战场情况变化将会与战场信息报知同步化。身处信息化战场之中的所有战斗部队、战斗支援部队通过各自作战单元配属的各种作战平台、显示屏和计算机处理装置，既能看到整个战场的同一幅"画面"，又能任意提取战场任何一处的作战信息数据和"画面"，整个战场情况变得清晰，整个行动也更加透明，从而实现了整个战场信息的共享及全方位透明化。这里既包括战场决策者、控制与管理人员对战场的全方位一体化透视，也包括了任意作战单元、作战平台，甚至单兵对战场信息纵横联动任意报知的能力，以及准确定位自己、友邻和敌人位置的能力，最终实现战场的高度透明。

4. 高度机动性

信息化智能化可使战场具有高度的机动性，这是其网络化、横向技术一体化和高度透明化的必然结果。首先，信息化战场的高度透明化和高度网络化，意味着作战部队在战场目标识别、敌我位置定位、战场定向导航、战场动态环境了解与分析、战场信息搜集、传播、处理和报知等方面的能力都已空前提高。部队之间的协同实现一体化，有可能使执行不同作战任务的部队同时在多维空间中任意展开作战行动，而不必拘泥于战区和战线的限制。由于作战条件、作战手段和技术保障已获得根本性改善，部队将会随信息流在战场上任意流动作战。其次，部队横向一体化技术的实现，使兵力兵器远距离作战能力空前提高，从而为兵力、火力、电磁在战场上的流动提供了客观物资基础。这主要表现在：一是作战侦察和指挥距离增大。一体化的数字化侦察、监视技术装备和通信、指挥系统已可以在全球范围内进行活动，并能覆盖全战场。二是武器的射程增大。横向一体化技术的实现，能最大限度地发挥出已有兵器的性能，从而使战场的流动性有可能实现。最后，信息技术和智能技术使部队获得全方位机动能力，使作战区域处于不断的流动状况中。

5. 无人化自主化

以人工智能技术为代表的颠覆性技术，正在加速推进战争形态由机械化信息化战争向智能化战争演变。未来智能化战争以智能化的网络信息体系为依托，运用智能化武器装备及相应的作战方式、方法，在智能算法为核心的指挥控制下，在多维作战域实施各类作战与保障行动，逐步向无人化自主化发展。主要表现在以下几个方面：

作战平台无人化。无人作战平台机动距离更远、续航时间更长、抗风险能力更强、反应速度更快、精准度更高，能够克服人的脆弱性和身心极限，适应各种残酷恶劣环境，有效提升侦察透明度、打击精确度和作战突然性，高效完成有人平台无法完成的多样化作战任务。

作战行动自主化。智能化作战的本质是自主化作战，无人作战行动运用智能识别技术，形成对战场态势的精准感知判断，结合战场态势自主形成行动规划和控制，先通过人机交互的方式完成设计性决策，然后由机器自主完成侦察、判断、打击等执行性决策，并可自主快速完成多手段打击效果的评估、反馈。随着智能化技术的发展，作战手段更加多样，无人与有人作战行动能够自主协调，更加自主灵活。

作战体系重构化。智能化系统、数据链、作战云的支撑，使作战体系由以往的相对固定性向快速重构性转变，无人作战要素根据作战需要自主进行组合，实现在物理域、信息域、认知域的深度跨域聚能和体系效能精准释放。

以上本质特征在对作战样式、兵力编组、胜负标准等产生深刻影响的同时，也给后装综合保障带来一系列重大变化、提出了更高要求。信息化智能化条件下的后装综合保障必须利用信息化智能化技术，提高综合保障的预见性、一体化、连续性、灵活性，以适应信息化智能化作战需求，使其表现出许多不同于以往的新特点，主要有以下五个方面：

作战力量构成多元，保障体系必须要素齐备。信息化作战在多维空间展开，作战力量构成多元，武器系统结构复杂，战损模式各具特点，必须确保对各兵种实施全要素、全专业保障。

保障任务繁重复杂，保障供给必须持续稳定。信息化作战的作战强度高、消耗大，保障任务繁重，保障资源种类多、分布广，必须调动各种保障力量，提供持续稳定的保障支持。

战场情况瞬息万变，保障行动必须快速精确。信息化作战中，作战行动发起突然，作战样式灵活，战争进程快，战场上留给指挥员的反应和决断时间少。必须以作战行动为中心，快节奏、高机动、全时空展开保障资源，及时、精确地实施保障。

保障关系复杂多变，保障控制必须一体联动。信息化智能化条件下的一体化联合作战，保障对象、资源、设备多元汇集，关联关系复杂且处于动态演化之中，保障指挥必须权威高效、一体联动，形成整体合力，发挥体系对抗优势。

保障环境十分恶劣，保障链路必须安全可靠。信息化作战，战场环境透明，强敌突然实施的精确打击会使保障力量生存能力受到严重威胁，因此，必须采取远程投送等快捷高效的保障途径，提高保障链路的安全性。

1.1.2　新时代部队建设对后装综合保障的需求

根据建设世界一流军队、满足信息化条件下军队备战打仗第一要务的需求，新时代部队建设向着数字化信息化智能化发展。多种通信手段使各种装备形成一体化网络，为战场信息提供大容量、机动、灵活、实时的传输手段；在指挥控制方面，通过建立、优化军用信息系统体系结构，开发完善的信息融合、辅助决策、指挥控制软件，推进指挥控制智能化科学化；在武器装备方面，通过研制新一代武器系统，改进升级现有武器系统，实现武器装备机械化信息化智能化融合发展；在作战训练方面，针对各类作战人员开发信息处理设备，开展面向实战的模拟仿真与实兵操演，提高作战人员的态势感知能力及作战能力。

另外，大量信息化智能化装备的列装使用和战场的透明化，使得诸军兵种的作战系统、指挥控制系统等各种职能系统构成了以网络信息体系为基础的有机整体，通过战场信息资源共享，战斗保障更及时、更灵活、更准时，达到高度的统一协调。新时代部队建设对后装综合保障的需求主要体现在以下四个方面：

技术保障系统一体化。 未来战争必然是以信息为核心的高技术战争，是诸军兵种联合作战。为便于统一指挥、协调，更加强调体制上的统一，不仅要求技术保障和作战一体化，同时要求技术保障本身一体化。以扩大统供统管保障来统一组织战场范围内乃至全国的技术保障力量，将各军兵种技术保障力量统一聚合、有机合成，对物资器材实行更加广泛的统供统送，合理调节技术保障资源配置，集中统一支援，就近保障，最大限度地提高保障效能，促进世界一流军队建设。

技术保障结构模块化。 具有高机动能力的作战单元实施分散打击将成为重要作战样式。与此相适应，技术保障部队的编制也呈现出小型化、模块化，其主要表现为技术保障编制的灵活性。以美军为例，其在马赛克作战部队实验中，提出了"积木式"的编制体制原则，战时根据作战部队的编成，把供、救、运、修等保障力量和防卫力量混合编组，分成若干个保障单元，每个单元都有指挥、保障和防卫等独立执行能力，能在最短时间内以最少的人力，全面满足作战部队的需要，以更加灵活的编组实现快速、高效的保障。

技术保障系统编成战斗化。 未来的战争是全域化战争，前方和后方没有明显的界线。必须确立前方、后方作战与技术保障一体化的思想。美军在数字化部队实验中，保障系统均按照作战部（分）的样式组建，即使是保障机关也按连队组建，编为司令部连。这种编制既简化了技术保障机构，又便于组织指挥，提高了保障能力，也基本达到了战斗化的要求。

保障力量来源社会化。 随着高新技术武器装备的大量列装使用，部队建设现代化程度空前提高，武器装备更加先进，且技术专业增多，这要求部队必须拥有多元化的专业人才。物资器材来源广泛，品种多，供应链分布在全国乃至世界各个角落，零配件也需要多个单位实施保障，作战物资涉及陆、海、空、天、电、网各个领域。这决定了军队必须加强后装综合保障与社会经济领域各个方面的横向联系，提高军队后装综合保障社会化程度，战时把社会中的保障潜力迅速转化为军队后装保障实力。

1.2 后装综合保障的概念与内涵

1.2.1 概念提出

"后装综合保障"一词源于 20 世纪 60 年代美军提出的综合后勤保障（integrated logistics support，ILS），其本意是指将后勤保障、装备保障与装备采办工作紧密结合的一体化保障。1964 年 6 月，美国国防部首次颁布了《系统和设备的综合后勤保障要求》（DoDI4100.35），明确规定要在装备设计中同步开展综合后勤保障的管理和技术活动。1983 年，该文件更名为《系统和设备的综合后勤保障的采办和管理》，提出了综合后勤保障的 11 个组成要素，包括 3 个管理要素和 8 个资源要素。初期的后勤保障主要强调整个保障体系结构的综合设计。为了推动综合后勤保障工作的开展，美国国防部颁布了一系列标准规范，在《后勤保障分析》（MIL – STD – 1388 – 1）和《国防部对后勤保障分析记录的要求》（MIL – STD – 1388 – 2）中，规定所有装备均应开展后勤保障分析工作。此外，美国三军也先后颁布了一系列有关综合后勤保障的指令文件，包括美国空军《综合后勤保障工作要求》（AFR800 – 8），美国海军《采办过程中的综合后勤保障》（OPNAVINST5000.49A），美国陆军《综合后勤保障》（AR700 – 127）等。

美军综合后勤保障将系统工程思想用于后勤保障，认为装备系统不仅包括主装备，还包括由使用和维修装备的人员、保障基础设施，以及其他保障资源组成的保障系统；装备性能参数包括作战使用和保障支援两方面的设计要求，性能指标中必须包括可靠性、可用性和维修性等关键保障性要求；在安排装备购置计划时，应同步构建装备保障系统。在综合后勤保障的概念之后，美军先后提出了采办后勤、对抗性后勤等保障理念。采办后勤（acquisition logistics）的理念体现在美国国防部《防务采办》（DoDD5000.1）

和《重大防务采办项目和重大自动化信息系统采办项目必须遵循的程序》（DoDI5000.2-R）等顶层文件中，提出在武器系统的整个采办过程中应当同步开展采办后勤活动，以确保系统的设计和采办能够得到经济有效的保障，并确保提供给用户的装备具备必要的保障资源，以满足战备完好性和作战使用要求。2019年，作为联合全域作战概念的一部分，美国国防部提出对抗性后勤（contested logistics）概念，强调将与强敌在所有领域展开战争，后勤将成为对手打击的重点目标，必须通过战略预置、快速部署、分布式支援等方式为作战部队提供有效支援。

· 名词解释

- 后装综合保障 -

后装综合保障是指将后勤保障、装备保障与装备采办工作紧密结合的一体化保障。后勤保障的定义为"军队为满足作战、建设和生活需要而在后勤方面组织实施的保障，包括财务、物资、卫勤、军事交通运输、基建营房等方面的保障"；装备保障"是军队为使所编配的武器装备顺利遂行各种任务而采取的各项保证性措施与进行的活动的统称"。

1.2.2 主要内涵

现代战争条件下后装综合保障的主要内容是：组织实施物资供应、医疗救护、装备维修、交通运输等各项专业勤务保障，以满足武装力量作战行动、作战训练及战斗力形成和恢复的需要。其中，物资供应是对后勤、装备等物资筹集、储备和供给的总称；医疗救护是运用医学科学技术保持和恢复部队有生力量的专业勤务；装备维修是指对装备的维护、保养和修理，即为恢复设备性能所实施的一切活动；交通运输则是将保障物资由供应地输送到需求地的过程，主要有汽车运输、铁路运输、水路运输、航空运输、管线运输等方式。以上各项专业保障活动都需要一系列综合保障技术手段的支撑，包括后装综合保障设计和配套建设。在设计方面，主要包括综合保障特性设计和综合保障系统设计；在配套建设方面，主要是应用综合保障技术支撑后装综合保障一系列活动，包括保障状态感知、保障决策、物流运输、维修作业等。

后装综合保障的作用在于运用物质力量和技术手段，及时、准确地保障武装力量的作战、建设等各项行动，巩固和提高战斗力，保证各项军事训练和作战任务的完成。现代战争中军队对后勤与装备综合保障的依赖性大，所需物资种类和数量多。这些综合保障技术和物资关系到军队的打击能力、机动能力、生存能力、防护能力等，任何一种物资不足或保障不力，都会影响军队的战斗力。因此，在一体化联合作战中，后装综合保障是部队形成和恢复战斗力、遂行作战行动的关键要素之一，是打赢信息化战争的重要支撑，与情报信息、指挥控制和火力打击一起构成打赢信息化条件下局部战争的四大支柱。

1.3 后装综合保障的发展趋势和技术特征

1.3.1 发展趋势

后装保障的需求因战争演变而演变。例如，海湾战争之初，美军为准备大规模地面战，先后向海湾地区预先投送了约 4 万个集装箱，由于转运人员不知道集装箱内所装物资的品种和最终用户，其中 2 万多个集装箱不得不被重新打开、登记、封装然后再次投入运输系统。战争结束时，还有 8000 多个打开的集装箱没有转运，其余未开封集装箱又大多被原样运回美国，造成了极大的资源浪费。仅将多余作战物资重新运回本土这一项开支，美军就多花了数亿美元。出现上述问题的根本原因是被动、逐级、迟滞的传统粗放式后装保障模式不能适应信息化作战的需求。具体体现在：①装备和资源的状态及需求不明确，由于不能明确掌握保障状态和需求，保障方式非常被动；②保障资源和力量分布态势未掌握，不知道已运到战区的物资和装备有多少，也不知道战区已有的保障资源、保障力量的分布态势，导致保障效率低下；③保障决策不科学、保障作业响应不及时，由于采用逐级配送的保障方式，不知道有多少物资和装备正在运往战区，导致保障实施过程迟滞，不能满足快节奏的信息化作战需求。针对上述问题，美军提出"精确保障"，作为与"主宰机动""精确打击""全维防护"并列的作战原则之一。

后装综合保障的实施目标就是以主动、直达、精确、快速的集约式保障取代以往被动、逐级、迟滞的粗放式保障，主要体现在以下四个方面：

主动。全面实时感知装备使用、资源供应、装备维修等各方面保障需求，采用柔性的响应式保障机制，实现供需吻合与供需同步，转"被动"为"主动"。

直达。对保障供应链进行整合，在战略、战役、战术各个层次的组织和机构之间共享保障数据，提供点到点的供应能力，实现保障物资的直达配送，克服逐级配送带来的问题。

精确。按时空要求配置最合理的保障资源，确定最佳保障方案，实时调控决策保障实施过程，以最小的花费提供精准的保障。

快速。采取快捷高效的保障作业手段，快节奏、高机动展开保障资源的配送，执行维修保障作业，实现保障行动与作战行动的同步。

在这些实施目标的牵引下，后装综合保障建设快速发展，主要表现在以下几个方面：

保障决策科学高效。后装综合保障决策模式不断革新，决策参与主体由个人向集体转变，决策方式从业务经验驱动向数据量化驱动转型，决策过程从事后决策向事先预测转变。后装综合保障决策前提以数据为基础，以事实为核心，从而能根据战场环境变化，预见性地作出决策，自主地协调、控制、组织和实施后装综合保障。

保障行动自主协同。后装综合保障能力建立在各类信息实时共享、互联互通的基础之上，依靠数据在信息网络中的跨界、零时差传输特性，通过数据的广泛融合和信息的快速流动，将后装保障力提高的途径由传统保障要素转变到以大数据为核心的要素集成上来。未来后装综合保障可以实现各保障要素、保障单元、保障节点之间的横向互联和纵向互通，使后装信息系统聚焦于统一目标、规划于统一流程，形成跨层次、跨区域、跨军地使用的供应链，并最终达成体系优势。

保障流程精准调控。后装综合保障大数据全面提升了后装指挥员的认知、分析和决策能力，战场保障需求更加精准和细化，生产过程和配送供应过程更加精确可控，大规模定制化生产、精确化配送等方法手段成为可能。通过对后装综合保障实施柔性化集成管理，达成需求、管理、采购、运输、仓储、配送、维修诸环节互联互通和柔性组合，从而提高后装综合保障链灵活性、灵敏性。

保障体系全域分布。新一代信息技术不断应用于后装保障，使后装保障能力不断向战场末端延伸，形成具有"系统内聚外联、资源整合共享、保障体系释能"特征的智能化保障体系。充分发挥网络扁平化、快捷化、高效化和互动化优势，将广域分布的保障资源、保障力量、保障行动，通过全时空覆盖的物联终端、移动物联网等系统，按需紧密联系在一起，提高保障速度和效益。

保障要素动态联结。随着"云端大脑""虚拟仓储"等技术的不断成熟，其在未来战争后装综合保障中的作用也将日益突显。后装综合保障服务云可以将各保障资源整合成为一个集信息数据和保障力量于一体的云保障体系，实现信息广域获取、全域共享和高效处理。把多个维度的保障要素联结起来，推动保障行动从传统"陆、海、空、天、电、网"物理域向泛在社会域、认知域拓展。

1.3.2 技术特征

后装综合保障的实施，除了对人员素质和保障指挥体制等方面有要求，还需要有相应的技术手段和装备作支撑。随着科学技术的进步，许多新技术及装备不断被引入综合保障领域当中，并在各军事大国的军队现代化建设进程和近年来世界上发生的几次局部战争中得到广泛应用，对赢得战争胜利起到了重要作用。在科索沃、阿富汗和伊拉克战争中，美军的联合全资可视化系统、保障方案的计算机生成与仿真系统、装备故障预测与健康管理系统等信息化保障新技术及装备的应用就有力地支援了其军事部署和作战行动。此外，近年来还出现了一些保障新兴技术，主要包括：保障大数据分析技术、基于物联网的后装保障技术、装备自主保障技术、装备自修复技术、维修机器人技术等。这些新兴技术的发展也极大拓展了后装综合保障的模式，增强了综合保障的能力。

从后装综合保障技术的角度出发，实现装备综合保障"主动、直达、精确、快速"目标需要具备四个前提条件：保障需求全面感知、保障资源态势高度透明、保障指挥与保障决策科学合理、保障作业快速高效。即具备以下四个技术特点：

需求可知。保障需求是牵引整个保障流程的源头。信息化作战中的后装保障需求非常复杂，主要包括作战物资保障需求（如油料、弹药等）和武器系统维修保障需求（如故障诊断、维修、备件等）。为了使得后装综合保障充分发挥效能，实时掌握全局保障需求态势是实现综合保障目标的前提。

资源可视。后装综合保障过程中，除了保障需求感知外，还必须实时、全面、准确采集保障物资流动信息，实现保障资源分布、状态、投送条件等信息的"可视"，这是进行精确保障的基础。

活动可控。在信息化战场上，后勤和装备保障网遍布陆、海、空、天，保障对象涉及诸军兵种，保障品种数以百万计，保障环节包括仓储、管理、供应、运输、配送等，这一切全靠保障指挥穿针引线。而决策则是保障指挥的基础与核心，贯穿保障活动的全过程。由于战场环境复杂，态势瞬息万变，不确定因素多，保障指挥员为了应对未来可能发生的情况，往往需要在众多的保障要素权衡过程中选择一个全局最优的保障方案，该过程就是保障决策过程。

实时高效。改变以往以大量物资消耗为主导的粗放式保障模式，实现精确保障是后装综合保障实施的核心目标。而所谓精确保障，即"适时、适地、适量"地为作战部队提供后勤和装备综合保障。要达到上述要求，既需要信息化感知、指挥、控制系统的支持，也需要精确投送、虚拟维修、交互式电子手册等信息化保障作业技术的支持。

只有紧紧把握后装综合保障技术的特点，综合规划实施后勤和装备保障，才能实现主动、直达、迅速的精确式保障。

第 2 章
装备保障工程与装备保障特性

> 问渠那得清如许？为有源头活水来。
>
> ——《观书有感二首·其一》

装备保障作为后装综合保障中的一个重要组成部分，包含了在装备寿命周期内进行的确定保障特性要求、影响装备保障特性设计、规划保障并研制保障资源、进行保障特性试验与评价、建立保障系统等一系列管理和技术活动。这一系列的管理和技术活动即装备保障工程，是一个较为广泛的技术与应用领域，其中装备保障特性与这一系列的管理和技术活动密切相关，是开展装备保障工程活动应关注的重要因素。

2.1 装备保障工程

2.1.1 装备保障工程内涵

装备保障工程可以概括成"1+2+4"。"1"是指一个边界条件：全寿命周期，包括装备"从生到死""从摇篮到坟墓"的过程，通常包括论证、方案、工程研制与定型、生产、使用与保障，以及退役等阶段。"2"是指两个目标：战备完好性要高，寿命周期费用要低。"4"是指四项工作任务：①科学论证装备保障特性要求和基本保障方案；②开展装备保障全特性并行设计、分析与试验评估，研制装备及其保障全要素；③建立装备保障集成系统；④准确感知装备保障需求、进行保障决策，及时提供装备保障资源并开展保障作业。装备保障工程的内涵如图 2-1 所示。

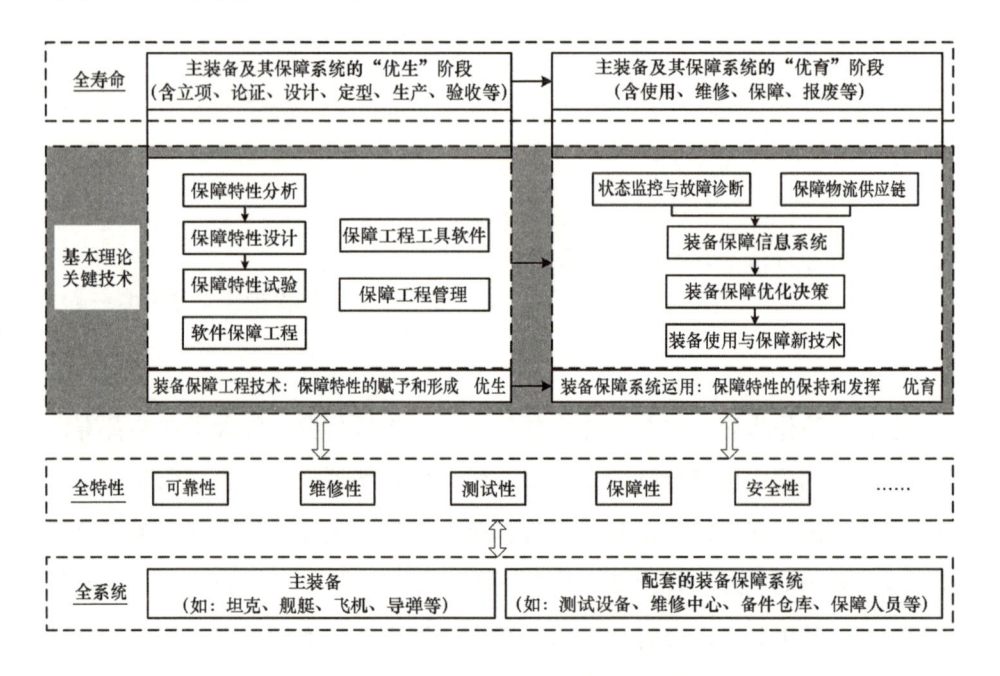

图 2-1　装备保障工程基本内涵示意图

保障特性在装备设计中被"赋予"——"优生"，在装备使用中得到"发挥"——"优育"。装备保障特性在"优生""优育"过程中使得保障能力形成、保持和发挥，体现以下三个方面的综合和集成：

● 装备立项、论证、设计、定型、生产、验收、使用、维修、保障、报废等全寿命周期各个阶段装备保障工作的综合——"全寿命"；

● 装备可靠性、维修性、测试性、保障性、安全性等保障特性的综

合——"全特性";

● 主装备与装备保障系统之间的综合——"全系统"。

装备保障工程包含装备"全寿命""全特性""全系统"保障工程中的基本理论和关键技术，重点包含装备研制阶段的装备保障工程技术、装备服役阶段的装备保障系统运用技术两方面的技术内涵。

装备保障工程技术。装备在论证、设计、研制、生产、试验、定型过程中的保障工程技术，包含了传统意义上的装备"五性"工程，即可靠性工程、维修性工程、测试性工程、保障性工程、安全性工程，重点是"五性"的分析、设计、试验与评估，还包含软件保障工程、装备保障工程工具软件和装备保障工程管理，主要目的是保证装备的"优生"——使装备自身具有良好适用的各项保障特性、具备"好保障"的前提条件。

装备保障系统运用技术。主装备及其保障系统部署使用之后运用流程中装备状态监控与故障诊断、装备保障物流供应链、装备保障信息系统、装备保障优化决策、装备使用与保障等主要环节的支撑技术，主要目的是立足装备"优生"之后自身良好的保障特性，通过装备保障系统的最佳运用，提高装备战备完好率和任务成功率，保证装备的"优育"，实现"保障好"的军事运用目标。

这两部分关系密切、各有侧重：前者重点在于国防工业部门如何进行装备保障特性设计；后者重点在于装备使用单位如何进行装备保障系统的综合运用。这两者相互依存、相互影响、相互促进。

下一步，可以对装备保障工程的主要工作任务进行分析，明确各个任务的工作阶段、工作主体和工作目的，如表 2-1 所示。

表 2-1　装备保障工程各阶段主要工作任务

工作阶段	论证阶段	研制阶段	列装与部署阶段	使用阶段
工作任务	装备保障性要求和基本保障方案论证	装备保障通用质量全特性设计与试验评估，装备及其保障全要素研制	建立装备保障集成系统	准确感知装备保障需求、进行保障决策，提供装备保障资源并开展保障作业
工作主体	装备管理部门（通常委托装备研究院）	工业部门	研制部门 使用部队	使用部队
工作目的	优生"好保障"		优育"好保障"	优用"保障好"

2.1.2　装备全系统全寿命保障

1. 装备全系统全寿命保障基本概念

（1）全系统

全系统指主战装备、保障装备、人员、资料、C^4I（指挥 command、控制 control、通信 communication、计算机 computer 和情报 intelligence 的集成）、训练及训练设备、环境适应性和对环境的影响、与其他系统的兼容性和互用性等。

全系统不仅包括任务装备、使用和维修该系统的人员，还包括如何实施系统保密程序和惯例；系统如何在预期的使用环境下工作以及系统如何响应环境（如核、生、化或信息战）特有的效应；系统如何部署到该环境中；系统与其他系统的兼容性、互用性以及相互综合的情况；如何使用和保障基础设施；训练和训练设备；系统使用中所需的资料，系统对环境和环境符合性的潜在影响。

（2）装备系统

按照《可靠性维修性保障性术语》（GJB 451A-2005），装备系统是指装备及其保障系统的有机组合。

（3）保障系统

按照《装备综合保障通用要求》（GJB 3872 – 1999）和《可靠性维修性保障性术语》（GJB 451A – 2005），保障系统是指使用与维修装备所需的所有保障资源及其管理的有机组合。

（4）全寿命、寿命周期

按照《可靠性维修性保障性术语》（GJB 451A – 2005），寿命周期是指装备从立项论证到退役报废所经历的整个时间，通常包括论证、方案、工程研制与定型、生产、使用与保障，以及退役等阶段。

美军将装备的全寿命周期划分为四个阶段：阶段 0——确定任务需求、方案探索，阶段 1——项目定义及降低风险，阶段 2——工程及研究制造，阶段 3——生产部署使用保障阶段。

2. 装备全系统全寿命保障问题

（1）装备全系统全寿命保障工程

装备保障工程横向涵盖主装备、保障人员、保障设备与资源等"全系统"要素，纵向贯穿装备"全寿命"周期。装备全系统全寿命保障工程包含装备全系统（主装备 + 保障系统）的"优生"和"优育"两方面内容。

● 装备的论证、设计、研制、生产、试验等，主要由国防工业部门承担、装备管理机关指导、装备使用单位参与，包含装备保障特性分析、保障特性设计和保障特性试验技术三个方面，主要任务是实现装备系统的"优生"，使之具备良好的保障特性。

● 装备投入部署之后的管理和运用，主要由装备使用单位承担，包含装备状态监测与故障诊断、装备保障信息系统、装备使用与保障新技术等方面，主要任务是实现装备系统的"优育"，使之形成保障能力和作战能力。

装备全系统全寿命保障工程技术体系的关系如图 2 – 2 所示。

装备全系统全寿命保障工程、装备保障全资可视化与一体化供应链贯穿"优生""优育"两个阶段。军兵种、军民一体化装备保障信息集成环境为上

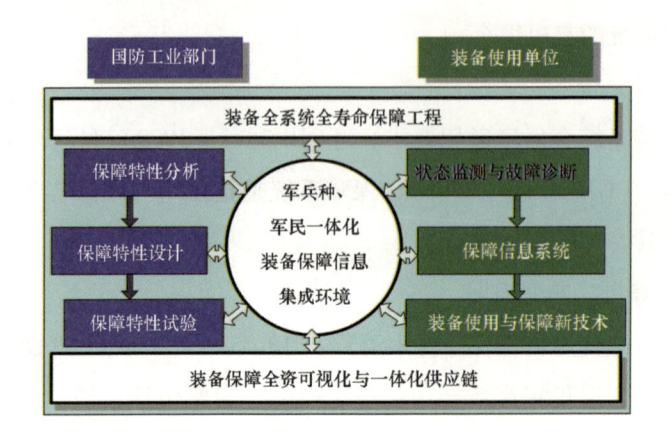

图 2-2 装备保障工程技术体系示意图

述所有关键技术环节提供信息支撑。

(2) 全系统全寿命对装备保障的影响

装备全系统包含了主装备、装备保障系统两部分。传统意义上，人们往往更加关注各种主装备，例如先进战斗机、大型驱逐舰、航空母舰等，而忽视了与主装备配套的装备保障系统的重要性。实际上，高技术装备的保障系统对装备战备完好率、装备人员构成、使用与维持费用都有非常重要的影响。

根据统计，高技术装备使用单位中有 1/3 的人员为装备保障服务，高技术装备保障费总额超过装备购置费的 10 倍。例如，美国核动力航空母舰约 6000 人的编制当中，约有 3000 人直接与舰艇和舰载机保障有关，包含了舰载机发动机、机身、液压系统、雷达和武器系统、弹射系统、航电设备、紧急救护设备、综合火炮系统的使用与保障人员。在美国空军各个预算项目类别当中，使用与维修费用比例最高，约为 35.7%，远远超过装备购置费 (17.9%) 和人员费 (24.5%)。

因此，装备的全系统全寿命建设是关系装备同步形成保障能力和作战能力的重大问题。

3. 装备保障工程的全系统问题

装备系统是装备及其保障系统的有机组合。装备保障工程的全系统主要解决主装备及其保障系统之间的优化设计问题。

（1）主装备、武器系统、装备体系及其保障系统之间的关系

主装备有其自身的保障特性，例如可靠性、维修性、测试性等，这些特性及其相关的保障资源共同形成该装备的保障系统，主装备与保障系统构成了装备系统。联合作战涉及诸军兵种多种装备系统，各个装备系统的保障系统既有可以通用的，也有专业化的，这些系统共同形成联合作战条件下的装备保障体系。

主装备、武器系统、装备体系及其保障系统之间的关系如图2-3所示。

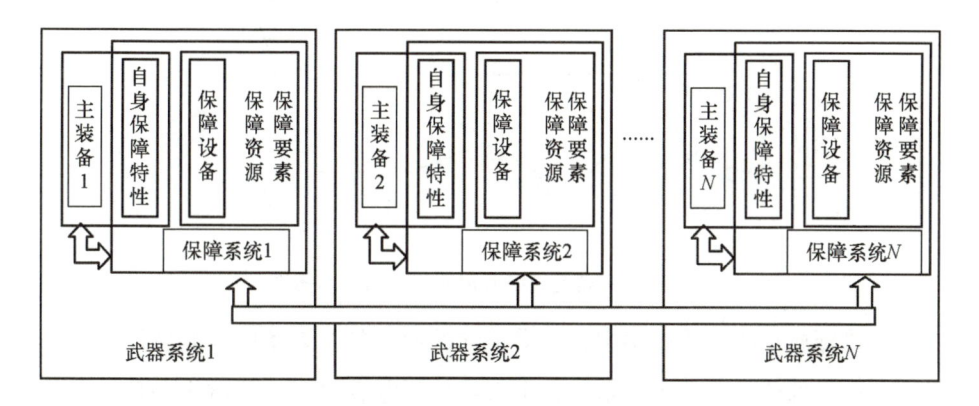

图2-3 主装备、武器系统、装备体系及其保障系统之间的关系示意图

现代战争联合作战不但要求主装备在形成作战能力的同时具备快速保障能力，而且要求各装备系统保障要素和保障能力之间的协调与匹配。不同装备保障系统之间、子系统之间紧密相连，使装备保障系统呈现非常复杂的特性。这在客观上使装备保障系统建设具备一系列阶段性特点，如：不同军兵种武器系统的保障装备之间、同一装备全寿命周期过程不同阶段之间、武器系统内部主装备与保障设备之间均存在着保障要素的协调配套，以及装备保障设施、设备、能力建设的统筹优化等问题。装备保障系统建设直接影响主装备的战备完好率和遂行作战任务的能力。

从这种意义上讲，装备全系统保障是指：①在主装备论证研制之初就开始综合考虑装备的保障问题，进行主装备自身保障性及其保障资源的设计；

②在装备体系论证设计阶段，进行装备体系内各装备系统保障要素和保障能力的匹配设计。

（2）装备全系统的费用

装备全系统中各个要素的费用组成了图2-4所示的"冰山"示意图。

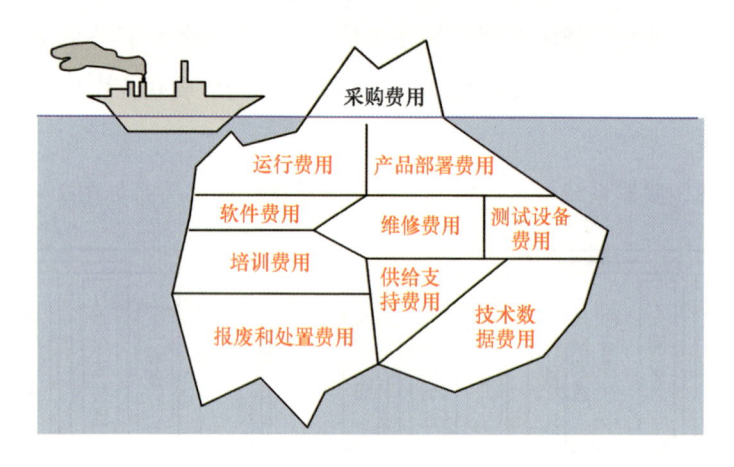

图2-4 装备全系统费用的"冰山"示意图

在该图所示的各项费用中，最受关注的通常是主装备的采购费用，这是最为显性的部分，但其实只是装备全系统费用露在水面上的冰山一角。而装备保障系统大量其他费用（例如维修费用、测试设备费用、技术数据费用、培训费等）则如同隐藏在水面之下的巨大冰山，占据了高技术装备全系统费用的绝大部分。据美军相关统计，某些高技术装备的全系统保障费总额超过装备购置费的10倍。

（3）装备全系统序贯设计与并行设计

装备全系统的设计有序贯设计方法和并行设计方法两种理念和思路，如图2-5所示。

序贯设计方法，指主装备设计研制完毕交付部署后，再开始保障系统的设计和研制，待保障系统研制完毕投入部署，主装备和保障系统共同构成完整的装备系统，形成保障能力和战斗能力，距离主装备交付部署至少需要3到5年。

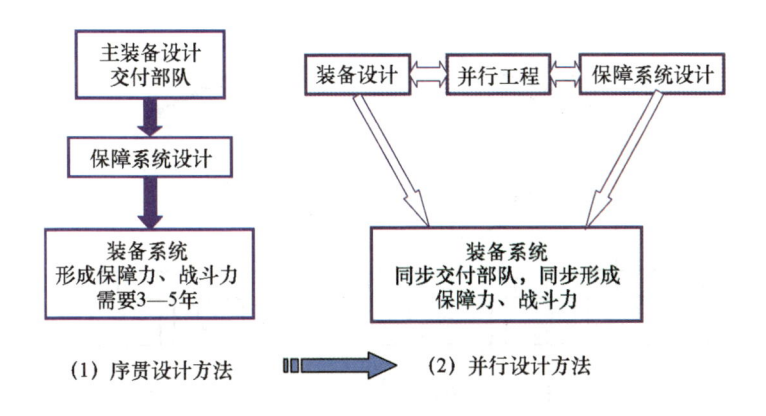

图 2-5　装备全系统设计的两种理念和方法

并行设计方法，指在装备设计的同时，并行设计装备保障系统，主装备和保障系统同步交付部署，同步形成保障力、战斗力。主装备保障特性并行设计，目的是提高装备自身的保障性能；装备保障系统的并行设计，主要考虑装备应该同步建设和设计哪些与主装备配套的保障资源、同步形成什么样的保障系统。

（4）装备全系统并行设计过程

新装备研制时，需要由装备管理机关和装备使用单位共同提出装备研制总要求：一方面根据战术技术要求制定装备设计方案，另一方面根据使用和保障要求制定使用和保障方案。依据装备设计方案研制出主装备，包含主装备的硬件、软件以及数据资料。依据装备保障方案研制出保障系统，包含数据资料、保障设备、技术资料、维修人员要求等。两部分共同形成装备全系统，其并行设计过程如图 2-6 所示。

4. 装备保障工程的全寿命问题

装备保障工程各项工作需要在装备全寿命周期的各个阶段进行综合集成，这样才能真正有效地发挥装备保障工程的效能。最为重要的是在装备及其保障工程的管理机制上进行制度创新和制度设计，真正保证装备全寿命各个阶段的保障工程参与单位具有共同的利益诉求和共同的工程目标。

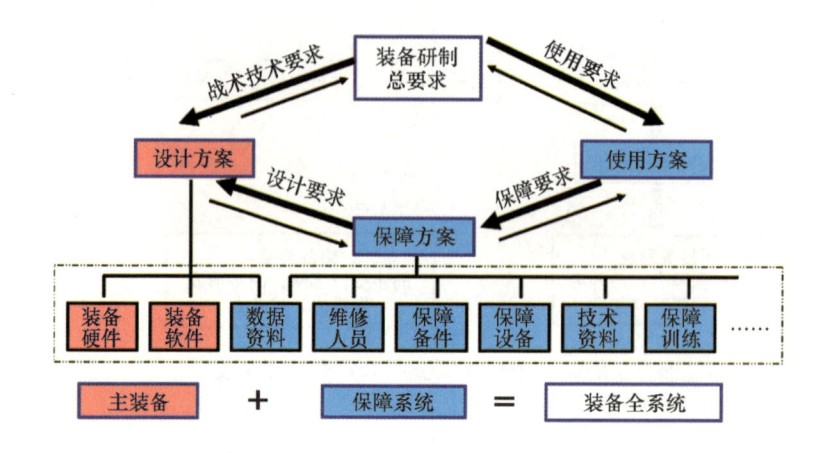

图 2-6　装备全系统并行设计过程示意图

（1）装备全寿命周期各阶段的保障工作

在装备全寿命周期各个阶段，装备保障工程担负各自不同的任务，如图 2-7 所示。

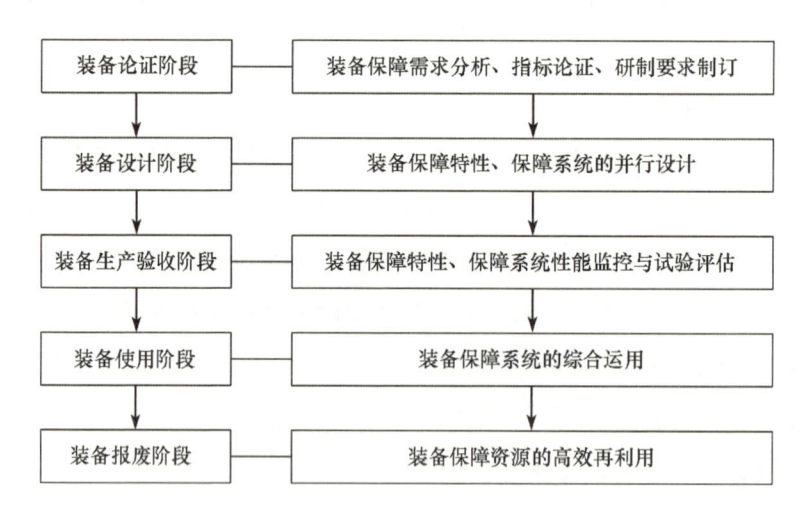

图 2-7　装备全寿命周期各阶段的保障任务

装备论证阶段。重点是明确装备保障现状和需求，科学、系统地提出装备保障的定性要求和定量指标。维修部门参与指标论证及评审，协助采办部门和承制方确定相关的保障特性指标，并纳入与承制方签订的合同。有关维修保障的论证项目主要有：全面了解新装备的基本保障要求，结合本系统可能的维修保障条件，提出新装备的维修保障约束条件；充分论证和确认维修性、测试性的定性和定量要求；确定主要的维修性工作项目；确定维修保障要求和初步的维修保障方案；确定系统、主要分系统的维修级别及其相对应的维修策略；等等。

装备设计阶段。重点是保证装备保障指标和要求能够并行、同步落实到装备及其保障系统的设计过程中。对于高技术装备，如果没有故障检测和诊断设备，则难以实施维修保障。因此，承制方应根据装备的维修保障需求，规划维修保障方案。维修部门要参与对承制方维修保障方案的检验和评审，督促承制方对不足之处进行改进和完善。总体方案设计要考虑装备的测试和维修要求。在工程研制阶段，与维修保障相关的保障特性工作项目主要有：维修性、测试性设计；故障诊断和测试设备等维修保障资源的同步研制；维修性、测试性设计的评审、试验及定型。维修部门要参与研制阶段的保障特性管理，重视对维修性、测试性的工作监督，加强试验验证与评审的监控力度，保证与维修保障相关的设计属性的落实。

装备生产验收阶段。重点是在试验时间、样本和经费有限的条件下，准确评估装备保障性能指标和保障系统的总体效能。在生产制造阶段，与维修保障相关的主要内容是：加强制造中的质量管理，保证设计的维修性、测试性；对于生产中的工艺、材料、零部件、外购件等的替换或改动，要加以控制，必要的更改要注意保持新老兼容；收集与反馈生产阶段的维修性、测试性与保障性信息，尤其是要针对生产过程中暴露出来的缺陷，有计划地采取纠正措施；安排维修和故障检测设备及备件的同步生产，印刷出版维修技术资料，完成维修人员培训；等等。

装备使用阶段。重点在于根据已有保障设备、保障设施、保障队伍等保障要素的建设现状和作战需求，进行诸军兵种保障要素和保障系统优化配置，构建"要素齐全、体系协调"的高效能的装备保障系统，保证装备具有较高的战备完好率。装备列装以后，维修部门除做好装备维修工作外，还要对维修资源进行验证和完善，发现问题及时反馈给采办部门，并适时对维修保障系统进行完善。此外，维修部门要特别注意避免不当的维修操作对装备保障特性的不利影响。在实际使用、维修与保障过程中，装备保障特性信息更具有真实性，因此，维修部门还要做好保障特性信息工作，收集、统计与整理实际使用和维修过程中的保障特性信息，并按系统上报装备主管部门。

装备报废阶段。重点在于装备保障设施、保障设备的再制造和高效再利用。

（2）装备全寿命周期各阶段的费用分析

寿命周期费用（life cycle cost，LCC）：在装备的寿命周期内，用于论证、研制、生产、使用与保障以及退役等的一切费用之和。

全寿命周期费用：在预期的全寿命周期内，为装备的论证、研制、购置、使用与保障以及退役处置所支付的所有费用之和。

装备全寿命周期各阶段对 LCC 的影响曲线如图 2-8 所示。装备保障特性和保障方案的论证阶段决定了装备全寿命周期费用的 70%，到初步系统设计阶段结束时，已决定了全寿命周期费用的 85%。装备交付部署之时，已决定了全寿命周期费用的 99%。

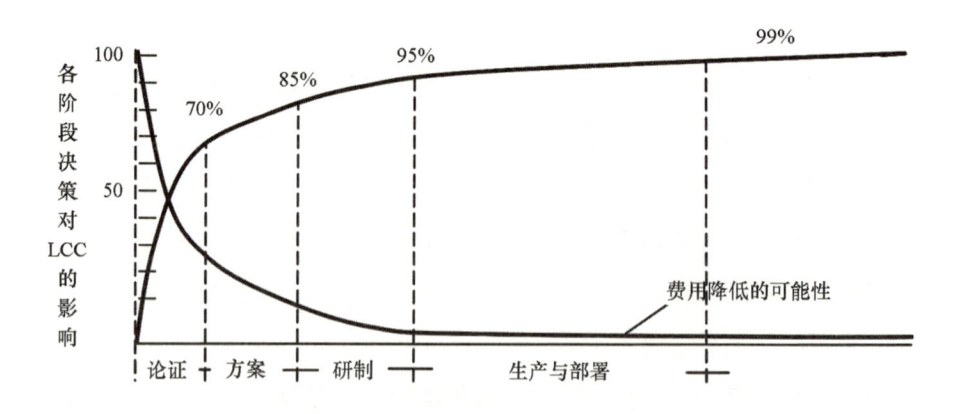

图 2-8　全寿命周期各阶段对费用的影响

可见，控制装备全寿命周期费用的最佳时机是研制的早期，即全寿命周期费用主要取决于装备研制、生产阶段。在装备研制早期进行 LCC 分析工作，向装备管理人员和研制技术人员提供 LCC 的估计值、子系统费用的估计值，通过针对性设计，可以非常有效地降低 LCC。一旦装备生产定型、交付部署，就很难对全寿命周期费用产生重大影响。

因此，必须系统开展装备全寿命保障工程，在论证和方案设计阶段就开始介入主装备及其保障系统的研制工作，才能从根本上降低装备全寿命周期费用。

2.1.3 装备保障特性

装备保障特性是开展装备保障活动和实现装备"好保障"的基础，对装备的作战能力、生存能力、部署机动性、维修保障和寿命周期费用等具有重大影响。装备的可靠性、维修性、测试性、保障性、安全性、环境适应性都是与装备使用和保障过程密切相关的保障特性，是与技术性能同等重要的通用质量特性，可统称为装备的保障特性。

装备可靠性描述了装备在使用中少出、不出故障的质量特性，主要取决于设计，同时与使用、储存、维修等因素也有关；维修性反映了装备具备"好维修"的能力，装备不可能完全可靠，发生故障是必然的；测试性反映了装备状态便于快速检测的特性，装备维修保障需要依据装备的技术状态进行状态识别和故障诊断，技术状态的识别和故障的诊断都离不开测试；保障性反映装备全系统便于快速保障的综合能力，保障性通过可靠性、维修性、测试性，以及保障系统设计来保证，使装备的设计特性与保障资源、主装备与装备保障系统达到最佳配合，实现最佳费效比和可用度；安全性反映装备及其保障系统使用过程中能够避免发生各种事故的设计特性，可靠不一定安全，安全不一定可靠；环境适应性反映装备在实际遇到的运输、贮存、使用环境条件下的性能，是装备的使用可靠性。这些保障特性应该通过设计赋予，并在生产中给予保证。装备一旦通过研制定型，这些特性将作为设计属性固化在装备中，并将影响装备寿命周期的各项正常任务。可靠性、维修性、测试性、保障性、安全性、环境适应性在装备保障工程中关系密切、相互影响，需要从系统工程、并行工程的角度来看待、处理其耦合问题，共同服务于装备战备完好率和任务成功率，提高装备保障力和战斗力。这些通用质量特性（保障特性）之间联系密切、相互影响。

● 可靠性是其他质量属性的基础。可靠性水平的提高，特别是基本可靠性的提高将有助于减少装备使用中的维修、测试、保障活动，缓解装备使用对维修性、测试性、保障性的需求矛盾。可靠性水平的提高意味着故障危险的可能性降低，所以安全性也相应地得到增长。

● 良好的测试性将减少故障检测及隔离时间，进而减少维修时间，改善维修性。测试性最初是维修性的组成部分，后因其研究内容的广度与深度增强而日益独立，成为一项专门的设计属性，因此测试性的要求与维修性的某些要求是完全一致的。

● 测试性有助于可靠性水平的提高。任何不能被检测出的故障将直接影响装备的可靠性。通过采用测试性好的设备可及时检测出故障，排除故障，进而提高系统的使用可靠性。

● 测试和维修都需要保障系统提供后勤支持，因此保障性构成了测试性和维修性的约束前提。

● 装备的安全性与可靠性密切相关，而且装备的测试过程、维修过程、保障过程本身也都需要进行安全性设计，装备的安全性影响装备完好率等保障性综合指标的实现。

● 装备的环境适应性与可靠性密切相关，突出其使用可靠性，而且装备的维修、测试、保障过程本身也都需要进行环境分析与设计。

开展装备保障特性的设计分析与试验评估工作，可以有效提高武器装备的战备完好性和任务持续性，减少维修人力和保障费用，降低装备的全寿命周期费用，这正是装备保障工程的总目标。

2.2 可靠性设计与试验

装备可靠性与其故障密切相关。**故障是装备或装备的一部分不能或将不能完成预定功能的事件或状态**。对不可修装备，也称为失效。故障的表现形式称作故障模式，而引起故障的物理化学变化等内在原因称作故障机理。故障按其规律可以分为偶然故障与渐变故障两大类；按其后果可以分为致命性故障与非致命性故障；按其统计特性可以分为独立故障与从属故障。

• 名词解释

— 可靠性 —

可靠性是指装备在规定条件下和规定时间内完成规定功能的能力。此定义中包含了装备对象、规定的条件、规定的时间以及规定的功能四个要素，并指明可靠性的特点是装备的一种能力，而不是一种性能。

寿命剖面和任务剖面对建立系统可靠性要求是必不可少的。**寿命剖面是指装备从制造到寿命终结或退出使用这段时间内所经历的全部事件和环境的时序描述**。通常把装备的寿命剖面分为后勤和使用两个阶段。一般装备大部分时间都处于非任务状态，在非任务期间由于装卸、运输、贮存、检测所产生的长时间应力也会严重影响装备的可靠性。因此，必须把寿命剖面中非任务期间的特殊状况转化为设计要求。**任务剖面是指装备在完成规定任务这段时间内所经历的事件和环境的时序描述**。任务剖面一般应包括：装备的工作状态；维修方案；装备工作的时间与顺序；装备所处环境（外加的与诱发的）的时间与顺序；任务成功或致命故障的定义。任务剖面需要说明装备的工作时间长度或占空因数。例如飞机的起落架只在飞机起飞和着陆时工作，而在整个飞行期间是不工作的。寿命剖面和任务剖面在装备指标论证时就应提出，因为准确完整地确定装备的任务事件和预期的使用环境是进行正确的系统可靠性设计分析的基础和前提。

2.2.1 可靠性分析

可靠性分析是从设备各个环节和侧面研究使系统丧失正常功能的因素，提出定量的评价准则，寻求提高设备可靠性的途径和方法。可靠性分析技术通常使用工程分析法和综合分析法。工程分析法主要适用于那些装备本身可以进行试验但不能完全按照某种统计方案进行的装备。其主要方法包括失效分析、影响与危害性分析、故障树分析、可靠性预计、可靠性增长潜力分析、同类装备应用情况分析等。综合分析法主要是根据组成装备的下一层次单元的试验结果，按照一定的计算方法和假设进行综合评估。该技术主要适用于受经费、计划进度、试验设备和其他条件限制无法对装备整体进行统计试验的那些装备。工程中最常用的两种可靠性工程分析方法分别是故障模式影响与危害性分析（failure mode effect and criticality analysis，FMECA）和故障树分析（fault tree analysis，FTA）。

2.2.2 可靠性设计

可靠性设计是装备可靠性工程的重要组成部分，是实现装备固有可靠性要求的最关键环节，是在可靠性分析的基础上通过制定和贯彻可靠性设计准则来实现的。在装备研制过程中，常用的可靠性设计原则和方法有：元器件选择和控制、热设计、简化设计、降额设计、冗余和容错设计、环境防护设计、健壮设计、人为因素设计等。除了元器件选择和控制、热设计主要用于电子装备的可靠性设计外，其余的设计原则及方法均适用于电子装备与机械装备的可靠性设计。

可靠性设计技术是为满足可靠性要求而进行的设计，它是整个设计工作中的一个重要组成部分，它与广义功能设计相辅相成，通过功能设计可初步确定装备的功能与结构，运用可靠性设计，则是对装备的可靠性进行分析、评价和改进，使装备功能设计更趋于完善。可靠性设计一般分为两种情况，一种是根据给定的可靠性目标值进行设计，主要用于开发对可靠性有特殊要求的新装备，一般要求在设计阶段对可靠性作定量的预计和评估；另一种是在装备原型的基础上进行部分改进、重新设计，此类设计，一方面要根据原型装备的使用经验和失效数据加以改进，另一方面是重点对新功能进行可靠性预测和分析。

1. 可靠性建模

可靠性模型分为基本可靠性模型与任务可靠性模型。基本可靠性模型用以估计装备及其组成单元发生故障所引起的维修及保障要求，可作为度量维修保障人力与费用的一种模型。基本可靠性模型是一个全串联模型，即使存在冗余或储备单元，也都按串联处理，因为这些单元同样有维修和保障需求。因此，装备的冗余或储备单元越多，基本可靠性就越低。任务可靠性模型用以估计装备在执行任务过程中完成规定功能的概率（在规定任务剖面中完成规定功能的能力），描述完成任务过程中装备各单元的预定作用，是用以度量工作有效性的一种可靠性模型。因此，装备的冗余单元越多，任务可靠性往往越高。任务可靠性模型根据装备的任务剖面及任务故障判据建立，不仅不同的任务剖面应该确定各自的任务可靠性模型，而且在一个任务剖面的各阶段，也可能需要分别建立各自的任务可靠性模型。

在进行装备可靠性设计时，根据要求同时建立基本可靠性模型和任务可靠性模型的目的是在人力、物力、费用和任务之间进行权衡，在一定的条件下得到最合理的可靠性设计方案。简化装备设计和采用高可靠性的元器件既可提高基本可靠性又可提高任务可靠性，采用冗余设计只能提高任务可靠性而降低基本可靠性。

由于任何系统的基本可靠性模型都是简单的全串联模型，而装备的任务可靠性模型可能是复杂的串联、并联、表决、旁联、桥联等多种模型的组合，为了正确地建立系统的任务可靠性模型，必须对系统的构成、原理、功能、接口等各方面有深入的理解。典型可靠性模型可分为有贮备模型和无贮备模型两种，有贮备模型又按贮备单元是否与工作单元同时工作而进一步分为工作贮备模型和非工作贮备模型，工作贮备模型可分为并联模型、表决模型和桥联模型，如图 2-9 所示。

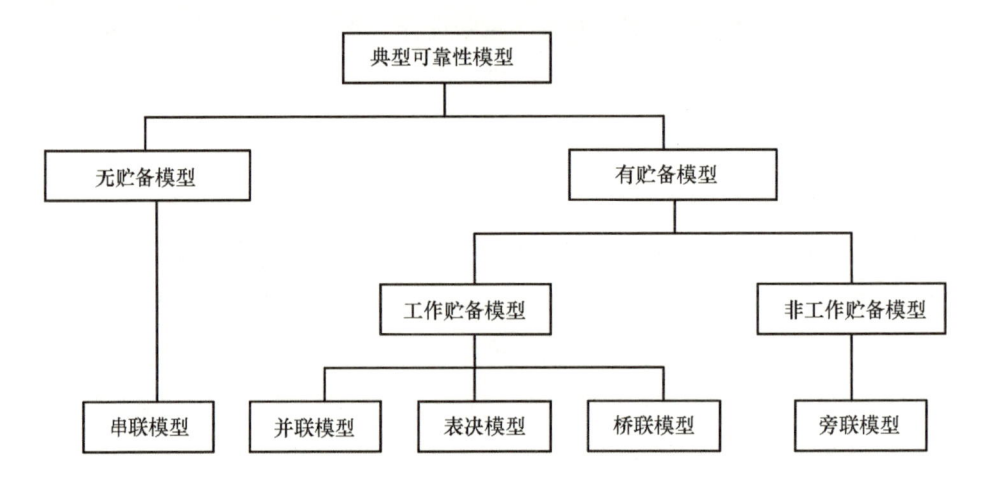

图 2-9　典型可靠性模型分类

2. 可靠性分配与预计

可靠性分配和可靠性预计是装备可靠性设计中的两个重要工作内容，两者是相辅相成、相互支持的关系，在可靠性设计的各个阶段均要相互交替反复多次，如图 2-10 描述了系统可靠性分配与预计的关系。其中可靠性分配是一个自上而下的演绎分解过程，而可靠性预计则是一个自下而上的归纳综合过程。可靠性分配结果是可靠性预计的依据和目标，而可靠性预计结果是可靠性分配与指标调整的基础。

可靠性分配是指将工程设计规定的系统可靠度指标合理地分配到系统的各个组成单元，明确各组成单元的可靠性定量要求，从而使整个系统的可靠性指标得到保证。可靠性分配的目的是使系统的各级设计人员明确设计要求，根据要求估计所需的人力、时间和资源，并研究实现这个要求的可能性及办法。

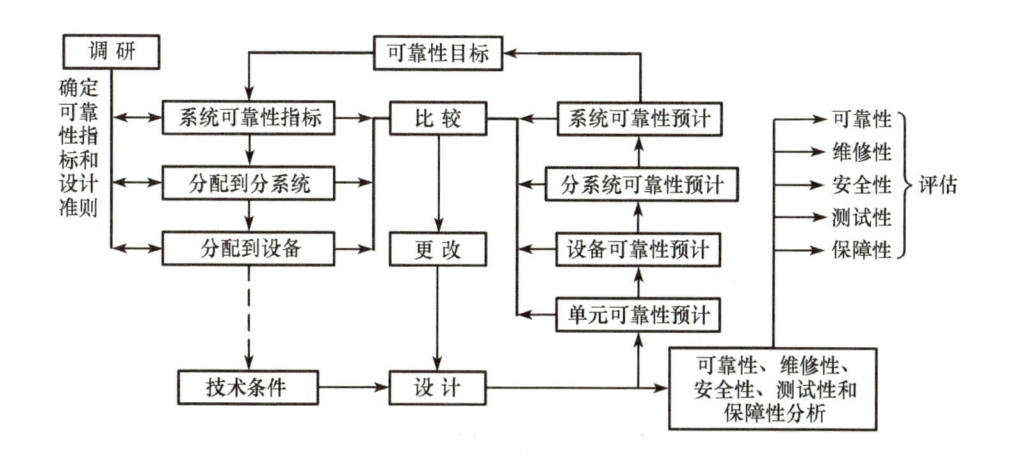

图 2-10 可靠性分配与预计关系图

可靠性预计是指在装备的设计与研制阶段，根据装备的功能结构、工作环境、元器件之间的相互关系，以及可靠性数据，推测装备可能达到的可靠性指标。可靠性预计的目的包括：①评估系统可靠性，审查是否能达到系统要求的指标；②在方案论证阶段，通过可靠性预计，比较不同方案的可靠性水平，为最优方案的选择及方案优化提供依据；③在系统设计阶段，通过可靠性预计，发现影响系统可靠性的主要因素，找出薄弱环节，采取设计措施，提高系统可靠性；④为系统可靠性分配奠定基础。

2.2.3 可靠性试验

可靠性试验是为评价、改进装备的可靠性而进行的各种试验的总称。广而言之，凡与研究装备故障有关的任何试验都可以认为是可靠性试验。可靠性试验的目的包括评价可靠性和改进可靠性两个方面：一方面可以通过对试验数据进行统计分析，测定装备的可靠性指标，评价可靠性水平；另一方面可以通过对故障样品进行失效分析，找出薄弱环节，提出改进措施，为装备研制和生产提供依据。

可靠性定义包括"装备对象""规定的条件""规定的时间""规定的功能"四个要素。可靠性试验原理就是模拟现场工作条件、环境条件，将各种工作模式及应力按照一定的时间关系、一定的循环次序反复地施加到受试装备上，经过对失效的分析与处理，将信息反馈到有关环节并采取相应的改进措施，使受试对象的可靠性得到提高，同时通过试验结果对装备的可靠性进行评估，做出合格与否的结论。简单来说，可靠性试验是将"规定条件"按照"规定时间"加载到装备上，通过检测"规定功能"是否正常对装备的"能力"进行评价或改进。

根据试验目的，《装备可靠性工作通用要求》（GJB 450A – 2004）规定了环境应力筛选［《电子产品环境应力筛选方法》（GJB 1032 – 1990）］、可靠性增长试验［《可靠性增长试验》（GJB 1407 – 1992）］、可靠性鉴定试验、可靠性验收试验四种可靠性试验类型。其中，可靠性鉴定试验和可靠性验收试验统称为可靠性验证试验［《可靠性鉴定和验收试验》（GJB 899 – 1990）］。环境应力筛选和可靠性增长试验属于工程试验，可靠性验证试验则属于统计试验；工程试验以改进可靠性为目的，统计试验以评价可靠性为目的。可靠性试验分类如图 2 – 11 所示。

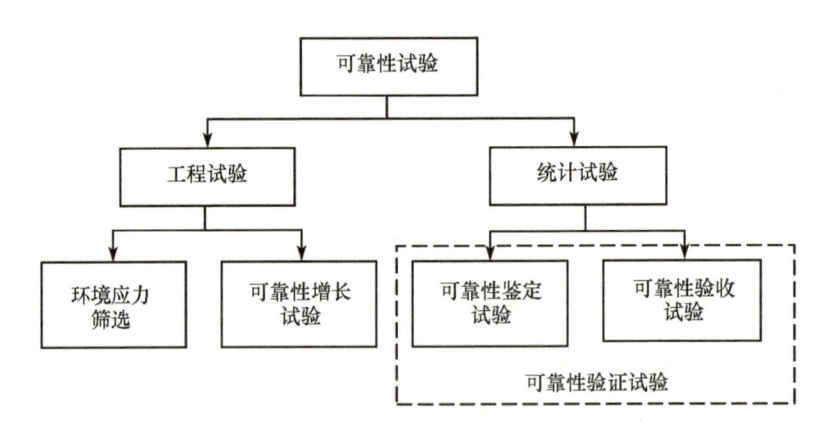

图 2 – 11 可靠性试验的分类

2.3 维修性设计与试验

• 名词解释

— 维修性 —

维修性是装备在规定条件下和规定时间内，按规定程序和方法进行维修时，保持或恢复到其规定状态的能力。"规定条件"是指规定的维修级别，规定专业技术水平的维修人员，规定的维修场所，以及相应的设施、设备、工具、备件和技术资料等。"规定时间"是指对于维修时间的限制。"规定程序和方法"是指按维修技术文件采用的统一操作规程。"规定状态"是指维修效果的标准，具体是指装备通过维修应达到的技术状态。

维修性是判断装备是否便于维修的一种质量特性，是由设计赋予的使装备维修简便、快速、经济的固有属性。为保证装备具有良好的维修性，需要开展一系列的维修性分析、设计和试验工作。

2.3.1 维修性分析

维修性分析是指装备研制的系统工程活动中涉及维修性的所有分析技术，比如对装备维修性参数、指标的分析，维修性要求的分配、预计，试验结果分析都属于维修性分析的范畴。维修性分析的目的可以归纳为以下几个方面：①为制定维修性设计准则提供依据；②进行备选方案的权衡研究，为设计决策创造条件；③评估并证实设计是否符合维修性设计要求；④为确定维修策略和维修保障资源提供数据。

维修性分析的内容或对象很广泛，包括维修性信息的分析、有关维修性的综合分析、设计特征的维修性分析、区域维修性分析等。

维修性信息的分析。 主要依据故障模式影响分析（failure mode and effects analysis，FMEA）中确定的装备潜在的故障和损伤及其影响，提供如何维修的信息，并结合装备特征，确定维修的具体活动和作业。这些信息可用于评估维修的难度、估计维修时间和所需人力、物力，同时为进行保障性分析、确定维修保障计划和资源提供依据。

有关维修性的综合分析。 主要包括维修性指标分配中的权衡，维修性与可靠性、保障性等的权衡，设计特性与保障资源的权衡等。

设计特征的维修性分析。 主要是从维修性及相关人素工程要求角度对装备的结构、组装、连接、外形尺寸、测试点的位置、可更换单元的划分等设计特征进行分析、考察，确定其是否可行。

区域维修性分析。 主要以区域为对象，宏观考虑该区域的整个维修工作，对修理人员、周围设备与环境等进行全面分析，识别与暴露多因素关联作用下的维修性问题。

2.3.2 维修性设计

解决维修性的根本出路在设计，要在设计阶段解决维修问题，即进行维修性设计，维修性设计是整个装备设计的重要组成部分。在满足装备基本功能设计的基础上，维修性设计工作应在装备的总体布局设计、现场可更换单元（line replaceable unit，LRU）规划、定量要求的分配和预计、维修测试方案设计等方面全面展开，并能与功能设计同步，相互迭代。维修性设计与装备设计、装备层次、维修活动密切相关。维修性的众多设计特征之间既可能存在促进关系，也可能存在一定的矛盾和冲突，设计过程中存在一个权衡和优化问题。

1. 维修性设计基本过程

维修性设计的基本过程（图 2 - 12）主要包括：

① 获取并正确理解装备设计的维修性技术需求；

②进行由维修性技术需求到维修性设计特征的配置；

③维修性设计特征进一步细化为描述明确、易于理解、与装备密切相关的设计准则；

④结合装备设计，落实设计准则；

⑤进行维修性设计符合性检查与评审。

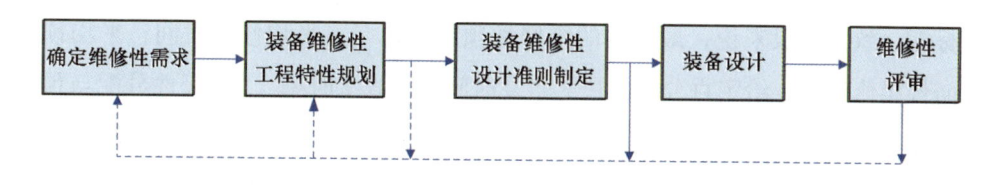

图 2-12 维修性设计基本过程

2. 现场可更换单元的规划设计

现场可更换单元的规划设计是指根据装备功能、性质（如质量、尺寸、费用）、环境条件、故障率数据、装备费用等，依据可靠性系统工程设计准则、费用估算和故障率估算等综合分析评价现场可更换单元设计方案，定性定量审核对系统的可靠性、维修性、保障性等方面的影响，并进行综合权衡分析。现场可更换单元规划设计的维修性因素包括：人员操作、快速便捷、维修工具、定量要求。

3. 维修性分配

维修性分配是系统进行维修性设计时要做的一项重要工作，根据提出的装备维修性指标，按需要把它分配给各层次及其各功能部分，作为它们各自的维修性指标，使设计人员在设计时明确必须满足的维修性要求。维修性分配的指标应当是关系全局的维修性的主要指标，它们通常是在合同或任务书中规定的。一般来说，最常见的维修性分配指标是：平均修复时间；平均预防性维修时间；维修工时率。进行维修性分配时应优先采用《维修性分配与预计手册》（GJB/Z 57-1994）所推荐的维修性分配方法，包括等分配法、按故障率分配法、相似产品分配法、按故障率和设计特性的加权因子分配法、以及按可用度和单元复杂度的加权因子分配法。

4. 维修性预计

维修性预计是装备研制过程中的主要活动之一，是以历史经验和类似装备的数据为基础，估计、测算新装备在给定工作条件下的维修性参数，以便了解在研装备满足维修性要求的程度。维修性预计的参数指标应同规定的指标相一致。一般来说，最常见的维修性预计指标是：平均修复时间；平均预防性维修时间；给定百分位的最大修复时间；维修工时率。《维修性分配与预计手册》（GJB/Z 57 – 1994）提供了六种维修性预计方法：概率模拟预计法、功能层次预计法、抽样评分预计法、运行功能预计法、时间累计预计法、单元对比预计法。

5. 维修性详细设计

装备维修性详细设计技术包含的专业面比较宽，主要是将维修性设计准则和要求落实到装备结构设计中。基于可达性分析的大型复杂装备虚拟维修与辅助设计是一种维修性详细设计辅助方法，在大型复杂武器装备数字模型的基础上，建立三维数字实体模型，进行结构可达性、可视性、虚拟维修等计算，以辅助维修性设计。在维修性详细设计的同时，必须强调对装备的可靠性、安全性和保障性等质量特性进行系统综合和同步设计。

6. 维修测试的综合权衡

维修测试是实施各类维修活动时对装备进行的各项诊断检测工作。一个复杂的装备或系统在开展维修测试工作时，可以单个测试，也可以结合系统测试、分布测试、静态测试、动态测试、开路测试、闭路测试、边际测试等其他测试方法一起进行。决定用某一种测试方法，或者多种方法结合起来用时，需要综合考虑各种因素。如：系统的种类、费用、人员训练与技能、允许的测试时间、所需的测试材料、进行测试的维修级别、需用的读取设备、测试程序、环境调节与安装，以及某种特殊的测试是否会有损器件的寿命等。

2.3.3 维修性试验

维修性试验是装备研制、生产乃至使用阶段维修性工程的重要活动,目的在于考核装备的维修性,确定其是否满足规定要求;发现和鉴别有关维修性的设计缺陷,以便采取纠正措施,实现维修性增长。维修性试验应符合订购方提出的有关维修方案、使用与维修环境、人员技术水平、测试方案和维修级别等方面的约束与要求。维修性试验由指定的试验机构进行,或者由订购方与承制方联合进行,并尽可能在类似于使用维修的环境中进行。

为了提高试验费用效益,维修性试验一般应与功能试验、可靠性试验结合进行,必要时也可单独进行。根据试验的时机、目的,维修性试验可以区分为维修性核查、维修性验证、维修性评价,如图2-13所示。维修性核查是指承制方为实现装备的维修性要求,从签订研制合同起,贯穿于从零部件、元器件直到分系统、系统的整个研制过程中,不断进行的维修性试验工作。维修性验证是指为确定装备是否达到规定的维修性要求,由指定的试验机构进行或由订购方与承制方联合进行的试验工作,通常在装备定型阶段进行。维修性评价是指订购方在承制方配合下,为确定装备在实际使用、维修及保障条件下的维修性所进行的试验工作,通常在试用或(和)使用阶段进行。

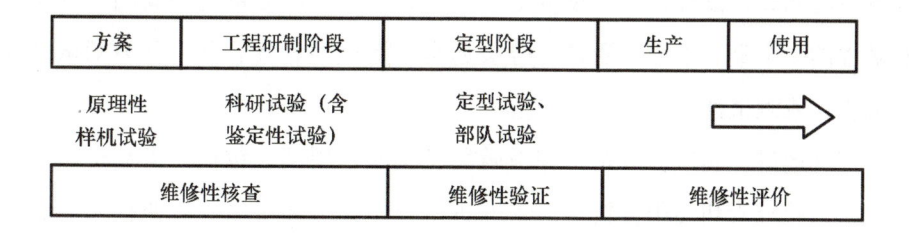

方案	工程研制阶段	定型阶段	生产	使用
原理性样机试验	科研试验(含鉴定性试验)	定型试验、部队试验		
维修性核查		维修性验证	维修性评价	

图2-13 维修性核查、验证与评价

2.4 测试性设计与验证

• **名词解释**

— 测试性 —

测试性是指装备能及时并准确地确定其状态（可工作、不可工作或性能下降），并隔离其内部故障的一种设计特性。

装备的测试性主要表现为对装备的工作状态进行监控、检查和测试的简便程度，其对装备的可靠性、维修性、保障性以及可用性具有很大的影响。为保证装备具有良好的测试性，需要开展测试性分析、测试性设计和测试性验证。

2.4.1 测试性分析

测试性分析是指对装备可能达到的测试性水平进行分析。当测试性分析发现测试性设计存在缺陷时，则需要改进设计，直到满足测试性要求。测试性分析与测试性设计是一个反复迭代的过程，测试性分析是提高测试性设计有效性的一个重要手段。测试性分析通常与测试性设计合并，称为测试性设计分析，或测试性设计与分析。

广义地讲，测试性分析工作覆盖装备全寿命周期，包括需求分析、设计分析、试验分析和使用分析。需求分析主要是分析装备订购方所提的测试性要求的合理性和技术可行性，包括任务要求分析、系统构成特性分析、使用和保障要求分析、可利用新技术分析等。设计分析主要是在装备研制过程中通过核查、仿真等手段分析装备是否满足测试性要求，并针对分析中发现的问题提出改进意见，包括制定测试性设计准则、测试性分配、固有测试性分析、面向测试性的 FMECA、测试性建模、测试性预计、诊断分析等。试验分析是在测试性试验的基础上评价装备达到的测试性水平,包括研制试验分析和验证试验分析。使用分析主要是通过使用来评价实际使用和维修环境下装备的测试性水平。而狭义地讲,测试性分析主要是指设计分析。

2.4.2 测试性设计

测试性设计是指为使装备获得良好测试性水平所进行的设计。随着装备复杂性的增加,人们认识到,要使装备"好测试",解决了如何测试的问题还只是具备了必要条件,此外还有很多相关问题需要解决,比如装备测试水平优劣的定性和定量评价问题,测试性设计过程的管理与控制问题,测试性与可靠性、维修性、保障性的数据接口问题,等等。要解决好这些问题,必须从系统工程的角度来开展测试性设计。所以说,测试性设计还是一门系统工程技术,其技术体系如图 2-14 所示,主要内容包括:测试性需求分析技术、测试性分配技术、测试性建模技术、测试性预计技术、测试性方案优化设计技术、测试性/BIT 详细设计技术、诊断策略构建技术等。

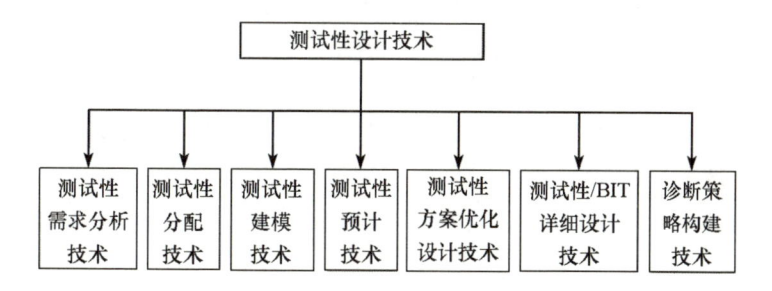

图 2-14 测试性设计的技术体系

2.4.3 测试性验证

测试性验证是指在研制的装备中注入一定数量的故障,用测试性设计规定的测试方法进行故障检测与隔离,按其结果来估计装备的测试性水平,并判断是否达到了规定要求，决定接收或拒收。测试性验证的目的是评价与鉴别测试性设计是否达到规定要求并发现薄弱环节，以便改进。测试性验证应以使用方为主，由使用方和承制方共同完成。测试性与维修性试验都要以故障引入为前提，测试与维修作业中样本量的决定与分配、故障模式的随机抽取、故障引入方法都完全一致，所以最好将这两个试验结合进行。

在装备设计定型、生产定型或有重大设计更改时，为了判定是否达到了技术合同规定的测试性要求，应进行验证试验。它是承制方与订购方联合进行的工作，一般是以承制方为主，订购方审查试验方案和计划并参加试验全过程。

测试性验证的内容主要包括机内测试（built-in test，BIT）检测和隔离故障的能力，被测装备与所用外部测试设备的兼容性，测试设备及有关的测试程序及接口装置的检测与隔离故障的能力，关于 BIT 虚警率要求的符合性，BIT 测试时间和故障隔离时间要求的符合性，BIT 指示与脱机测试结果之间的相互关系，有关故障字典、检测步骤及人工查找故障等技术文件的适用性和充分性，其他测试性定性要求的符合性。

2.5　保障性设计与试验

• 名词解释

— 保障性 —

保障性是装备的设计特性和计划的保障资源满足平时战备完好性和战时利用率要求的能力。装备的保障性是由装备设计所赋予的，计划的保障资源是为保障装备的使用与维修而规划的各种资源和条件，这些资源应当在装备研制中予以同步考虑，并且在装备交付使用的同时提供。

装备的保障性强调，装备要具有容易保障并且能够得到保障的特性。保障性设计与试验主要包括保障性分析、保障性设计和保障性试验。

2.5.1 保障性分析

保障性分析作为系统工程的一部分，是系统和设备综合保障的分析性工具。在系统和设备研制与生产过程中应用某些科学与工程的成果，通过反复地论证、综合、权衡、试验与评价，以有助于：①考虑保障问题以影响设计；②确定与设计有关的保障要求；③获得系统和设备所需的保障；④在使用阶段，以最低的费用与人力提供所需的保障。

保障性分析的目标是：促使保障性要求成为系统和设备要求的组成部分，以影响系统和装备的设计；尽早确定保障问题与费用的主宰因素；确定使用阶段的保障资源要求，以及建立保障信息的数据库。最终目标是提高系统和设备的保障性与战备完好性、优化寿命周期费用与保障资源，以求在费用、进度、性能与保障性之间达到最佳的平衡。

保障性分析的主要任务包括：①制定保障性要求；②制定和优化保障方案；③确定保障资源要求；④评估保障性；⑤建立保障性分析记录数据库。保障性分析主要包括维修级别分析（level of repair analysis，LORA）、以可靠性为中心的维修分析（reliability centered maintenance analysis，RCMA）、维修任务分析（maintenance task analysis，MTA）等。

保障性分析是落实综合保障要求的有效手段，确立起合理的保障资源集合是其中心目的。保障资源是使用与维修装备所需的全部人员与物资的统称，通常划分为八大类，包括人员数量与技术等级，供应保障，保障设备，技术资料，训练与训练保障，计算机资源保障，保障设施，包装、装卸储存和运输。除上述八大类之外，为了实现各项保障资源的合理综合，还需要从技术管理的角度做好维修规划、控制好设计接口。这两个技术管理因素加上构成保障资源集合的八个方面的因素，就形成了综合保障的十个要素。

• 知识延伸

— 保障性分析示意图 —

保障性分析的主要模块、功能和流程如图 2-15 所示。

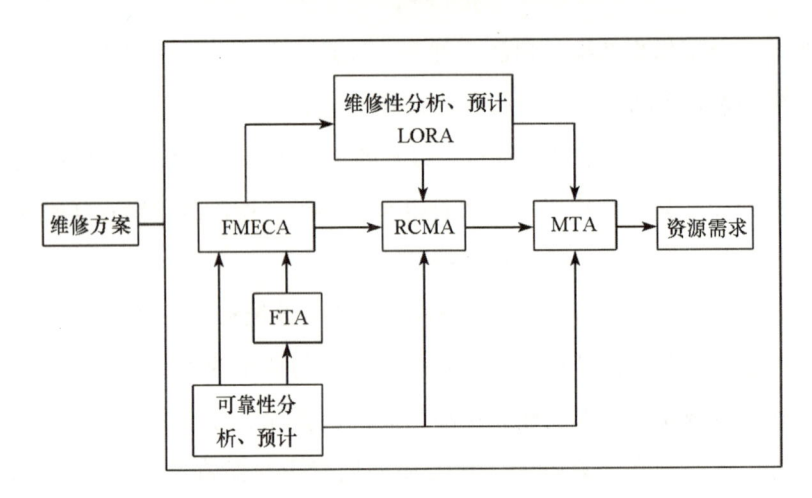

图 2-15　保障性分析主要模块、功能和流程示意图

2.5.2　保障性设计

保障性设计是将保障性要求纳入装备设计的一系列方法和活动的总称。装备系统的保障性取决于与主装备保障有关的设计特性和计划的保障资源，因此，保障性设计包括两方面，即保障设计特性设计和保障资源设计，前者包括对可靠性、维修性、测试性及其他相关工程专业特性的设计，后者指对保障主装备所需的保障设备、保障设施、备件、技术资料等保障资源的设计、研制、筹措及保障系统规划。保障性设计是保证装备达到保障性要求的基本措施和根本途径，要求与装备设计同步而协调地开展。

1. 保障设计特性设计

保障设计特性总体上可分为两类：一类是与装备使用有关的使用保障特

性，用于度量维持装备正常使用功能的保障特性，包括装备的可运输性、充填加挂特性、人素工程特性、自保障特性、互换性等；另一类是与装备故障有关的维修保障特性，涉及的内容有可靠性、维修性、测试性等。

保障设计特性的设计应按相关专业工程领域的标准、指南和手册等提供的方法、程序进行。

2. **保障资源设计**

保障资源是使用与维修装备所需的全部物资和人员的统称，包括保障设备、保障设施、技术资料、备品备件、使用与维修人员等。保障资源是对装备实施有效保障的物质基础，由于保障性取决于可靠性、维修性等装备的诸多设计特性和计划的保障资源，因此，一旦装备的设计特性确定，装备系统的保障性则主要取决于保障资源的充足和适用程度。

保障资源要与装备同步而协调地设计，即在装备设计研制时确定与优化保障资源要求，并同时进行保障资源的规划、研制、购置和筹措。这是装备交付使用后能够及时建立起经济有效的保障系统，以及在使用阶段能以最低费用与最少人力提供装备所需保障的基本保证。

确定保障资源需要结合装备的设计方案、使用方案、维修及保障方案等信息，并采取一些技术方法。与装备的设计研制过程相对应，保障资源的确定流程如图 2-16 所示，分为：①提出保障资源约束；②初步确定保障资源要求；③详细确定全部保障资源要求；④评估新研装备对现有装备保障资源的影响；⑤确定停产后保障资源的供应问题；⑥评估保障系统能力，调整保障资源要求。

装备的保障性设计过程应以成熟的工程与科学原理和适当的标准为依据予以确立和落实，包括了设计要求的控制、输入、各处理过程、输出、更改、记录以及工作接口等，如图 2-17 所示，保障性设计过程的核心部分是保障性要求分析、功能分析，以及综合。

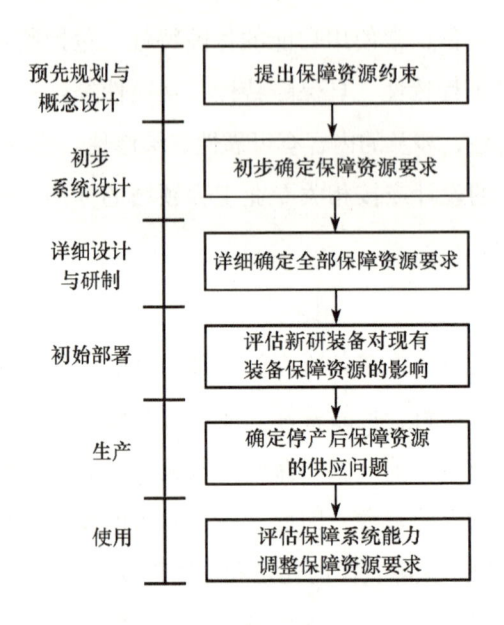

图 2-16　保障资源确定流程

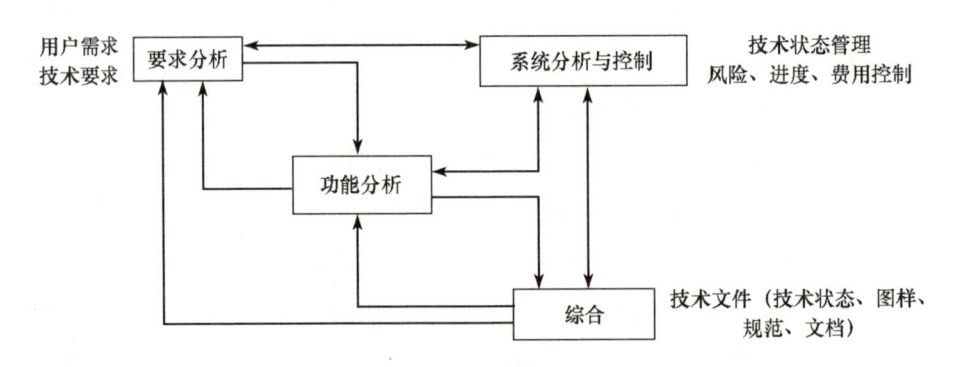

图 2-17　保障性设计主要工作流程示意图

2.5.3　保障性试验

保障性试验主要是验证武器装备是否达到了规定的保障性设计特性、保障资源和系统战备完好性要求，考核武器装备的坚固性和使用方便性，分析并确定存在的问题及原因，为装备的研制与使用提供决策依据。保障性试验与维修性试验的主要区别在于其以人员对装备的适应能力为重点。

保障性试验的分类有多种，如图 2-18 所示。按试验内容分为单项专门保障性试验、保障性验证试验和装备系统的综合试验；按保障性要求分为保障性设计参数的试验、保障资源参数的试验和保障性综合参数的试验；按寿命周期阶段，装备列装定型前的保障性试验分为研制试验、使用试验和部署后保障性评估。

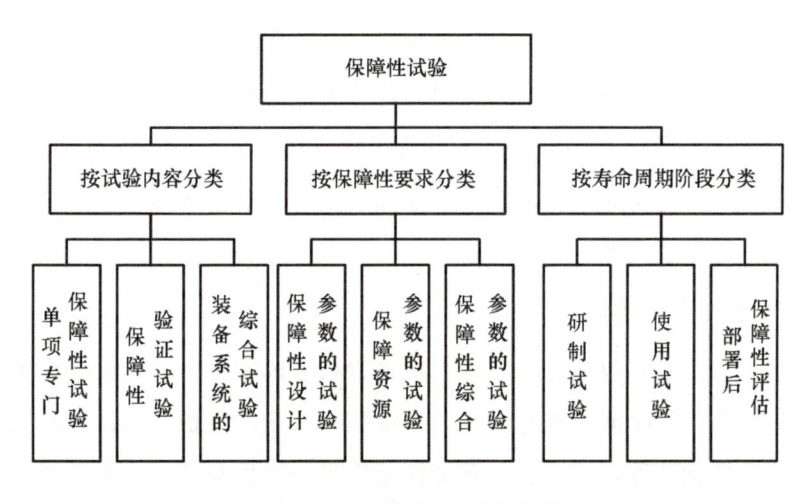

图 2-18　保障性试验的类型

2.6　安全性设计与验证

• 名词解释

- 安全性 -

安全性是指装备具有的不导致人员伤亡、装备损坏、财产损失或不危及人员健康和环境的能力。安全性是作战环境下装备性能的重要组成部分，是影响装备使用效能和作战适用性的主要因素之一，涉及装备对人员以及其他系统和设备产生的威胁。

装备安全性包括本身的安全性、环境与社会安全性、信息安全性等。本节介绍安全性设计与验证，主要包括安全性分析、安全性设计和安全性验证。

2.6.1 安全性分析

安全性分析是指在装备系统研制的初期开始并贯穿装备全寿命周期的系统性的检查、研究和分析系统危险的技术，又称危险分析技术，是安全性工程技术的核心内容，用于检查和识别装备系统在每种使用模式中存在的潜在危险，预计这些危险对人员伤害、设备损坏或环境破坏的可能性和严重性，确定消除或减少危险的方法，以便在事故发生之前消除或尽量减少事故发生可能性或降低事故有害程度。

1. 安全性分析的流程

安全性分析主要包括危险识别与机理分析、风险分析与评价等步骤，在装备研制的各个阶段都须进行详尽的系统性的安全性分析工作，并同安全性设计、安全性验证等密切结合。安全性分析是一个反复迭代、不断完善的过程，如图 2-19 所示。

2. 安全性分析的类型

按照《系统安全性通用大纲》（GJB 900 - 1990）的要求，装备研制各个阶段开展的安全性分析项目类型有：论证阶段编制初步危险表，开展初步危险分析、安全性要求分析；方案阶段开展分系统危险分析；工程研制阶段开始系统危险分析，使用保障危险分析以及职业健康危险分析。此外，还规定了软件安全性分析及工程更改建议的安全性评审等其他类型的分析。

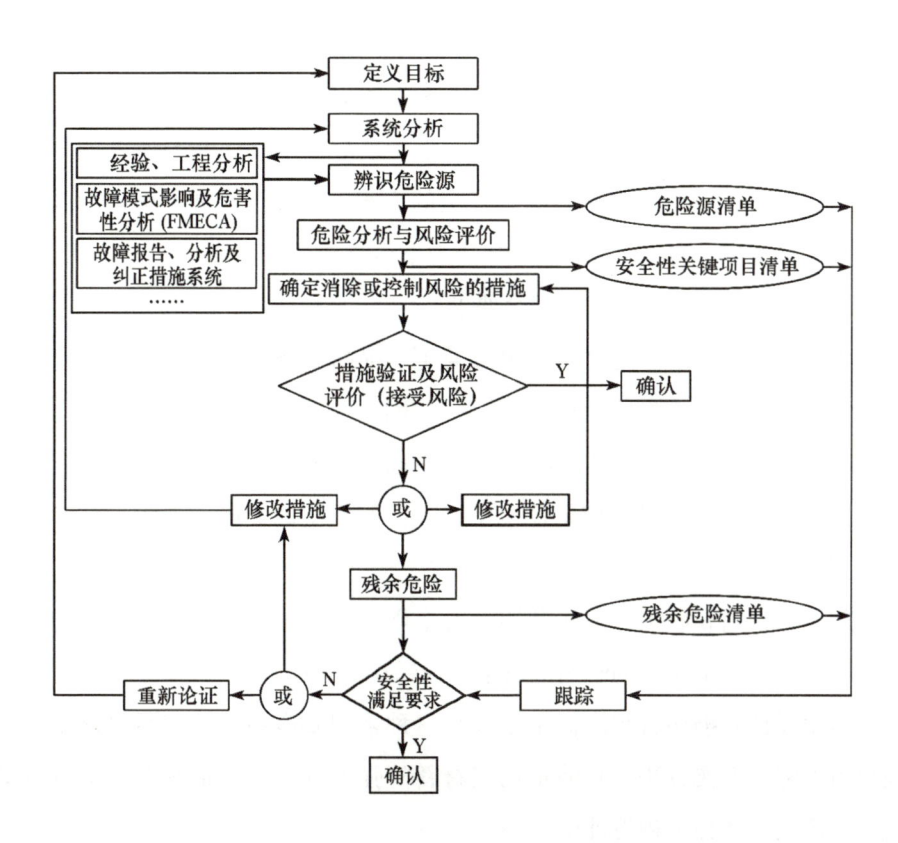

图 2-19　装备系统安全性分析实施程序

2.6.2　安全性设计

安全性设计是通过各种设计活动来消除或控制各种危险，防止所设计的系统在研制、生产、使用和保障过程中发生人员伤亡和设备损坏等各种意外事故。为了全面提高现代复杂装备系统的安全性，在安全性分析的基础上，即在运用各种危险分析技术来识别和分析各种危险，确定各种潜在危险对系统的安全性影响的同时，研制人员必须在设计中采取各种有效措施来保证所研装备具有符合要求的安全性。安全性设计是保证装备满足规定的安全性要求最关键和有效的措施，它包括进行消除和降低危险的设计，在设计中采用安全和告警装置，以及编制专用规程和培训教材等。

在设计中为了满足安全性要求和纠正已判定的危险，根据采取措施的优先顺序，装备系统中常用的安全性设计技术大致可包括如下 14 种：

控制能量。在研究安全性问题时，由于事故影响的大小与所含能量直接相关，提出了通过控制能量来确保安全的方案。例如，在涉及锅炉和高压容器的相关标准中，对在大于 100 kPa 压力下运行的设备比在小于 100 kPa 压力下运行的设备规定了更严格的安全要求。

消除和控制危险。这是避免事故发生、提高装备安全性水平的最有效方法，包括通过设计消除危险和控制危险严重性。

隔离。采用护板、栅栏等将已确定的危险同人员和设备物理分离，以防止危险发生或将危害降低到最低水平，并控制危险的影响。这种方法是最常用的安全性措施。

闭锁、锁定和联锁。一些常用的安全性设计措施。它们的功能是防止不相容事件接连在不正确的时间上发生或以错误的顺序发生。

概率设计和损伤容限。概率设计是一种采用安全系数法来尽量减少结构或材料故障的经典方法。它使结构或材料的强度远大于可能承受应力的计算值，广泛用于各种工程设计中。

损伤容限是指结构在规定的无维修使用期内，能够耐受由缺陷、裂纹或其他损伤引起的破坏而不损害使用安全的能力，它是关系系统使用安全的重要特性。

降额。使元器件以承受低于其额定值应力的方式使用。电子设备通常采用电子元器件降额的设计方法（相当于机械设备采用安全系数法）来提高系统及设备的可靠性及安全性。在实际应用中，实现降额的方法一种是降低元器件的工作应力，另一种是提高元器件的强度，即选用更高强度的元器件。

冗余。它通过采用多个部件或多个通道来实现同一功能以达到提高系统安全性及可靠性的目的。

状态监控。持续地对诸如温度、压力等所选择的参数进行监控，以确保该参数不会达到可能导致意外事故发生的程度。因此，状态监控能够避免可能急速恶化为事故的意外事件。

故障－安全。确保故障不会影响系统安全，或使系统处于不会伤害人员或损坏设备的工作状态。

告警。通常用于向有关人员通告危险、设备问题和其他值得注意的状态，以便使有关人员采取纠正措施，避免事故发生。

标志。它是一种很特殊的目视告警和说明手段，通常在设计师的指导下进行设计并标在设备的特定位置上，包括文字、颜色和图像，以满足告警的要求。

损伤抑制。只要存在损伤，就有导致事故的可能性，但由于能准确确定事故何时发生，设计人员必须采用各种可能抑制损伤的方法，保证人员和设备免受损伤。

逃逸、救生和营救。逃逸和救生是指人们使用本身携带的资源进行自身救护所作的努力；营救是指其他人员救护在紧急情况下受到危险的人员所作的努力。

薄弱环节。系统中容易出故障的部分（设备、部件或零件），它通常会在系统的其他部分出故障并造成严重的设备损坏或人员伤亡之前发生故障。设计师和系统安全技术人员需要利用薄弱环节来限制故障、偶然事件或事故所造成的损伤。

2.6.3 安全性验证

安全性验证是对装备的安全性是否达到研制要求及合同规定的要求进行的检查考核、试验和评价工作。其目的是在装备研制中用订购方认可的适当验证方法来验证关键装备是否符合系统说明书、系统要求等文件中的安全性要求。安全性验证主要用于非低风险的系统。

安全性验证试验的方法主要有试验法和演示法。试验是用仪器设备测量具体参量的安全性验证方法，通过对试验数据的分析或评审，来确定所测定的结果是否处于所要求的或可接受的限度之内。通过试验也可观察到装备在规定的载荷、应力或其他条件下会不会引起危险、故障或损伤。比如，对空空导弹战斗部的跌落试验、子弹撞击试验、快速烤燃试验、慢速烤燃试验等。演示是另一种试验性的验证方法，用来确定装备的使用安全性是否达到所规定的要求。演示通常不测量装备有关参量的数据，而是用"通过"或"通不过"的准则来验证装备是否以安全的、所期望的方式运行，或者一种材料是否具有某种性质。演示验证的例子有：接通应急按钮看看能否中止设备的运行、绝缘物是否不易燃烧等。

2.7　环境适应性设计与试验

任何武器装备在寿命期内进行储存、运输和使用时，都会受到各种气候、力学和电磁环境的单独、组合或综合作用。例如，海军空舰导弹在发射时会产生冲击环境；在飞机挂飞时会存在温度冲击、低温低气压环境；在飞行过程中由于发动机等动力源的推进、气动作用，会经历振动、噪声和加速度环境。环境的作用必然会使武器装备的材料和结构受到腐蚀与破坏，并使电子器件、部件和装备的性能劣化或失常，从而影响其效能的正常发挥。本节介绍环境适应性设计与试验，主要包括环境适应性要求、环境适应性设计和环境适应性试验与评价。

• 名词解释

— 环境适应性 —

环境适应性是装备在其寿命期预计可能遇到的各种环境的作用下，能实现其所有预定功能和性能和（或）不被破坏的能力。其中环境是指寿命期中遇到的、具有一定风险的极端环境，其基本思路是认为能适应极端环境的装备，也能适应较温和的环境；功能和性能均满足装备能在预定的环境中工作和不被破坏的要求。

2.7.1 环境适应性要求

装备在其寿命期内的运输、储存、使用过程中，将暴露在多种自然环境和诱发环境中。由于不同环境对装备的影响和作用的机理不同，表达装备的环境适应能力也十分复杂，难以采用可靠度、平均故障间隔时间等一些基本性能指标来表示，一般需要对考虑的每一类环境因素分别提出相应的环境适应性定量定性要求，再将其组合起来形成一个全面的要求。

对每一类环境因素的环境适应性要求可以是定量要求，也可以是定性要求，或者两者组合。对于可以定量表征其应力作用强度的环境因素，如温度、振动等，装备环境适应性要求从两个方面表征：一方面是装备能在其作用下不损坏或能正常工作的环境应力的强度；另一方面则是装备的定量和定性合格判据，如是否允许破坏、允许破坏程度或允许性能偏差范围。比如，卫星太阳电池在轨运行期间输出功率退化不超过2%，就隐含了自然辐射环境应力以及允许性能偏差范围。对于无法定量表征其应力强度的环境因素如生物因素，只能定性地规定一个有代表性的典型环境，以及定量和定性的表征装备受损程度的合格判据。

2.7.2 环境适应性设计

环境适应性的设计步骤一般包括明确装备的平台环境条件、确定装备寿命期的环境剖面、制定环境适应性设计准则、环境适应性设计评审和环境适应性设计输入验证等。

1. 明确装备的平台环境条件

作为环境适应性设计的第一步，首先要弄清装备的平台环境条件，特别是大型系统工程中，各分系统、子系统、设备、部件所经受到的不同于整个系统所经受到的环境条件。

2. 确定装备寿命期的环境剖面

一个装备从出厂到报废，除使用过程中的平台环境条件外，还要经受运输和储存等环境条件，另外还涉及经受各种环境的概率。可见作为环境适应性设计的第二步，应知道装备全寿命周期的环境剖面，并以此作为设计依据。

3. 制定环境适应性设计准则

一个装备通常由许多部件组成，因此要搞好环境适应性设计，必须制定能保证装备环境适应性的统一设计准则，让设计师在进行设计时有统一的依据。环境适应性设计准则应规定采用先进的、成熟的材料、工艺、结构等，并且有好的费效比。

4. 环境适应性设计评审

环境适应性设计评审是对环境适应性设计输入进行的全面、系统审查，从而发现环境适应性设计中的薄弱环节，提出改进意见，完善设计并降低设计风险。

5. 环境适应性设计输入验证

一个装备完成了环境适应性设计输入后，如果没有前期试验结果报告证实其可行性，则应进行设计验证试验。

2.7.3 环境适应性试验与评价

试验是验证和评价装备环境适应性最重要的方法。除环境适应性试验方法外，比较常用的方法还包括计算、检验、演示、仿真、类比等。装备的环境适应性试验可分为自然环境试验、使用环境试验和实验室环境试验，如图 2-20 所示。

1. 自然环境试验

自然环境试验也称为天然暴露试验，在典型地区设置暴露场（站），将装

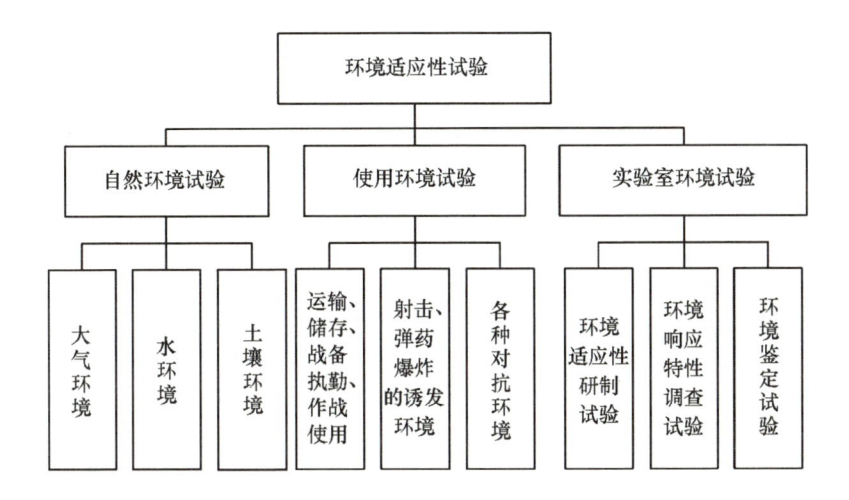

图 2-20 性能试验中的环境适应性试验类型

备长期暴露于某种自然环境中，以确定该自然环境对装备及其材料、工艺、构件的影响。天然暴露试验能真实反映装备在实际使用环境中的性能和可靠性，也可以用来验证人工模拟试验。根据我国国情，应着重考虑的典型严酷自然环境有：湿热（亚湿热）海洋环境、湿热（亚湿热）环境、湿热雨林环境、高原环境、干热沙漠环境和寒冷环境。

2. 使用环境试验

使用环境试验也称为现场试验，是将装备放在实际使用环境条件下，评价和分析其环境适应性。装备的使用环境主要包括装备的运输、储存、战备执勤、作战使用等环境。在作战环境下，除了自然环境因素，还存在各种射击和弹药爆炸产生的冲击波、污染物、沙尘、硝烟和噪声等，以及一些对抗环境如复杂电磁环境、复杂水声环境等。未来的信息化战争是在复杂战场环境中进行的，武器装备一般都是在复杂战场环境下作战使用，需要在复杂战场环境条件下对武器装备战术技术指标进行鉴定。

3. 实验室环境试验

实验室环境试验就是将各种环境因素在实验室内重现出来，对装备的环境适应性进行试验和评价，也称人工模拟试验。比如，复杂电磁环境内场试验，通过在微波暗室中模拟目标回波信号、箔条、有源诱饵，以及海杂波、地杂波等各种干扰信号，生成电磁环境。在装备性能试验过程中，实验室环境试验进一步分为环境适应性研制试验、环境响应特性调查试验、环境鉴定试验等多种类型。

第 3 章

保障状态感知技术

> 仰观宇宙之大，俯察品类之盛，所以游目骋怀，足以极视听之娱，信可乐也。
>
> ——《兰亭集序》

实现"态势可知"是进行信息化条件下后装综合保障的基础。所谓"态势可知"，就是要全面实时感知装备的技术状态、装备的维修保障、物资人员装备的供应投送等需求态势。主要包括以下几类技术：装备状态感知技术、物资资源感知技术、战场损伤分析与评估技术、保障态势可视化系统。

3.1 装备状态感知技术

装备状态感知技术主要包括装备测试技术、装备状态监控与健康管理技术等。

3.1.1 装备测试技术

测试是后装保障技术过程的首要环节，是获取关于装备质量、可靠性、运行状态和使用寿命等信息的首要方法，是诊断与保障的前提，在装备信息化建设中的地位十分重要。一方面，高新技术在导弹、舰船、鱼雷等武器装备中的广泛应用，极大地改善了武器的性能，使装备功能越来越先进；另一方面，装备的技术和结构复杂性显著增加，给装备测试提出了更高、更新、更严的要求，带来了严峻的测试挑战。

1. 装备测试技术概述

（1）测试思想的发展

在测试技术的发展过程中，测试思想的发展经历了以下三个阶段。

被动检测。有故障的设备在运行的过程通常会呈现出若干故障的征兆，比如，发出异常噪声，激发异常振动，散发异常热量，排出异常烟雾、气味，等等。因此，有经验的操作人员通过观察和检测这些征兆就能够对设备的故障进行初步判断和定位。在被动检测中，操作人员仅以观测者的身份出现，其测试效果取决于故障的征兆是否明显。

主动测试。在主动测试中，测试者不仅担任了被动检测中观测者的角色，更重要的是，他还承担了测试加载的任务，即由测试过程的单一观察者变成了整个测试过程的控制者。通过给被测对象加载测试激励，可以将设备内部的一些不易直接观察的故障激发出来，并以某种征兆特征的形式体现在对象的响应输出中，而通过对测试响应的特征分析就能对被测设备中存在的故障进行更准确的判决和定位。主动测试是目前装备测试保障中常用的一种方式。

测试性设计。从传统的被动检测和主动测试向测试性设计的转变是测试思想发展中的一次飞跃。在测试性设计中，测试人员不仅要对测试过程进行控制和观测，而且要对测试对象本身进行设计，是整个测试过程的设计者。从更高层次上讲，装备测试性设计是按照并行工程思想，在装备设计阶段考虑测试问题，改变传统的以外部测试为主的测试机制，采用内部测试与外部测试相结合的方式，实现装备测试能力的"优生"和装备全寿命周期内测试的总体优化。其根本目的在于使装备实现快速而准确的测试与诊断。

（2）测试系统设计方法

在测试技术的发展过程中，测试系统的设计方法经过了专用设备设计、模块化设计、标准化设计和综合化设计四个发展阶段。

专用设备设计方法。20世纪80年代以前，在测试中通常是针对具体型号的武器装备开发专用的测试设备。这种专用设备最大的优点是操作简便，人员培训容易。但是，在实际应用中，专用测试设备的种类很多，而且不同的测试设备之间互不兼容，通用性很差，维护保障费用很高，不能适应现代化机动作战快速维修保障的需要。

模块化设计方法。针对专用设备设计方法的不足，20世纪80年代出现了模块化设计方法。模块化设计的主要思想是依据功能将测试系统分割为不同类别的模块（如功率模块、射频测试模块、开关量测试模块等），然后制定相应的设计规范进行开发。比较典型的模块化系统是美军的MATE测试系统。经过模块化设计，MATE系统具备了初步的通用性，简化了武器装备的维护过程。但是，由于MATE系统采用了一种相对封闭的结构形式，无法利用先进的测试技术对系统进行更新，从而导致技术的严重滞后，往往是系统刚开发完毕，技术就要濒临淘汰了。

标准化设计方法。20世纪80年代末期以后，针对模块化设计日益明显的不足，产生了标准化设计方法。标准化设计采用开放式硬软件结构，通过制定全行业统一的测试规范和标准，实现硬件的完全互换使用和软件的跨平台操作。采用标准化设计方法，可以减少测试系统的种类，缩短开发周期，降低维护费用，同时增加装备测试系统的通用性和互换性，提高战场保障能力。比较典型的标准化测试设备是美军基于VXI总线结构的CASS系统。

综合化设计方法。为适应信息化智能化战争需求，自动测试技术朝着测试更快、更准、更全的目标发展，因此产生了综合化设计方法。综合化设计方法是将测试分为三个层次，即在线测试、离线测试、远程测试。在线测试通过机内测试装置和装备上的测试系统实现，对装备的实际运行过程进行全方位监测，获取并记录原始的测量数据，通过装备上的主处理单元对数据进行处理，确定装备各子系统状态是否正常，对显著故障进行显示/报警。离线测试系统由三方面设备组成，数据处理站通过有线通信的方式从在线系统获取所记录数据，进行现场分析；原位便携式测试设备则在现场（或野战条件下）进行补充测试，并结合装备上的测试数据进行分析，将故障隔离到可更换单元；自动测试主要用于在维修基地对拆卸的故障单元进行深入测试，将故障隔离到可更换组件。此外，还通过远程通信将测试数据传输到远程维修分析中心，进一步提高故障定位的能力。

（3）测试技术分类

依据不同的标准，可以将测试分成多种类别。例如：依据被测对象的类别，可以分为电子设备测试技术和机械设备测试技术；依据被测试的运行状态，可以分为在线测试和离线测试；依据所加载激励或输出响应的时间特性，可以分为静态测试和动态测试；依据测试系统与被测对象的连接方式，可以分为开环测试和闭环测试；依据测试系统构成方式，可以分为内部测试和外部测试，其中，内部测试又包括机载测试和机内测试，外部测试包括离位测试和原位测试等。

2. 电子设备测试技术

（1）自动测试技术

随着现代装备信息化进程的不断加速，装备中电子设备的比重越来越大，而且功能越来越强，结构也越来越复杂。据统计，在机械化主战装备中，电子设备在装备总成本中的比例不到10%，而在信息化主战装备中，这个比例已增加到30%~40%，而且还在继续增加。为了适应电子设备测试日益增加的需求，需采用自动测试取代传统的人工测试过程。

自动测试是外部测试技术的一种。一般而言，自动测试系统的规模比较大，能够获取全面的测试信息，具有很强的故障分析能力，是电子设备维修中所采用的主要测试设备。自动测试所适用的对象是装备的模拟和数字电子设备，主要包括低频模拟电子设备、射频通信设备、数字电子设备、功率电源设备等。

自动测试的一般过程是：首先利用对象的设计资料（一般为电路的描述模型及故障模型），并依据测试需求生成所需的测试代码，通过测试加载装置将激励信号输入到被测对象上，然后采集对象的响应输出，并通过响应分析对故障进行精确定位。

（2）机内测试技术

• **名词解释**

— 机内测试 —

机内测试（built-in test，BIT）是指系统、设备内部提供的检测、隔离故障的自动测试能力。机内测试又称为内建测试、机内自检测、机内自测试等，是20世纪70年代开始发展的一种测试技术。与外部测试技术不同，机内测试不仅仅是位于设备内部的测试机制，还是在设备的设计过程中同设备的功能电路同步设计完成的。

● 常规 BIT 技术

BIT 的主要工作方式。BIT 的主要工作方式包括启动 BIT、周期 BIT 和在线 BIT 三种。其中，启动 BIT 是通过外界控制启动 BIT 对被测设备进行测试的方式，是 BIT 最常用的工作方式。周期 BIT 是依据固定程序，定期对被测设备进行测试的工作方式。在线 BIT 则是在设备运行过程中对被测设备进行实时检测的工作方式。在线 BIT 主要应用在关键设备的 BIT 中。

BIT 的常规故障检测方法。BIT 的常规故障检测方法包括阈值判决法和故障字典法。阈值判决法是将 BIT 的测试输出同预先确定的阈值进行比较，通过阈值判决确定故障的方法，一般用在模拟电路 BIT 中。故障字典法是一种通过查阅固定的故障代码字典确定故障的故障检测方法，一般用在数字电路 BIT 中。

● 智能 BIT 技术

为了解决常规 BIT 技术应用中存在的虚警率高等问题，20 世纪 90 年代出现了智能 BIT 技术。所谓智能 BIT，就是将专家系统、神经网络、模糊理论、信息融合等智能理论应用到 BIT 的设计、检测、诊断、决策等方面，提高 BIT 综合效能的方法和技术。目前，智能 BIT 技术已经在 F – 35 等美军新型装备中得到了应用。

3. 机械设备测试技术

（1）状态监测技术

状态监测就是对被测设备运行状态进行检测，识别各种可能的故障征兆，确定设备是否存在潜在故障的一种在线测试技术。常用的监测机械设备状态的技术有以下几种：

振动检测技术。含有运动部件的设备在运行时会激发出各种频率的振动。当设备中的运动部件发生故障时，其振动特性就会发生变化。振动检测就是通过检测和分析这些变化来确定设备故障的方法。适用对象为发动机、电机、轴系、齿轮箱、轴承等动力及传动机构等。监测的状态包括疲劳、磨损、不平衡、不对中等引起振动特性变化的故障或缺陷等。其优点是适应面广，几乎适用于所有机械系统，成本相对低廉，但一般采取接触式测量，传感器固定要求较高。

温度检测技术。机器设备在运行过程中会有热量散发出来，在设备周围形成相应的温度场，而设备内部的故障会导致温度场发生异常的变化。温度检测技术就是通过测量设备周围的温度场来检测设备的故障。温度检测的一般方法是应用温度传感器对设备温度进行直接测量，而比较新的温度检测技术是应用红外成像技术对设备的温度场进行非接触式的全面监测。适用对象为运动部件、功率设备等。监测的状态包括导致设备温度场发生异常变化的故障，如磨损等。其优点是适用面广、实施方便，但一般实时性较差，难以对封闭式设备的故障进行精确定位。

铁谱分析技术。机器设备在使用过程中会因为磨损产生大量细小的磨屑颗粒。铁谱分析技术就是利用磁力将磨屑颗粒依据其尺寸不同从滑油中定向分离出来，形成所谓铁谱。通过分析颗粒的总密度和大小颗粒比就可以确定磨损的类型和程度，判断故障的起因。其适用对象是闭式润滑和液压系统，如齿轮箱、发动机曲柄箱和液压机等。监测的状态包括磨损、腐蚀和疲劳等。其优点是可以监测设备早期磨损状态，灵敏度高，可定量测量颗粒形状和尺寸。缺点是只能测量铁磁颗粒。

声发射检测技术。大多数金属材料在产生塑性变形和断裂等缺陷时，会有特殊品质的高频应力波产生。声发射检测就是通过测量这种缺陷应力波，分析其特性，从而确定设备缺陷的方法。其适用对象是压力容器、金属和非金属承力结构件等。监测的状态包括塑性变形以及因疲劳、应力和磨损而形成的断裂等。其优点是可对裂纹进行非接触检测，可覆盖整个结构，测量系统设置迅速、灵敏度高，对被测物体的可达性要求低，可检测活动的裂纹。缺点是灵敏度取决于材料，测量易受无关的电噪声和机械噪声干扰，对裂纹类型只能给出有限信息、难以定量分析。

嵌入式监测技术。嵌入式监测以微传感器技术和智能结构技术为基础，通过将大量微传感器和智能结构植入装备的机械结构中，构成嵌入式监测系统，实现快速的在线测试与诊断。这是状态监测技术的发展趋势。美军的F-35战斗机等新型装备已开始采用这种技术构建嵌入式的健康监测系统。嵌入式监测系统的优点是：重量和体积代价小；能获取更多的状态信息；信息获取的准确性高，实时性好；通用性好，可与现场测试系统连接，构成综合测试系统。

（2）无损检测技术

• **名词解释**

– 无损检测 –

无损检测是指在不损害或不影响被检测对象使用性能、不伤害被检测对象内部组织的前提下，利用材料内部结构异常或缺陷存在引起的热、声、光、电、磁等反应的变化，以物理或化学方法为手段，借助现代化的技术和设备器材，对试件内部及表面的结构、状态及缺陷的类型、数量、形状、性质、位置、尺寸、分布及其变化进行检查和测试的方法。

现代装备中大量采用了复合材料、蜂窝结构等新材料和新结构，针对这些新材料和新结构出现了一些新型的无损检测技术，主要包括激光全息无损检测技术、声振检测技术、微波无损检测技术。

激光全息无损检测是全息照相技术同应力分析技术的结合。它首先通过外界加载的方法，将物体内部的缺陷在物体表面形成相应的变形特征，然后采用全息照相观察和分析这些特征，从而检测物体内部的缺陷。激光全息无损检测的主要方法包括实时法和两次曝光法。

声振检测是超声检测和振动分析技术的结合。它首先利用超声波激发被测部件的机械振动，然后通过分析振动的特性，识别部件的内部缺陷。声振检测的灵敏度很高，可以检测其他方法检测不到的细微缺陷，例如复合材料的无间隙裂痕，特别适用于对新型装备中的复合材料、蜂窝结构、胶结结构进行检测。声振检测的主要方法包括频率检测法和局部激振法。

微波无损检测是通过分析微波在被测部件内部传播规律的变化，识别部件内部缺陷的新型无损检测技术。同超声检测类似，微波无损检测的主要方法包括穿透法、反射法、散射法等。同射线检测和超声检测相比，微波无损检测特别适用于非金属和复合材料内部缺陷的检测。微波无损检测的缺点是：由于趋肤效应，微波不能穿透金属或导电性能较好的复合材料（如碳纤维增强塑料等），不能检测这些材料的内部缺陷。

3.1.2 装备状态监控与健康管理技术

1. 状态监控

状态监控通常是对设备进行连续或周期性的定性或定量测试、分析、辨识与决策的统称。它采用先进的技术确定设备的状态并有潜力预测故障，常用的技术包括振动检测与信号分析、压力监测、温度监测、油样分析、电流分析、探伤、探漏等，但其技术内涵不局限于此。状态监控作为预测或状态基维修技术的重要组成部分，常常是以状态基维修系统、健康使用与监控系统等形式来实现，同时，设备性能有效性的要求也驱动状态监控技术处于不断变革之中，如图 3-1 所示。

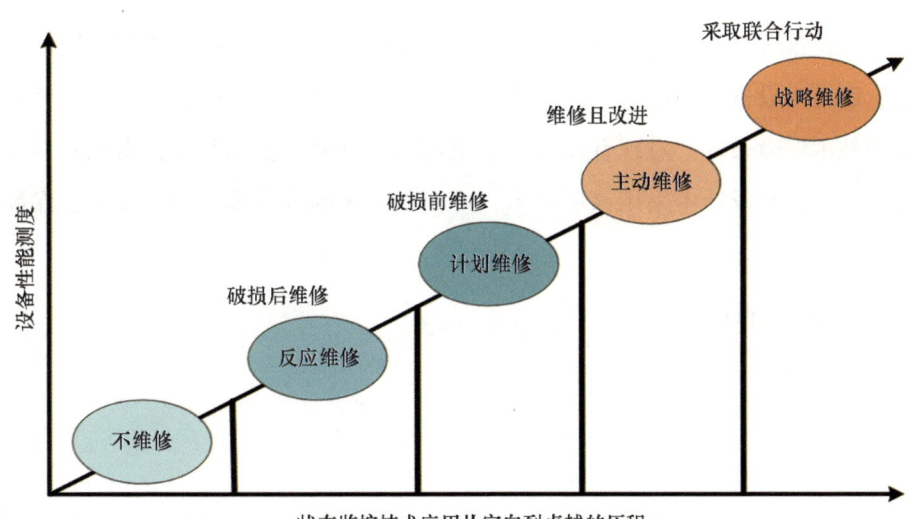

图 3-1 设备性能有效性驱动状态监控技术的变革

依据设备状态监控等的综合信息，可以对设备使用寿命开展科学的评估与预测。状态监控技术萌芽于军事、宇航与核工业领域，是微电子、计算机等技术以及现代化生产发展的产物。状态监控一般指的是在不中断正常操作的情况下，确定设备所处的客观状态并检测故障，包括采用各种测量、分析和判别方法，结合设备的历史状况和运行条件，为设备的性能评价、合理使用、安全运行、故障诊断、控制和维修提供信息和决策策略。它一般具有连续性和实时性要求，且要求充分地占有设备信息，正确地处理信息，有效地融合信息，连续地存贮信息。但有时状态监控也采用断续或周期性测量、离线分析的方式。与状态监控关系密切的术语还有故障检测、过程监控、健康监控、状态基维修等。状态监控的基本任务一般包括设备运行状态监测、状态异常检测以及异常的早期预报与控制等。未来的监控任务还能通过与CAD/CAM 的智能交互改进设备的设计、制造和操作方式。状态监控主要针对设备中的复杂系统或相关的重要部件（如轴承、转子系统、传动系统、液压系统等），以检测和辨识可用状态和故障状态，预测可能出现的早期故障，从而为正确使用和科学维修提供决策信息，确保及时科学地为设备提供技术保障。状态监控系统可使设备随时处于良好的技术状态，同时依据监测和诊断的信息，制订出设备损伤评估与修复指南，具体规定设备各部件损坏后的抢修措施及技术保障条件。对现有设备，采用该技术可减少使用和维护费用；对在研设备，如在设计中采用该项技术，可使设备大幅度提高使用、维护、保障的效率和水平。

2. 健康管理

- **名词解释**

― 装备健康管理 ―

装备健康管理是指采用传感器信息、专家知识及维修保障信息，借助各种智能算法与推理模型实现武器装备运行状态的监测、预测、判别和管理，实现低虚警率的故障检测与隔离，并最终实现智能任务规划及基于设备状态（历史、当前及未来状态）的智能维护，以取代传统基于事件的事后维修或基于时间的定期检修。

装备健康管理实现了武器装备管理方法从健康监测向健康管理（容错控制与余度管理、自愈调控、智能维修辅助决策、智能任务规划等）的转变，从对当前健康状态的故障检测与诊断转向对未来健康状态的预测，从被动性的反应性维修活动转向主动性、先导性的维修活动，从而实现在准确的时间对准确的部位采取准确的维修活动。

从主要功能来看，装备健康管理主要包括关键系统/部件的状态实时监控（传感器监测参数与性能指标等参数的监测）、故障检测、故障诊断（故障模式识别与故障定位）、退化状态识别、故障预测（包括性能演化趋势预测和剩余使用寿命预测）、辅助决策（包括维修与任务的辅助决策）、信息应需传输（包括故障选择性报告、信息压缩传输等）和资源管理（包括备品备件、保障设备等维修保障资源管理）等方面，如图 3-2 所示。在装备健康管理的上述主要功能中，故障预测是最为关键的功能环节，故障预测技术是实现以预测性维修为基础的装备健康管理的核心使能技术。从学术界到工业界，研究人员在航空航天、机械制造、动力传动机械、海洋工程、能源工程等诸多领域均把预测与健康管理（prognostics and health management，PHM）技术作为关键性核心使能技术来进行深入研究与探索。

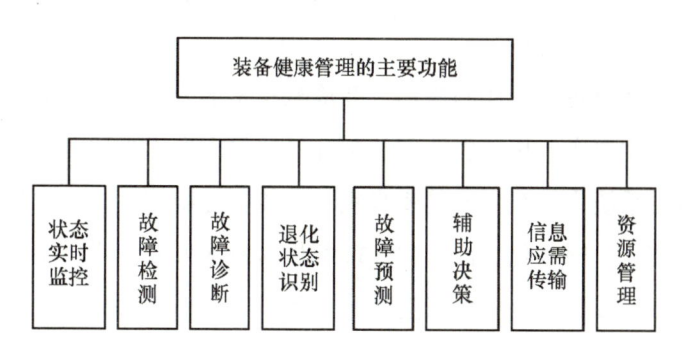

图 3-2 装备健康管理的主要功能

3. 发展概况

为了以更经济有效的方式满足设备效能发挥和快捷、精确、持续保障的要求，装备健康管理技术在状态监控技术发展的基础上应运而生，随即得到了积极研究和推广应用。

英美等国是最早开展有关状态监控工作的国家。阿波罗计划中发生的一系列由设备故障酿成的悲剧，引起了美国军方和政府有关部门的重视。1967年 4 月，在美国国家航空航天局（National Aeronautics and Space Administration，NASA）的倡导下，由美国海军研究所（Office of Naval Research，ONR）主持，成立了美国机械故障预防小组，开始有组织地开发状态监控与故障诊断技术。在航空运输方面，美国在可靠性维修管理的基础上，对大型飞机进行大规模的状态监控，研制并应用了以计算机为基础的飞行器数据综合系统，通过采集、记录、分析处理大量飞行信息来判断飞机各部位故障，并发出排除故障的指令。美国海军从 20 世纪末以来便对状态监控及相关技术开展了全面研究与开发，对象涉及舰船、军用直升机、陆地战车等。美国西屋公司研制的"汽轮发电机组监控与诊断专家系统"也投入实际应用。英国以柯拉科特（R. A. Collacott）为首的机器保健中心从 20 世纪 60 年代开始研究状态监控与故障诊断技术。1982 年曼彻斯特大学成立了沃福森工业维修公司，主要从事状态监控与故障诊断的研究和教育培训工作。英国 Monition 公司联合德国亚琛工业大学等单位开展跨国 VISION 计划，在先进的状态监控技术方面取得了不少突破。

随着系统和设备复杂性的增加以及信息技术的发展，国外装备健康管理技术在装备应用层次上从过去的部件与分系统级，发展到覆盖整个平台各个主要分系统的系统集成级。通过逐步完善，装备健康管理目前已形成了包含精简化、智能化、同步化、标准化、持续化的技术方法体系，制定了包含数据采集与传输、数据处理（状态监测、健康评估、预测诊断）、决策支持、综合信息管理功能的技术结构，并形成了相对完善的技术标准体系以及技术转化应用与技术集成机制。装备健康管理技术已经得到美英等军事强国的深度研究与推广应用，并正在成为新一代飞机、舰船和车辆等武器装备研制与使用阶段的重要组成部分。代表性的装备健康管理相关系统包括：F – 35 飞机 PHM 系统、直升机健康与使用监控系统（health and usage monitoring system，

HUMS)、波音公司的飞机状态管理（airplane health management，AHM）系统、NASA飞行器综合健康管理（integrated vehicle health management，IVHM）系统、综合系统健康管理（integrated system health management，ISHM）系统、美国海军综合状态评估系统（integrated condition assessment system，ICAS），以及预测增强诊断系统（predictive enhanced diagnosis system，PEDS）。国外装备健康管理技术应用情况如表3-1所示，欧美各国的装备健康管理技术应用范围覆盖各类先进武器装备，而且数量众多，其应用情况表明健康管理在降低维修保障成本，提高武器装备安全性、可用度与完好性，确保任务成功性，提升作战效能等方面具有重要作用。

表3-1　国外公开的武器装备状态监控与健康管理技术在军事装备领域的应用情况

装备类别	健康管理系统	应用情况
航天器	IVHM ISHM	X-34超高速飞行器、X-37空天飞机、B-2、"全球鹰"、NASA第2代可重复使用运载器
固定翼飞机	PHM AHM	F-35、F-22、B-2、"全球鹰"、无人作战飞机（UCAV）、"鹰"教练机、C-130、C-17、RQ-7A/B"影子"200战术无人机系统、P-8A、AMRAAM导弹系统、"阵风"战斗机、EF-2000
直升机	HUMS	AH-64"阿帕奇"、UH-60"黑鹰"、CH-47"支奴干"、RAH-66、EH-101、Bell-206、"虎式"直升机、NH-90、AS350"松鼠"、战地侦察直升机（BRH）、水面作战海上旋翼机（SCMR）、AH264、"山猫"直升机
船舶	ICAS PEDS	"华盛顿"号航母、"林肯"号航母、"星座"号航母、"里根"号航母、"提康德罗加"号航母、"宙斯盾"导弹巡逻舰、"阿利·伯克"级驱逐舰、"佩里"号导弹护卫舰、英国"机敏"级攻击型核潜艇、澳大利亚皇家海军"科林斯"级潜艇、加拿大"维多利亚"级潜艇、荷兰1400吨"海鳝"级潜艇

我国对状态监控技术的认识和发展也经历了与国外同样的过程。从1979

年到 1983 年，状态监控与诊断技术从初步认识进入初步实践阶段，以学习英、美、日等国的先进技术和经验为主，对一些故障机理、诊断方法及简易监控仪器进行研究和研制。1984 年 7 月在北京成立了中国设备管理协会，1985 年 5 月在郑州成立中国机械设备诊断技术学会，这些组织致力于广泛交流我国在该领域内各方面的技术成果，深入探讨设备状态监控与故障诊断在国内外的发展动向，有力地推动了这一学科的发展，使其有效地为我国的国民经济建设服务。国家自然科学基金委员会将机电系统早期故障分析、安全保障和科学维护的相关技术列入了国家自然科学基金 2016—2020 年重点资助领域。四代机、大型运输机、航母等重大专项也明确提出了对预测技术及健康管理系统的需求。

在装备健康管理方法研究方面，国内相关院所主要在航空航天装备领域开展了一系列的健康管理系统设计基础研究工作，并结合型号技术攻关，边研究边验证、迭代完善、双线并行，取得了一定的成果。目前，已初步构建了一套典型机电、电子、结构类装备的健康表征、健康度量与演化规律挖掘的方法体系，形成了相关的诊断与预测模型设计方法。结合装备使用和维修保障情况，我国在航空、航天、船舶、兵器等领域正逐步开展相关工程技术研究。总体而言，国内在机械动力学与故障机理分析、新型状态信号感知、早期损伤状态特征提取、智能状态监控与故障诊断方法、故障预测方法等方面开展了大量基础研究工作，为故障预测与健康管理关键技术的应用研究及相应系统开发奠定了基础。

4. 发展趋势

设备状态监控和健康管理技术将朝以下几个方面发展：①开发灵巧传感器和低费用在线监控系统，以高费效比连续监控关键设备；②嵌入式传感器的大量使用将成为大型设备的标准特征；③随着"专家"诊断能力的快速发展，状态监控软件将日益先进；④随着状态监控技术的日益采用并作为遂行任务的一部分，状态监控将作为作战和维修中的"主流"而被接受；⑤状态监控软件与计算机维修管理软件、过程控制软件的接口界面的普遍标准将越来越多地得到集成和接受；⑥将越来越多地关注状态监控技术的设备内涵和应用，引导状态监控技术的应用以提高设备的性能和可靠性，而不仅仅是预测部件的故障；⑦通过降低采用状态监控技术每一个环节的费用，其将被更广泛地使用。

综上所述，状态监控与健康管理技术将较多地应用于复杂系统精细动力学模型、非线性预测方法，在技术上将向智能化、知识化、自适应性发展，在系统上将向微型化、分布式、层次性、远程网络化、标准化发展。

3.1.3 直升机状态感知系统案例

直升机状态感知系统，业界的专业术语一般称为直升机健康与使用监控系统（HUMS）。本节结合 HUMS，具体介绍装备状态感知技术的应用方法。

1. HUMS 的研发背景及意义

据统计，直升机事故率是固定翼飞机事故率的 40 倍左右，而严重事故率是固定翼飞机的 10 倍，其主要原因在于直升机动力与传动系统（发动机、主减速器、主旋翼、中/尾减速器、尾桨等）除发动机外均只有一条负荷通道，如图 3-3 所示，该通道任一部件的故障都将对飞行安全造成严重威胁。根据美国官方直升机事故数据统计：1999 年，美国发生 197 起直升机事故，由于发动机故障和失去动力引起的事故为 49 起；2000 年的直升机事故中，由于发动机故障和失去动力引起的事故为 32 起，由于主/尾旋翼引起的故障为 32 起。美军通过研究发现，在机械故障导致的直升机飞行事故中，68% 的事故可归咎于动力装置和传动系统的故障，且动力装置和传动系统的维修费用占总维修费用的 58%。由此可见，直升机旋转部件存在较高的故障率，是影响直升机安全飞行的主要因素之一。

1991 年，英国北海直升机公司在直升机上安装了首套 HUMS。1997 年，美国海军提出了 IMD-HUMS 计划，同年美国国防部启动新一代 HUMS 项目研

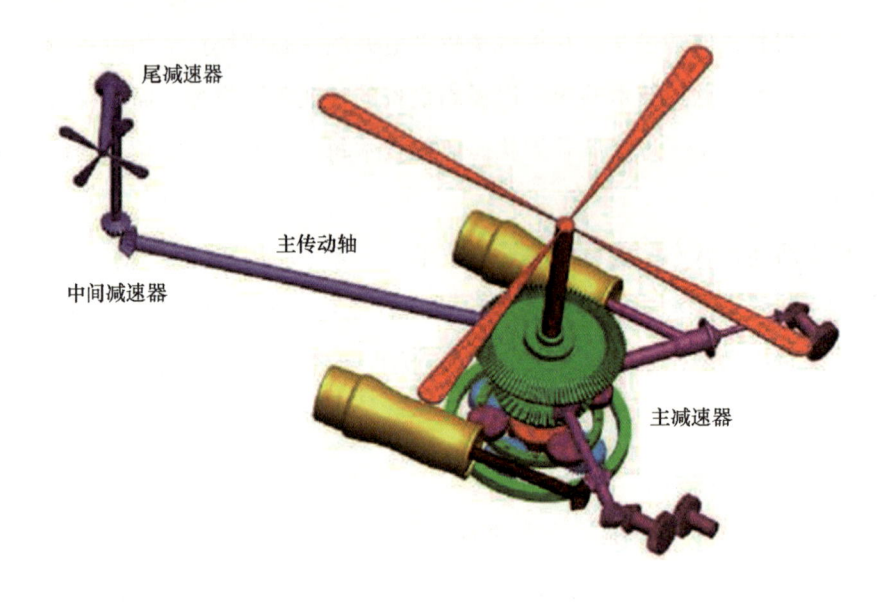

图 3-3　典型直升机传动系统组成示意图

制。2000 年，美国国防部的《军用关键技术》报告中提出了与 HUMS 相似的 PHM 技术。2002 年，古德里奇公司为陆军航空兵开发了第一个基于状态的维修（condition based maintenance，CBM）系统。目前，HUMS 已经成为英美法德等西方国家军用直升机的标准化配置。

目前，国外直升机 HUMS 已经发展到第四代。和第一代 HUMS 相比，第二代 HUMS 更小、更轻，可靠性更高，功能也更加强大，具有升级容易、安装简便、效率高等特点，可以给驾驶员提供实时信息。第三代最先进的 HUMS 使用工业标准的处理器和模块化的软件系统降低了成本，变成一个功能强大的综合状态监测与故障诊断系统。进入 21 世纪后，国外的 HUMS 开始朝智能化、信息化、网络化和一体化方向发展，HUMS 由状态与使用监测系统逐渐转化为状态与使用管理系统，发展到第四代。以上 HUMS 的发展都是降低维修保障费用和提高安全性、有用性的有效手段，是对直升机"五性"（可靠性、维修性、安全性、测试性、保障性）不断重视的标志。

2. HUMS 的组成和功能

目前，主流的 HUMS 系统主要有以下要素：

①数据采集系统；

②飞行数据计算机，提供基本飞行数据，包括空速、气压、温度和高度等；

③座舱显示器和驾驶员输入面板；

④数据记录方式；

⑤抗坠毁座舱音频记录器和飞行数据记录器；

⑥昼夜光敏旋翼轨迹仪；

⑦不同的传感器，包括安装在重心位置的加速度传感器和温度、压力传感器，测量驾驶员输入的位移传感器等；

⑧合适的接线及安装方式。

归纳起来，上述结构可分为三大部分：一是用于采集直升机各项运行数据的各类监测传感器；二是对监测数据进行初步处理、分析和存储的机载监控装置；三是用于诊断和维修的诊断服务器、辅助维修设备等。此外，还包含一些必要的通信装置，如图 3-4 所示。

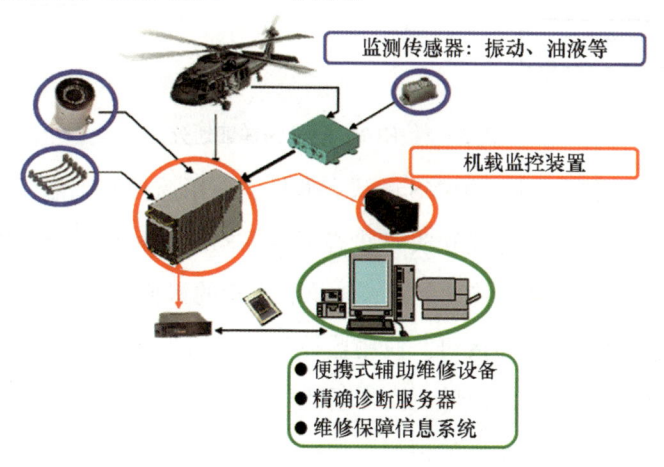

图 3-4　HUMS 系统组成示意图

随着 HUMS 的不断发展，其功能将更加强大，总体性能也将得到进一步提升，但是其状态监控和使用监控的主要功能并没有改变。图 3 - 5 是对 HUMS 功能的详细划分，HUMS 将各个独立的单元集成在一个可以持续监控的模块上。

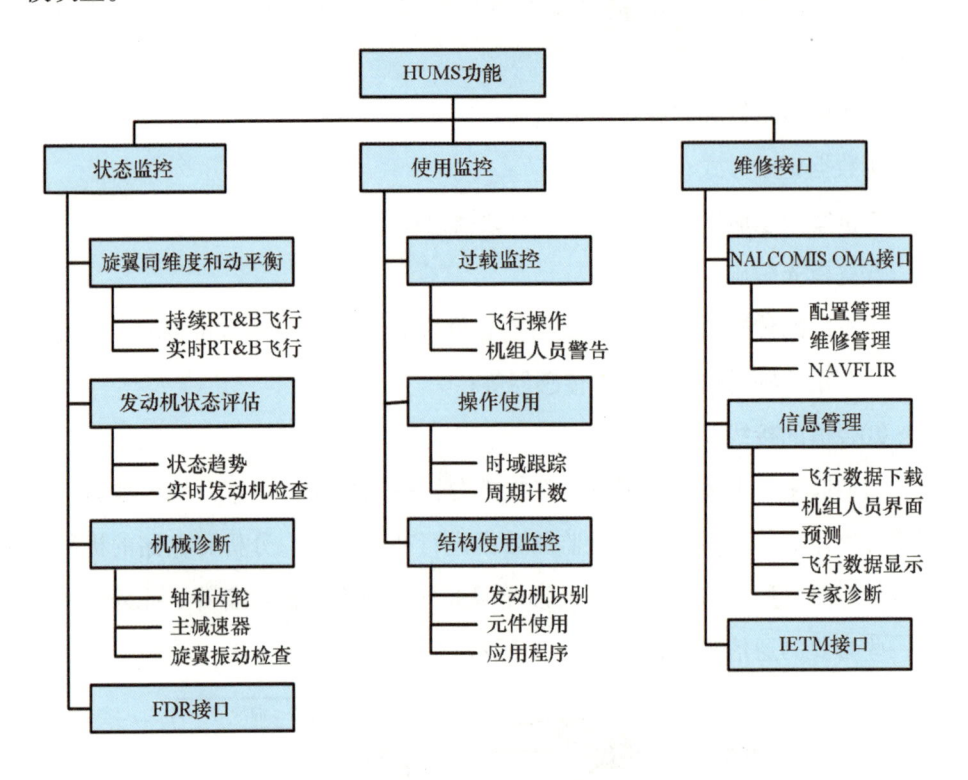

```
                              HUMS功能
            ┌──────────────────┼──────────────────┐
          状态监控            使用监控           维修接口
            │                   │                  │
      旋翼同维度和动平衡      过载监控         NALCOMIS OMA接口
        │持续RT&B飞行         │飞行操作          │配置管理
        │实时RT&B飞行         │机组人员警告       │维修管理
                                                  │NAVFLIR
      发动机状态评估         操作使用
        │状态趋势            │时域跟踪           信息管理
        │实时发动机检查      │周期计数           │飞行数据下载
                                                  │机组人员界面
      机械诊断              结构使用监控          │预测
        │轴和齿轮            │发动机识别         │飞行数据显示
        │主减速器            │元件使用           │专家诊断
        │旋翼振动检查        │应用程序
                                                IETM接口
      FDR接口
```

图 3 - 5　HUMS 功能的详细划分

由图 3 - 5 可以看出，HUMS 由状态监控、使用监控和维修接口三个部分组成。状态监控包括在持续和实时状态下旋翼同维度和动平衡，发动机实时检查和状态跟踪的评估，传动装置、轴承、齿轮的机械诊断，还为座舱语音/飞行数据记录提供一系列接口。使用监控是通过监控实际的损伤来评估关键部件、系统和结构的寿命损耗，从而直接获得飞行中各元件实际使用/损害情况，而不是最差的那个元件的情况。通过测量直升机上各元件的实际使用情况，就可以得到其实际寿命。维修接口是实现"预测性维修"的关键枢纽，主要承担机载系统与地面维修体系的数据交互功能，该接口将采集的实时监测数据转化为标准化的维修指令发送至地面站，为维护人员提供精确的故障定位、维修建议等关键信息。

3. HUMS 的应用实例

英国史密斯航宇公司自 20 世纪 80 年代早期以来一直开发健康与使用监控系统，已经有 400 多套健康与使用监控系统投入使用，其中一半以上的健康与使用监控系统安装在军用直升机上，这些系统已经记录了一百多万个飞行小时。据报道，英国史密斯航宇公司为英军的 70 架"未来山猫"直升机开发了一种 HUMS 和机舱声音与飞行数据记录仪的组合系统，使得"未来山猫" HUMS 系统能够对存在潜在隐患的设备进行预警，也能提供连续的旋翼跟踪和平衡能力，并且为每架直升机的日常维护收集有价值的数据。

美军的各直升机机型几乎都要求安装 HUMS 系统。比如美国海军航空系统司令部已在海军陆战队的 CH–53E "超级种马"和 MH–53E "海龙"直升机机群中使用了 IMD-HUMS，IMD-HUMS 在直升机飞行过程中实时收集直升机状态信息，一方面可以用于自诊断，另一方面可以在飞行结束时将数据传送给地面计算机进行分析，并据此更好地确定维修计划。数据表明，安装 HUMS 系统的美军直升机的战备完好性提高了约 10%。

实践表明，直升机的健康与使用监控系统的应用可减少专用的飞行维护，改善维护计划，减少故障损坏后"错误的"拆除，降低拆卸深度，增加直升机的可利用性，同时提供精确的使用记录。直升机的健康与使用监控系统对不同层次的用户有不同的军事价值：一是为直升机部队指挥员和装备管理部门提供强有力的维护管理工具，实现最大战备完好率；二是为直升机飞行员提供自动可靠的发动机传动链状态监控和自动报警工具，保证飞行安全；三是为第一线的直升机维修工程师提供精确诊断，提升故障诊断与维修效率。

3.2 物资资源感知技术

对保障资源信息的完整掌握及有效调度,实现"资源可视",是实现有效后装综合保障的重要条件。随着信息技术的飞速发展,保障资源的可视化感知技术为指挥者对于战场后装保障资源的透明掌握及有效决策提供了技术手段保证。自动识别技术,特别是无线射频识别技术及无线传感网技术是其中的典型代表。由自动识别技术感知保障资源情况,实现"保障资源可视",是提升后装保障能力的重要手段。

3.2.1 自动识别技术

近几十年以来,自动识别技术在全球范围内得到迅猛发展,初步形成了一个包括条码技术、磁条磁卡技术、IC卡技术、光学字符识别技术、射频技术、声音识别及视觉识别等集计算机、光、磁、物理、机电、通信技术为一体的技术群。

• 名词解释

- 自动识别技术 -

自动识别技术是应用一定的识别装置,通过被识别物品和识别装置之间的接近活动,自动地获取被识别物品的相关信息,并提供给后台的计算机处理系统来完成相关后续处理的一种技术。

自动识别技术根据识别对象特征可以分为两大类,分别是数据采集技术和特征提取技术,其基本功能都是完成物品的自动识别和数据的自动采集。表3-2列出了属于自动识别技术范畴的常用识别技术。

第 3 章 保障状态感知技术

表 3-2 自动识别技术的基本范畴

数据采集技术	特征提取技术
光学采集存储 • 条码（一维、二维） • 矩阵码 • 光标阅读器 • 光学字符识别 磁信号采集存储 • 磁条 • 非接触磁卡 • 磁光存储 电信号采集存储 • 触摸式存储 • RFID 射频识别（有芯片、无芯片） • 智能卡（接触式、非接触式）	静态特征 • 视觉识别 • 能量扰动识别 动态特征 • 声音（语音） • 键盘敲击 • 其他感觉特征 属性特征 • 化学感觉特征 • 物理感觉特征 • 生物抗体感觉特征 • 联合感觉系统

3.2.2 无线射频识别技术

1. 无线射频识别系统基本结构

无线射频识别（radio frequency identification，RFID）系统一般由 RFID 标签、RFID 读写器以及计算机信息系统组成，如图 3-6 所示。系统基本工作原理如下：RFID 标签进入磁场，接收 RFID 读写器发出的射频信号，凭借感应电流所获得的能量发送出存储在芯片中的装备信息（无源标签）或者主动发送某一频率的信号（有源标签），RFID 读写器读取信息后解码，送至计算机信息系统对有关数据进行处理。

2. RFID 系统工作原理

绝大多数射频识别系统是按电感耦合的原理工作的，读写器在数据管理

RFID标签　　　　　RFID读写器　　　　　计算机信息系统

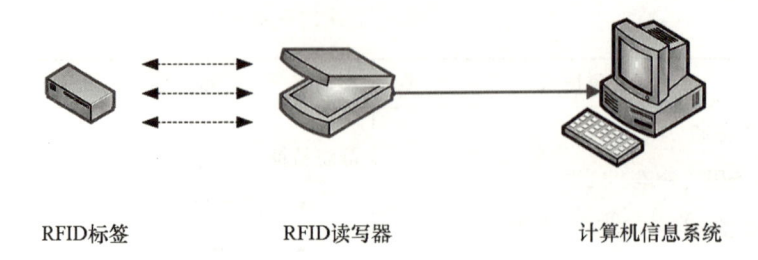

图3-6　RFID的基本结构组成

系统的控制下发送出一定频率的射频信号，当电子标签进入磁场时产生感应电流从而获得能量，发送出自身编码等信息，该信息被读写器读取并解码后送至管理系统（一般是计算机主机）进行有关处理，这一信息的收集处理过程是以无线方式进行的。

射频识别系统中射频标签与读写器之间的作用距离是射频识别系统中的一个重要问题。根据射频识别系统作用距离的远近情况，射频识别系统可分为密耦合、遥耦合和远距离三类。

(1) 密耦合系统

密耦合的作用距离在1厘米以内，是利用射频标签与读写器之间的电感耦合构成无接触的空间信息传输射频通道工作的，其基本原理如图3-7所示，工作频率一般在30兆赫以下。

密耦合系统中射频标签一般是无源标签，天线场区为无功近场区，能量传输通过电感耦合方式来实现，数据传输通过电感（磁场）耦合或电容（电场）耦合的负载调制实现，可参考的国际标准为ISO 10536。

(2) 遥耦合系统

遥耦合与密耦合的不同之处是遥耦合无法采用电容耦合（一般又称为电场耦合），其基本原理如图3-8所示。遥耦合又可分为近耦合（典型作用距离为15厘米）和疏耦合（典型作用距离为1米）两类。可参考的国际标准有ISO 14443（近耦合）和ISO 15693（疏耦合）。

遥耦合标签几乎是无源标签，通常是由单个芯片以及作为天线的大面积

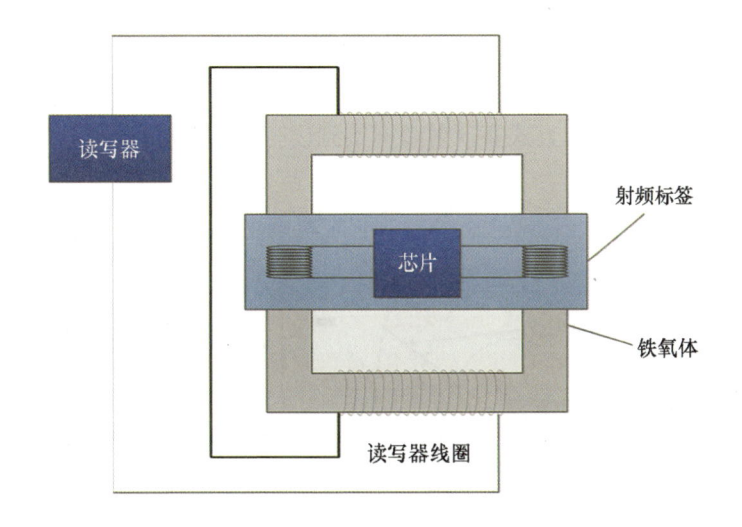

图 3-7 RFID 的密耦合

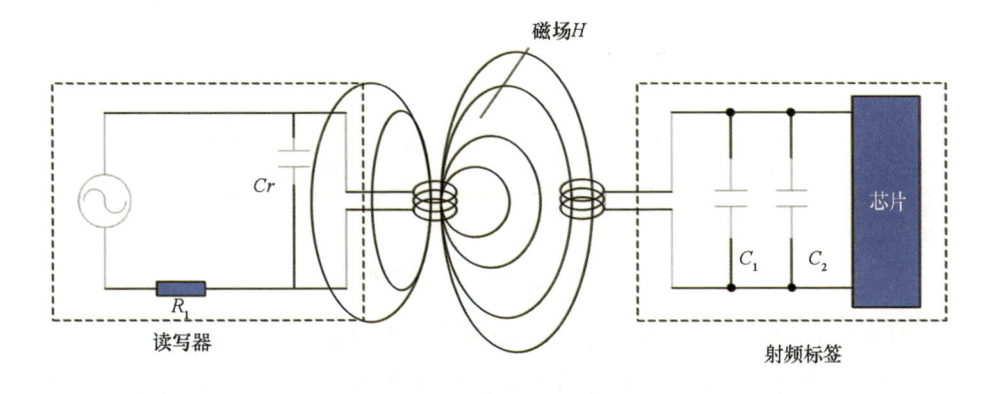

图 3-8 RFID 的遥耦合

线圈所组成。天线场区同样为无功近场区,能量传输通过电感耦合方式来实现,数据传输也是通过电感(磁场)耦合的负载调制实现的。遥耦合系统目前仍是低成本射频识别系统的主流,其典型工作频率为 13.56 兆赫。

(3) 远距离系统

远距离系统的工作距离从几米到几十米,个别系统具有更远的作用距离。其典型的工作频率有 915 兆赫、2.45 千兆赫等,可参考的国际标准有 ISO 10374、ISO 18000-4、ISO 18000-5、ISO18000-6 等。天线场区为辐射远场区，远距离系统均是利用射频标签与读写器之间的电磁耦合（电磁波发射与反射）构成无接触的空间信息来传输射频通道工作，其基本原理如图 3-9 所示。采用反射调制工作方式实现射频标签到读写器的数据传输。

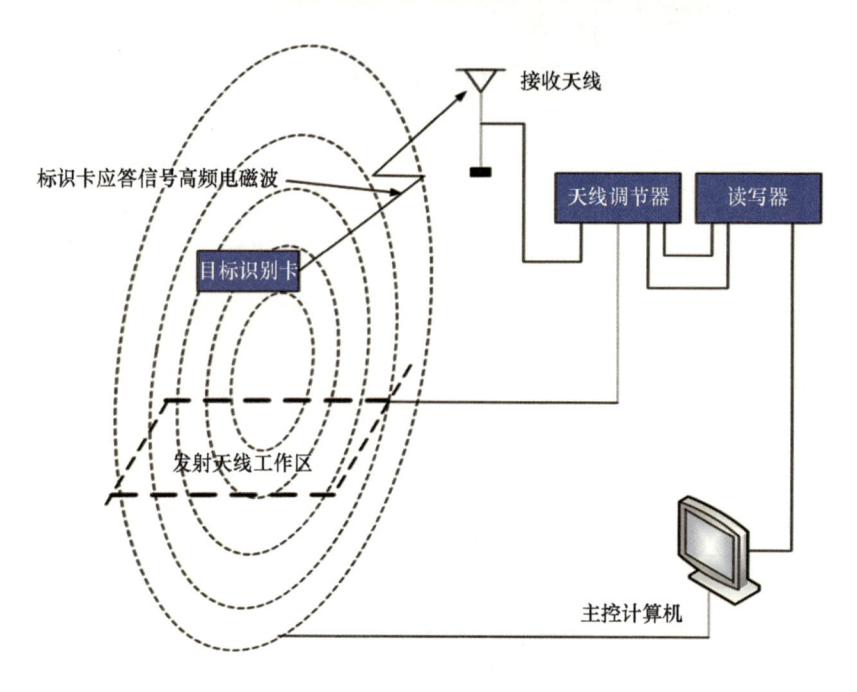

图 3-9　远距离 RFID 系统

在 RFID 的耦合方式中，电磁与电感耦合的差别在于电磁耦合方式中阅读器将射频能量以电磁波的形式发送出去；在电感耦合方式中阅读器将射频能量束缚在阅读器电感线圈周围，通过交变闭合的线圈磁场，沟通阅读器线圈与射频标签之间的射频通道，没有向空间辐射电磁能量。

3. 基于 RFID 的后装保障物联网应用

基于 RFID 的后装保障物联网应用模式可以通过在战场物资、武器装备或作战人员身体上粘贴、穿戴或内嵌 RFID 标签，将它们连接起来，实现后装保障对象、力量和物资的连接、跟踪和管理，其应用模式如图 3-10 所示。美军目前在每个军用集装箱和重要器材上都加装有 RFID 标签，其 RFID 应用设备部署如图 3-11 和图 3-12 所示。

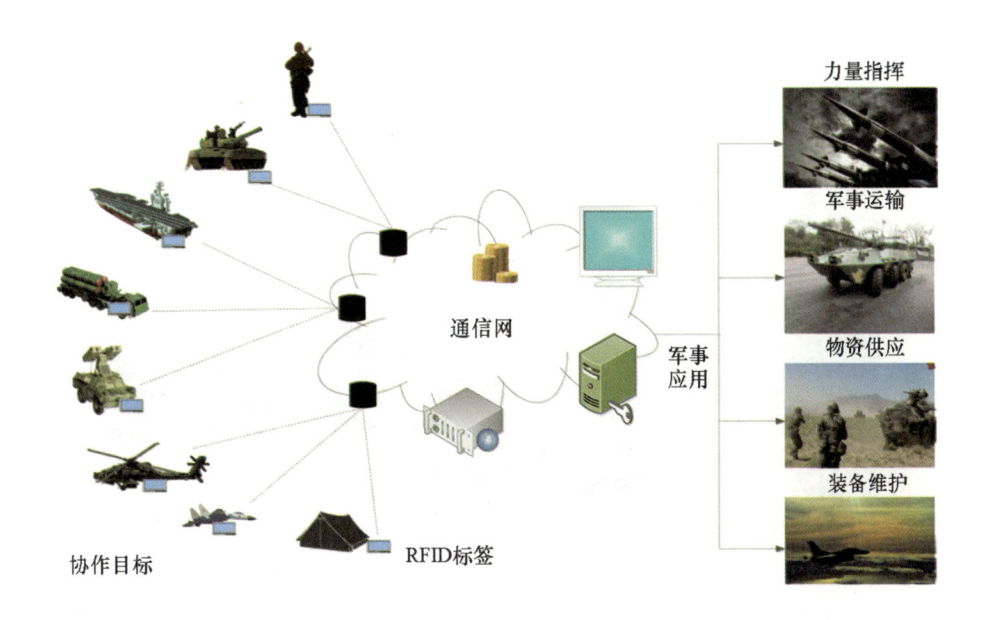

图 3-10 基于 RFID 的后装保障物联网应用模式

（美军部署 RFID 追踪战车）

图 3-11 美军后装 RFID 应用场景 1

(在由物资集结点前往前线的过程中,沿线布建移动式射频识别读取装置)

图 3-12 美军后装 RFID 应用场景 2

3.2.3 无线传感网技术

随着作战区域和强度不断扩大,后装保障的活动范围不再局限于我方控制区域,还将扩展到未知区域和敌我双方争夺区域。此时,为了确保后装保障的准确性和安全性,基于无线传感网应用模式的优势便显现出来。基于无线传感网的后装保障物联网应用传感器网及其他的各类监视手段,如卫星、雷达、无人飞机等,间接连接非协作目标,进行未知信息的动态感知探测,为后装保障提供各类具体的应用服务,如军交运输、战场搜救、装备维护等,其概念如图 3-13 所示。

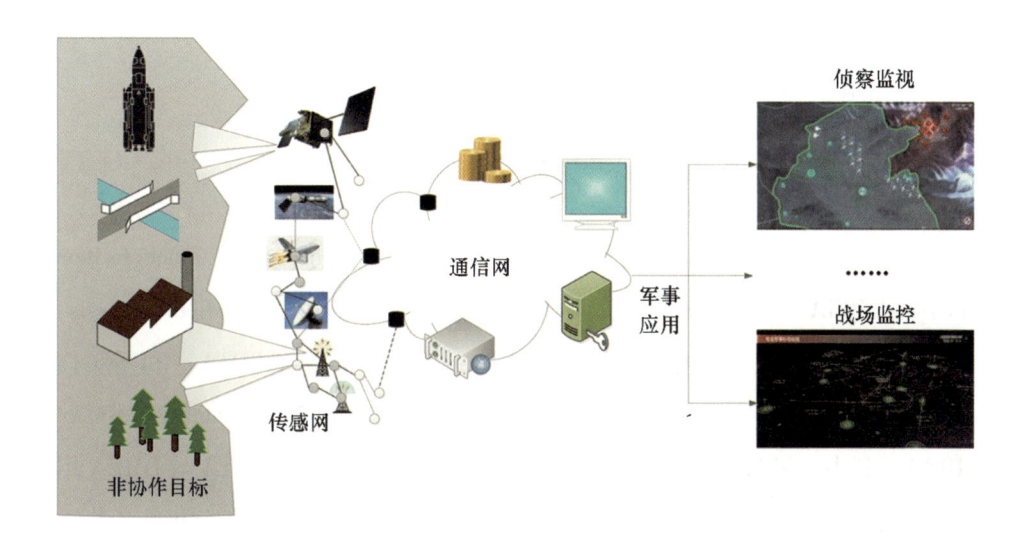

图 3-13 基于无线传感网的后装保障物联网应用模式

3.3 战场损伤分析与评估技术

• 名词解释

- 战场损伤 -

战场损伤是指装备在战场上需要排除的妨碍完成预定任务的所有事件，包括战斗损伤、随机故障、耗损性故障、人为差错、装备得不到供应品（油、材料、备件）、装备不适应作战环境等，其概念比战斗损伤更为广泛。

战场损伤涉及众多因素，其中战斗损伤是人们最熟悉的因素，它是指因对方武器装备作用而造成的装备损伤。据美军资料统计，战斗损伤约占全部战场损伤的 25%～40%。根据受损程度及其修复保障的难易程度，一般将装备战场损伤的级别划分为轻度损伤、中等损伤、严重损伤和报废四个等级。

为了掌握战场装备维修保障、物资资源供应投送的需求，需要进行战场损伤分析和评估。

3.3.1 战场损伤分析内容

战场损伤分析感知内容包括基本功能项目分析（basic function item analysis，BFIA）、损伤模式及影响分析（damage mode and effect analysis，DMEA）、战场损伤树分析（battlefield damage tree analysis，BDTA）和系统损伤修复方法及抢修资源分析（repair method and repair resource analysis，RMA/RRA）。其中，BFIA 用于确定战场损伤评估与修复的对象，BDTA 与 DMEA 用于分析装备战场损伤原因和结果之间的关系，RMA/RRA 则用于分析装备战场损伤后应采取的措施。

1. 基本功能项目分析

基本功能项目分析的目的是要找出完成作战任务的所有基本功能项目，明确系统损伤评估的对象。战伤抢修的目的是快速恢复战斗力，结构损伤采用的抢修手段都是以节约时间为主，修理方法与平时维修有很大的不同。系统战伤的快速抢修则只能从减少抢修的工作量着手，判断系统功能对于任务的重要度，能不修的就不修，以此来缩短修理时间。

2. 损伤模式及影响分析

损伤模式指由于战斗所造成的装备损坏或损伤的表现形式。损伤模式及影响分析是指分析和确定由战斗损伤造成的损坏形式和程度的过程或技术。

分析损伤模式及其影响，首先需要确定装备的威胁机理，它是导致装备损坏的根本原因。威胁机理是指在战场环境下，由于敌对行动引起的武器系统损坏的所有可能条件或条件组合。威胁机理有直接的，也有间接的，有对装备硬件上的损坏，也有对装备软件上的损坏。对于电子装备，所受来自敌方的威胁主要包括核爆炸、激光束、电磁脉冲、破片、冲击波、冲击振动、燃烧释放的腐蚀物等；来自己方的主要有装备的超负荷使用及误操作；来自自然原因的主要有沙尘、雷电、风暴等。

对于每个损伤模式，确定装备的约定层次，分析其影响的前后因果关系，从而找出装备的可维修单元以进行靠前修理。在技术上可仿照 FMEA，划分为几个层次进行分析，评价每个损坏模式对局部的、高一层次的和最终的影响。应当注意，这种影响只是对必要基本功能的影响，不需要考虑对非必要基本功能的影响。在确定最终影响时，应重视"多重损坏"的影响，即两个（或以上）损坏模式共同作用的影响。

3. 战场损伤树分析

损伤树分析法就是把系统级的某一损伤事件，即 DMEA/FMEA 中的最终影响作为分析出发点，根据损伤现象判断直接导致这一损伤事件发生的所有原因（即下一级损伤事件），然后再分析出造成下一级全部损伤事件的所有直接原因，这样一直分析下去，直到那些损伤机理都为已知的、无须再深究的、能够进行抢修处理的原因为止。一棵完整的损伤树可以把造成装备系统某一损伤的所有损伤事件及各损伤事件之间的逻辑结构关系表示出来，由此可以分析出造成该系统损伤的各种途径，为损伤定位确定范围。

4. 系统损伤修复方法及抢修资源分析

系统损伤修复是针对损伤定位分析的结果，按其危害程度和战场环境条件，选择适合而有效的修复措施，并对修复时间进行估算的过程。其目的是确定修复方法和修复顺序，进行抢修活动分解。由于损坏或故障规律不同，抢修所需时间也不大相同，应避免费时而效果不好的抢修，即对于不同的装备损坏或故障，应视情采取不同的抢修方法（工作类型）。

抢修资源分析是针对修复方法，确定战场环境中的抢修资源。抢修资源包括平时准备的备品、备件，维修工具、设备、设施，检测诊断工具、设备，应急器材与工具，非必要功能项目的备品、备件，用于拆拼的零部件，抢修手册，维修规程，抢修人员以及抢修分队的抢修能力等。

3.3.2 战场损伤评估技术

战场损伤评估是战场抢修的前提与基础，只有高效、快速、准确的损伤评估，才能确保抢修工作的顺利进行，尤其重要的是，损伤评估又是战时保障决策和作战决策的重要依据。另外，日益复杂的装备结构和功能、新材料与制造工艺的使用、复杂恶劣的战场环境、未来战争对时效的高要求，都大大增加了战场抢修难度，从而对战场损伤评估也提出了更高要求。

1. 基于损伤树的损伤定位

基于损伤树的损伤定位就是利用损伤树模型获取损伤评估规则集合，预置各项规则并利用其进行推理，确定造成当前损伤的根本原因的过程。

● 损伤树模型的建立

要基于损伤树进行智能损伤定位，必须建立损伤树模型。战场损伤评估和抢修对象是装备基本功能项目，其结构树是建立损伤树的基础。

根据装备基本功能项目结构树，把装备的损伤评估知识从上至下依次分成系统级、各分（子）系统级、单元电路级、元器件级评估知识，各级评估知识对应相应级损伤树。

● 装备损伤评估的知识表示和组织

知识表示为面向对象的基于损伤树的广义损伤树知识表示法。框架作为知识的组织形式，系统级、各分（子）系统级、单元电路级及元器件级评估知识分别封装在相应的框架中。从损伤树获取知识时主要是由损伤树确定规则，即基于损伤树模型的报警知识、定位知识和决策知识用产生式规则表示，模型知识用数学或逻辑表达式表示。所谓面向对象，就是把损伤树看成一个总对象，损伤树上各个损伤事件节点的所有评估信息都封装在各自的框架中，所有损伤事件节点对应的框架构成总框架，该损伤树的所有评估信息都封装在一个总框架中。每个框架中的各个槽分别对应该损伤树节点的报警信息、定位信息和决策信息。

2. 基于案例推理的战损评估

● 评估案例表示

案例表示实质上是案例的形式化，即设计一个数据结构存贮案例中的信息。所以案例的表示直接影响检索的效率。进行损伤评估案例表示时，必须找到一种切实可行、能表达各类信息、反映事物的本质特征、案例管理和维护简单、搜索效率可以接受的案例表示方法。案例表示有多种方法，如框架、面向对象、语义网络、属性–属性值、文本等。

● 案例检索与匹配

目前案例的检索策略主要有最近相邻策略、归纳推理策略、知识引导策略、模板检索策略等。相似性度量是案例检索中的重要方法，大多数基于案例推理系统都采用相似性度量法来检索案例，通常应用加权的海明距离和欧几里得距离反函数来计算两个案例间的相似度。

● 基于案例推理的战损评估过程

在实际评估过程中，可以按照信息获取过程、问题描述过程、案例推理过程及案例学习过程实施。

信息获取过程。评估人员通过观察、使用检查、功能检测等手段获取装备损伤信息，包括损伤模式、损伤现象、损伤证据及损伤影响等。

问题描述过程。评估人员根据系统提出的问题，结合所获取的损伤信息做出回答。此过程为评估人员与系统进行交互并生成问题案例的过程。

案例推理过程。根据已制定的索引及检索策略，检索出与问题案例相近的案例集，进行相似度计算，而后选择相似度值最大且达到阈值的案例进行调整、分析与评价，给出问题案例的解决方案。

案例学习过程。随着新的案例不断增加，如果不采取适当的措施，则会使案例库变得十分庞大，其推理效率也会受到影响。为了将案例库控制在一定规模内，必须对加入案例库中的案例进行学习。这里的学习可看成是"合并"或者是"泛化"的过程。具体来说，对于形成的新案例，计算新案例与案例库中存储的同类旧案例的相似度，根据已制定的学习策略确定案例的添加、删除等工作。

3. 集群装备战损评估过程模型

按照认知的过程及层次要求，结合集群装备作战时构成间的相互关系，建立多级战损评估过程模型，该过程模型包括三个阶段层次：单装级（部件—单装）、武器系统级（单装—武器系统）、集群装备级（武器系统—整个集群）。图 3-14 所示为集群装备战损评估过程。

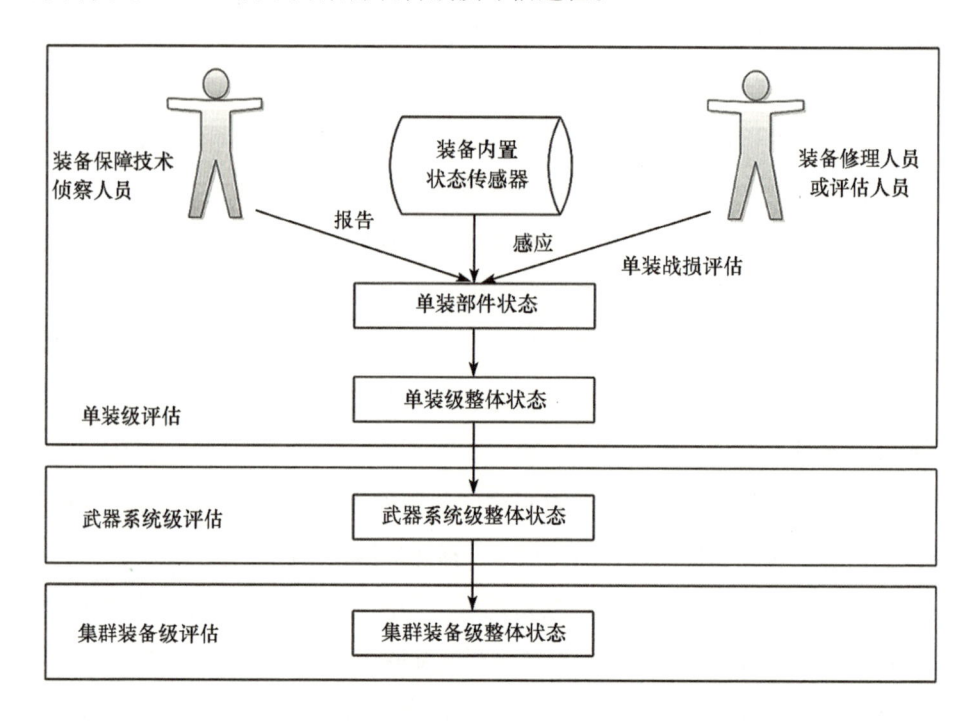

图 3-14　集群装备战损评估过程

（1）单装级评估

单装级评估是将装备部件级状态信息融合为装备系统整体状态信息，由装备部件级损伤现象、功能故障或功能下降的现象，以及装备内置状态传感器检测到装备损伤/故障信息，融合得到单个装备所有功能（火力、机动、防护、通信等）的状态，并进一步得出装备级的整体状态，包括单装战斗力指数、单装战损等级、单装综合维修资源需求等。

（2）武器系统级评估

单装级评估作为本级评估的输入，结合武器系统编成，根据武器系统各个装备构成作战能力的关系，融合生成为武器系统级的整体状态，包括武器系统的战斗力指数、战损等级，以及损伤等级装备的数量统计及分布。

（3）集群装备级评估

集群装备由多个武器系统构成，而每个武器系统由不同类型和数量的装备按照一定的关系组成，如集群装备作战能力指数、战损等级分布、保障资源消耗、保障效果等。

3.4 保障态势可视化系统

保障态势可视化是实现精确保障的基础之一。保障态势可视化在地理信息系统基础上，结合战场的保障需求信息和保障资源信息，在电子地图系统上进行标识设置，实现资源可视化，为决策和指挥人员及时提供保障供应线上资源位置和状态的准确信息，随时掌握部队、人员、装备和补给的能力，为实时精确保障决策提供支持。

3.4.1 地理信息系统

地理信息系统（geographic information system，GIS）是一项以计算机为基础的新兴技术。地理信息系统的表现形式是计算机软硬件系统，其核心是管理、计算、分析地理坐标位置信息及相关位置上属性信息的数据库系统。它表达的是空间位置及所有与空间位置相关的信息。

1. **地理信息系统的发展趋势**

（1）GIS 与多媒体数据、全球定位系统、遥感系统的集成

GIS 与多媒体数据、全球定位系统（global positioning system，GPS）、遥感（remote sensing，RS）系统的集成将使基于空间数据的信息管理系统变得

更加灵活多样，并极大地拓宽了信息来源渠道，方便用户对各种信息进行存储与管理，同时还能够建立更加科学的决策系统。目前在 GIS 中可以使用多种形式的多媒体数据，如 Excel 电子报表、Word 文档资料、相片、影像、影视片及 GPS 动态数据。

(2) OpenGIS

多用户、跨平台的 OpenGIS 技术正在被国外的许多研究机构、政府部门和高等院校研究和开发利用。OpenGIS 的研究和应用可使各政府部门及企业之间不同格式的数据更方便互访，有利于建立网络 GIS 及分布式 GIS 空间数据库，大大拓宽 GIS 的应用领域及其功能。

(3) 三维和四维 GIS

由于地球以及各种物体都是以三维空间的形式存在的，因此，目前二维 GIS 技术或 H 维半（平面 x，y 坐标加高程）GIS 对于完整描述地球上的对象具有一定限制。需要用三维空间来描述的应用领域有如下方面：气象学、地质学、采矿学、石油勘探与开发、CAD/CAM、医学影像和机器人学等。一个三维 GIS 空间信息系统应该能够模拟、表示、管理、分析与三维实体相关的信息，并提供决策支持。因此，如何设计并运用四维 GIS 来描述、处理地理对象的时态特征也是一个重要研究领域。它所涉及的关键技术有：三维和四维的建模技术，数据模型的研究，海量数据的存贮、管理、访问，显示空间索引技术，三维显示技术与科学计算可视化技术的集成，面向对象的空间数据库的研究，面向对象的空间数据库与三维实时显示技术的集成。

(4) 面向 GIS 的空间数据库

面向 GIS 的空间数据库是建立大型 GIS 空间数据库的新方法。GIS 一般由两个部分组成：一个是应用程序，它包括专门的 GIS 应用软件以及用标准或非标准程序语言开发的用户界面及系统工具；另一个是数据。在 GIS 中，空间数据库的建立是一项非常复杂的工作，目前大多数 GIS 在处理空间数据和属性数据时都是将两者分开存放和管理，比如在 MapInfo 系统中用 .map 文件来存放几何和空间数据，而用 .dat 文件来存放空间实体的属性数据；又如在

ArcView 系统中用 .shp 文件来存放几何和空间数据，而用数据库文件（data base file，DBF）来存放属性数据。上述数据管理和存放方式对于小型的 GIS 具有一定的优越性，但对于建立以面向对象为基础的大型 GIS 来说存在很多缺陷。因此，现在已出现一些新型的 GIS 空间数据库管理系统，这些新的系统将空间数据与属性数据存放在同一个数据库管理系统中。如 Oracle 开发的服务数据对象（service data objects，SDO）和 ESRI 开发的空间数据引擎（spatial data engine，SDE）都属于这种类型的空间数据库系统。

2. 地理信息系统主要功能

（1）采集和输入

地理数据的采集和输入是一项十分重要的基础工作。地理数据的来源非常广泛，既有通过传统手段野外实测获得的，也有通过航天航空遥感、航测、全球卫星定位系统等现代技术获得的。地理数据是地理信息系统的主要数据来源，常用的方法是数字化和扫描，但是这种方法往往效率较低而且代价高。遥感数据也是地理信息系统的重要信息源。地理数据采集的另一种主要形式是通过 GPS 技术获得。GPS 可以准确、快速地定位在地球表面的任何地点，主要被用于实时、快速地提供目标的空间位置。

（2）存储

GIS 中的数据分为栅格数据和矢量数据两大类，因为 GIS 的数据量很大，所以数据存储与一般数据有所区别。在大多数的 GIS 中均采用了分层技术，即根据地图的某些特征将其分成若干层，整张地图是所有图层叠加而形成的。

（3）空间查询和分析

GIS 中对数据的操作提供了对地理数据有效的管理方法，空间查询与分析是 GIS 的核心。地理数据的分析功能，即空间分析，是 GIS 得以广泛应用的重要原因之一。通过 GIS 提供的空间分析功能，用户可以从已知的地理数据中得出隐含的重要结论，这对于许多应用领域是至关重要的。

（4）输出

地理数据的输出是指经过系统处理分析，将可以直接提供给用户的各种地图、图表、数据报表或文字报告以合适的形式输出。可以在计算机屏幕上显示或通过绘图仪输出，对于一些对输出精度要求较高的应用领域，也可以采用数据校正、编辑、图形整饰、误差消除、坐标变换、出版印刷等技术输出高质量分析结果。

3. 地理信息系统在后装保障物流中的应用

军事物流信息化离不开高科技手段的应用，地理信息系统、全球定位系统等这些高新技术现已被大量运用在军事物流中，大大加强了对物流过程的全面控制和管理，尤其是在战时可以提供高效、高质的物流运输，保证作战的顺利进行。

军事物流运用 GIS 技术的优点主要体现在以下几个方面：

● 可以清楚地知道需要经过和到达的目的地的位置。在物流系统中，可以根据地形、实际需要、经济效益等原则进行综合分析，选择最优的方案在既定区域内设立仓库，确定每个仓库的位置和规模以及仓库之间的物流关系等。

● 在解决一个起始点、多个终点的货物运输中，需要考虑如何降低物流作业费用，并保证服务质量，运用 GIS 技术可以分析出决定使用多少车辆，每个车辆的最佳路线。

● 可以进行地点查询、道路查询、半径查询等操作，用来解决使用哪些仓库，从何处调派车辆以及运输的最佳路线等问题。

● 应用 GIS 还可以将实时行进路线和查询分析结果在电子地图上显示出来，以便进行合理调度和管理。

3.4.2 资源可视化系统

1. 资产可视化管理系统

资产可视化管理系统使用无线射频技术（条码），为每件物资或资产配备一个全球唯一 ID 号的电子标签，并使用手持式读写器、固定式读写器进行资产盘点，可以快速读取设备上的电子标签信息，将读取的标签信息通过内置的无线通信模块发送至后台服务器进行处理，从而实现资产从新增、调拨、闲置、报废、维修和盘点等方面进行全方位准确监管，随时准确掌握部队资产情况，为资产评估、决策提供可靠的依据。

资产可视化管理系统一般由 RFID 打印机、手持式读写器、固定式读写器、电子标签和资产管理系统软件组成。RFID 打印机可批量快速实现对 RFID 标签的初始化；手持式读写器内置天线，用于资产清查、盘点，可以快速读取设备上的电子标签信息并发送至后台服务器进行处理；固定式读写器用于门禁控制，天线采用圆极化天线，可以保证多角度的标签识别；电子标签通过对标签内置天线的特殊设计和包装，适用于不同大小、不同规格类型的资产；资产管理系统软件主要实现资产日常管理、综合查询、盘点、维护等功能。

每一件新购入资产的相关数据输入计算机以后，都会被写入 RFID 标签内，条码标签的内容可由用户自己设定，其中包括固定资产名称、购入日期、保管（使用部门）等内容。这样每一件固定资产的采购、入账、投入使用、使用部门、折旧情况，以及退出使用的全部信息，均有详尽的记录。

在资产可视化管理系统使用过程中，动态查询功能可以使管理人员和决策人员在第一时间掌握全面、准确的信息资料，而且大量的综合数据都以报表和图形的形式出现，资产大类和内容关系一目了然，便于管理人员进行统计、分析和评估。

2. 全资可视化系统

全资可视化系统是一个比较典型的资源可视化系统。常用的自动化工具有扫描器、射频标签、条形码和光学存储卡等，这些器件向保障信息系统输入信息，通过信息集成可为决策和指挥人员及时提供保障供应线上资源位置和状态的准确信息，随时掌握部队、人员、装备和补给的能力，为实时精确保障决策提供支持。美军的联合全资产可视化系统主要由三个信息系统组成，即在储资产、在处理资产和在运资产可视化信息系统。

从伊拉克战争开始，美军依靠全资可视化系统实现了由"储备式后勤"向"配送式后勤"的转变。该系统结合电子数据交换技术，实现了保障信息录入、处理、跟踪的无纸化和自动化，使数万部队的输送，几十万种不同型号、规格的装备物资流动得以顺利进行，帮助美军在 40 多个国家每天完成 30 多万个集装箱军用物资的处理，使得美军所有的在运物资都成为可视物资。地面的作战人员能够准确地了解到地面的情况，空中、海中的作战人员亦如此。与海湾战争相比，伊拉克战争中的海运量减少了 87%，空运量减少了 88.6%，战略支援装备动员量减少了 89%，战役物资储备量减少了 75%。

为了降低高额保障费用，提高武器系统的保障能力，美军在"全资产可视"概念的基础上，推出了《联合资产可视战略计划》，该计划力图将 RFID、全球运输网络、联合资源信息库及决策支持系统等高度集成，实现对陆军、海军、空军、海军陆战队、国防后勤局、运输司令部和医疗系统全部资产的可视化管理和保障资源的动态掌控，进而全程跟踪"人员流""装备流""物资流"，并指挥和控制其接收、分发和交换。

第 4 章
保障信息集成与分析技术

> 运筹策帷帐之中，决胜于千里之外。
>
> ——《史记·高祖本纪》

紧密围绕装备发展与信息化战争条件下后装综合保障的实现和发展需求，将后装保障相对独立的工作过程、保障资源、保障要素等集成为有机整体，发挥"1+1>2"的体系优势，解决后装保障在资源配置、力量部署和精确管控等方面的难题，是实现"科学预估、精确保障"的新型保障模式的基础。

保障信息集成与分析技术对保障过程中产生的或相关各类数据及数据资源进行统一处理，在一致理解数据含义（语义）的基础上，实现保障信息流、物资流、技术流有序管理和共享可控，并将保障业务与应用系统集成，实现人、技术、保障管理与指挥的有机集合，在正确的时间把正确的信息以正确的方式送给正确的人（部门、机器），同时在充分收集后装保障数据并对其进行科学分析的基础上，科学管理和合理调配各类保障资源，对保障对象进行精确保障，并对保障过程进行监控和动态决策调整。本章在介绍信息化保障体系结构的基础上，重点阐述保障信息集成和保障数据管理、保障大数据分析与云计算等支撑技术，以及保障信息集成与分析的一个典型系统——联合分布式信息系统。

4.1 保障信息化体系结构

4.1.1 保障信息化体系结构概述

体系结构是"一个系统最基本的组织方式"，这种组织方式要通过系统构成部件、部件之间及部件与环境的关系，以及系统设计和演化所遵从的原则来表示。

美军发展指挥信息系统早期，信息系统体系结构开发尚无可共同遵守的方法和程序，各军兵种和国防部各部门从各自的角度，采用自行定义的术语设计各自的体系结构（如空军的"地平线"、陆军的"创业"、海军的"哥白尼"等），用来定义作战概念、确立作战需求、评估指挥过程的改进方案、指导信息系统的开发等。由于缺乏统一的体系结构框架，不同军兵种和部门开发出来的信息系统之间仍难以进行互联互通，体系结构之间也缺乏相互比较、相互关联和相互沟通的机制，系统技术升级和信息共享也存在较大的困难。为此，美军把定义和开发统一的体系结构框架划入国防部的工作范围，先后颁布了 C^{4}ISR 体系结构框架 1.0 和 2.0 版，最终形成了面向全军军事信息系统开发的体系结构框架（department of defense architecture framework，DoDAF）。DoDAF 1.5 版将"网络中心战"的概念引入体系结构设计中，升级了核心体系结构数据模型（core architecture data model，CADM）。DoDAF 2.0 版则向"数据中心化"发展，通过一种一致的、同时包含结构和语义的数据模型，来指导规划、开发、管理、维护和控制信息系统体系结构。

按照 DoDAF 框架，美军所有信息系统体系结构应包含三个视图，即业务结构视图（又称作战视图）、系统结构视图和技术结构视图，如图 4-1 所示。

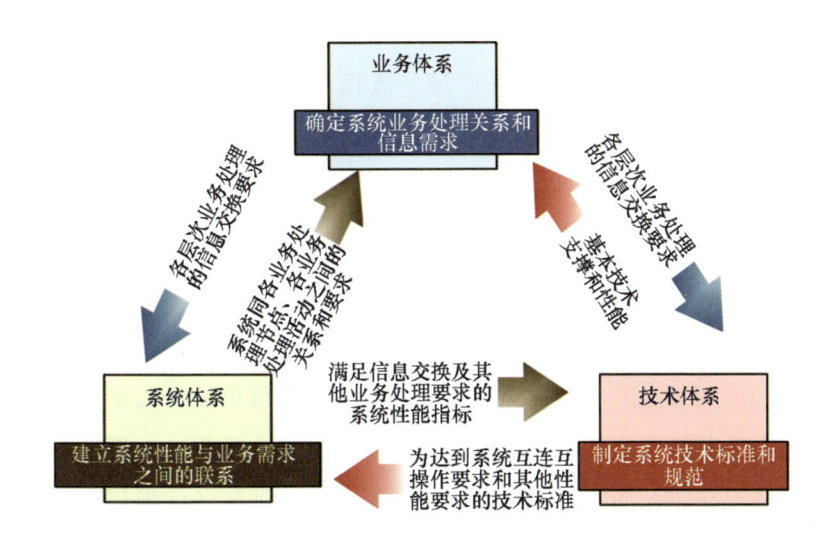

图 4-1 DoDAF 框架

其中，业务体系框架描述系统处理的业务类型、业务活动、业务部门及其相关信息流。系统体系框架根据系统的业务要求确定系统的性能和功能要求，确定系统总体结构方案、各子系统结构方案、相互之间的接口等。技术体系框架描述为实现系统功能需采用的技术路线及解决方案等。任何信息系统都可以用上述三个体系框架视图进行完整刻画。这三种视图只是一个信息系统的三种不同的视图，它们"综合"起来描述一个系统，与传统的只用单一视图来描述系统相比，综合的体系结构描述通常保持与规划、项目管理和经费管理等过程更为紧密的联系，同时也为这些过程提供更多的可用信息。

4.1.2 保障信息化业务体系结构

构建装备保障信息化体系结构，应首先从业务体系入手。通过辨明装备保障的核心业务及其关系，明确不同部门、不同军兵种装备保障业务的交集，理清装备保障信息化建设中的共性功能需求，形成核心能力。同时，明确装备保障信息化建设的目标和未来形态，确保装备保障信息化建设成果的持续集成能力,保持发展的一致性和动力。另外,通过构建业务体系,界定清楚保障信息化相关的业务领域、流程、信息交换要求等,能从总体上规划装备保障信息化建设所应遵循的路线图,为系统开发、部署和技术选择提供依据。

业务体系结构是沟通装备保障信息化建设远景目标与具体建设方案的重要纽带,需清晰勾画信息化建设所必须遵循的基本蓝图。具体来讲,需要完成如下工作内容:

刻画当前装备保障信息化建设固有的、具备共性的业务关系。构建装备保障信息化业务体系的目的不是给出一套空洞的概念框架,更不能脱离当前装备保障信息化建设的实际。因此,必须从刻画当前装备保障信息化建设所固有的、约定俗成的业务关系入手。但是,需明确的是,业务体系框架不是当前某一或某些办公自动化业务的简单翻版,而是在充分考虑装备保障业务规律的基础上,给出一致的、集成化的共性业务关系规则,给出具有普遍指导意义的业务框架。

细化装备保障信息化建设远景目标,刻画未来装备保障所必须集成化的业务关系。未来装备保障信息化具备明显的精确化、一体化等特征。相对于当前装备保障运行机制来讲,未来装备保障业务体系会发生一些深刻的改变,构建业务体系框架应充分考虑这一需求。只有这样,才能保证装备保障信息化业务体系具备足够的预见性和生命力。

为规范信息系统业务体系结构,美 DoDAF 给出了一套规范的开发流程,定义了七个业务体系结构产品,分别是 OV-1~OV-7,其中 OV-1~OV-3 是必选的,其余则是可选的。各业务体系结构产品的基本含义和作用如表 4-1 所示。

表 4-1 装备保障信息化业务体系结构的基本工作内容

序号	名称	基本含义及作用
OV-1	顶层业务概念图（high-level operational concept graphic）	对装备保障信息化的基础核心业务概念、业务目标以及主要的业务节点给出图像化/文本化的描述，通过刻画装备保障体系与环境之间的响应，反映出装备保障信息化所关注的主要内容与性质，提供关于装备保障信息化领域快速而全面的认识
OV-2	业务节点连接关系描述（operational node connectivity description）	描述参与装备保障的业务节点及其之间的连接关系与信息交换需求，其根本目的在于刻画装备保障信息化体系中的主要业务角色以及这些角色之间的信息联通要求
OV-3	业务信息交换矩阵（operational information exchange matrix）	刻画 OV-2 中业务节点之间的信息交换及其属性，从中梳理装备保障信息化体系的主要信息，包括信息类型、信息来源、主要内容、时效性、信息格式要求等，为进一步建立信息交换标准提供基础依据
OV-4	组织关系图（organizational relationships chart）	描述组织中的组织类型、角色以及其他关系，确认装备保障信息化体系的业务角色在现实编制体制中的对应组织，并为后续的业务活动图和系统体系中系统节点的描述提供指导与约束
OV-5	业务活动模型（operational activity model）	描述在实现装备保障任务或业务目标的过程中所执行的业务活动，主要是说明相关的业务活动、这些活动之间的关系及其输入和输出，同时表明所涉及的业务节点、业务费用、相关信息与控制等
OV-6a	业务规则模型（operational rules model）	确认装备保障业务活动的约束关系和限制条件，对具体活动的输入输出和控制进行说明
OV-6b	业务状态转移描述（operational state transition description）	确认装备保障执行过程中业务事件的响应流程，说明业务活动过程中的决策流

续表

序号	名称	基本含义及作用
OV-6c	业务事件跟踪描述（operational event trace description）	对一系列装备保障事件中的活动进行跟踪，从而理清业务活动执行过程中的活动转移关系以及活动中的输入输出和反馈控制等
OV-7	逻辑数据模型（logical data model）	描述与业务视图相关的逻辑数据需求以及结构化的业务流程规则，确定业务体系中的主要数据实体及其基本关系，从而指导和约束系统体系中系统数据的确定和选择

整个装备保障信息化业务体系结构描述由 6 个部分构成，相关结构描述沿用了美国 DoDAF 中业务体系结构产品的名称，其中，顶层业务概念图 OV-1 主要刻画顶层业务领域关系；业务节点连接关系描述 OV-2 主要阐明实现装备保障业务的节点类型及其信息需求；业务信息交换矩阵 OV-3 主要明确业务节点间的信息交换需求；组织关系图 OV-4 则主要是通过与现有装备保障信息系统的组织角色映射来阐述的；业务活动模型 OV-5 主要是刻画业务活动之间的输入/输出关系与控制逻辑，从而形成业务体系结构的逻辑数据模型 OV-7。这 6 个业务体系结构产品之间的关系如图 4-2 所示。

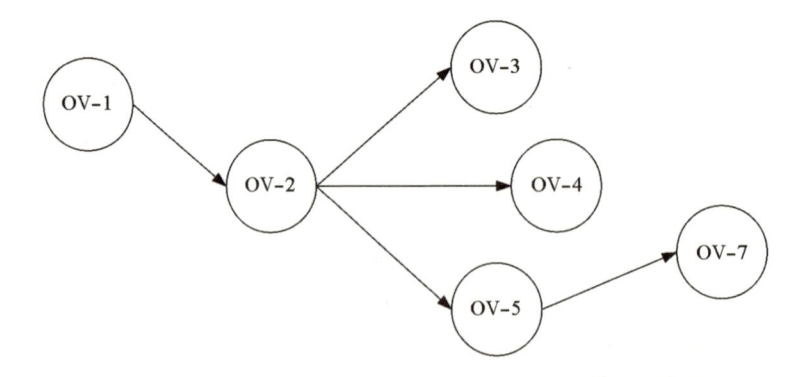

图 4-2 装备保障业务体系结构产品之间的关系

4.1.3 保障信息化系统体系结构

系统体系框架是业务体系的物理视图，它描述了系统应该如何提供用户所要求的逻辑功能，将业务领域所定义的"业务服务"映射分配到不同的子系统功能模块上。在系统体系框架中，需要定义各种系统的结构与操作、多系统的连接与互操作关系，确定与信息交换有关的系统节点和物理终端。

1. 系统接口描述

为进一步说明业务体系与系统体系之间的映射关系，引入系统接口描述图。装备保障信息化系统接口描述图对业务体系中所对应的系统顶层节点、系统顶层节点的组成系统以及各系统之间的交互接口等高层系统元素进行描述，从而将业务体系和系统体系关联起来。系统接口在系统体系框架中扮演了一个非常重要的角色，它描述了系统节点内部和系统节点之间的各种交互关系。系统接口是系统节点之间或系统之间一个或多个通信路径的抽象简化表示，在图形化表示方法中通常用带方向的直线来表示。对应业务体系框架，装备保障信息化的系统接口描述图如图 4-3 所示。

2. 系统通信描述

在系统接口描述图中，指出了各系统节点或子系统之间的系统接口，但从信息系统通信机制的角度考虑，还要进一步详细描述接口的实现机制，包括接口的类型、交换的信息内容、通信的介质等。完整的接口定义使得各个系统之间能够通过有线或无线网络进行相互通信和信息交互，实现数据的共享。

3. 系统节点交换矩阵

系统节点交换矩阵以一种矩阵的形式描述了系统接口图中的接口特性，从而能够快速地查看系统节点之间的连接关系，如表 4-2 所示。系统节点分别作为矩阵的行和列，如果两个系统节点之间存在接口，则对应的位置用符号"√"标识，否则用符号"—"标识。由图 4-3 可见，系统节点之间存在紧密的数据交换接口关系，通过对接口进行统一的定义就可以实现数据的共享，从而构建一体化的装备保障共享数据环境。

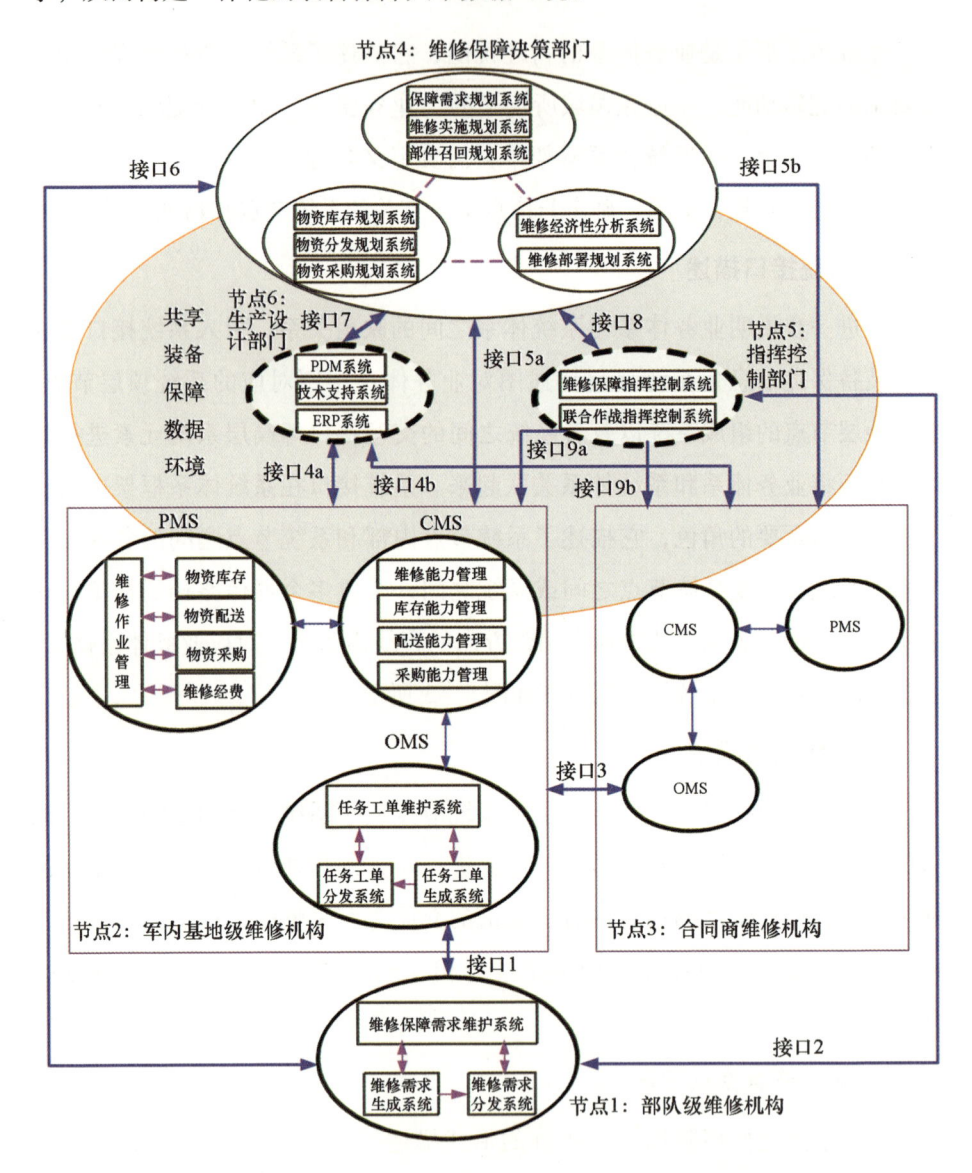

图 4-3　装备保障信息化的系统接口描述图

表4-2 保障信息化系统节点交换矩阵

节点	节点1	节点2	节点3	节点4	节点5（外）	节点6（外）
节点1		√	√	√	√	—
节点2	√			√	√	√
节点3	√	√		√	√	√
节点4	√	√	√		√	√
节点5	√	√	√	√		—
节点6	—	√	√	√	—	

4.1.4 保障信息化技术体系结构

对于保障信息化技术体系结构本身的研究，可分为关键技术视图和标准体系视图两个部分。其中，关键技术视图主要考虑装备保障业务及系统体系结构的需求，将装备保障各业务领域所涉及的核心技术加以抽取分析，明晰该领域业务实现的首要技术任务和急需解决的技术难题，给出技术框架。标准体系视图是对装备保障信息系统构建过程中有兼容性要求的术语、编码、接口、产品、服务实现标准化，并形成科学的标准体系，体现对系统构建和集成所需技术的统一规范要求。

1. 关键技术视图

装备保障信息化建设是一项复杂的系统工程，除组织和制度方面的保障外，还需有相应的关键技术加以支撑。根据技术服务框架，可以将装备保障信息化的关键技术体系划分为四个层面，即总体技术、应用技术、应用支撑技术和基础支撑技术，如图4-4所示。

总体技术为装备保障信息系统建设提供理论层面的技术支持，主要解决装备保障信息化的基础理论、体系结构和分析、评估工具等问题，研究在各种先进维修思想，如增强型状态基维修技术（condition based maintenance plus, CBM+）、自主维修（autonomous maintenance, AM）等的指导下，装备

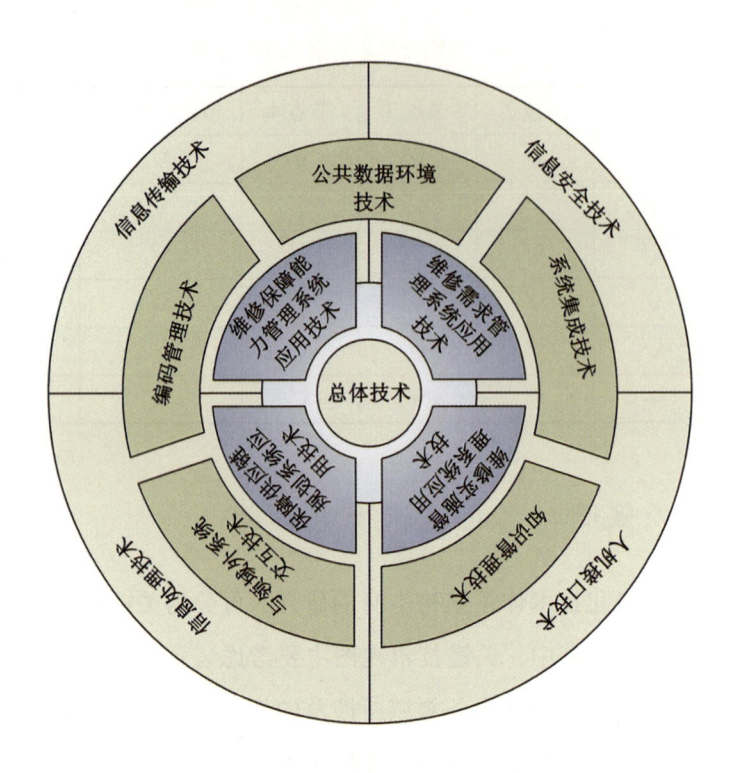

图4-4 装备保障信息化关键技术体系框架

保障信息系统的基本构成模式和运行机制，进而理清装备维修保障信息的来源、传输渠道和应用方式，以此开展顶层设计，明确装备保障信息化建设的总体架构。

应用技术为装备保障信息系统开发提供最直接的技术支持，主要解决装备保障各业务领域系统建设的共性关键问题，包括装备技术状态的数字化、维修作业手段信息化和维修管理信息化等多个层面。典型的应用技术有装备技术状态感知与预测、交互式电子技术手册、维修资源规划和虚拟维修等。

应用支撑技术不针对装备保障信息化的具体业务问题，而是为应用系统的实现提供数据环境、信息集成等方面的支持，它是应用技术解决装备保障信息化问题的基础，主要包括维修公共数据环境技术、维修信息集成技术等。

基础支撑技术为装备保障信息化提供基础设施层面的技术支持，主要解决维修信息网络的可靠运行和安全问题。

2. 标准体系视图

标准体系视图是根据标准体系编制原则，以关键技术视图为基础，通过对各业务领域标准现状及发展趋势进行调研，分析各系统模块信息化建设所采用的技术服务相关标准及其相互关系，确立装备保障信息化建设总的技术标准体系，并结合需建标准统计分析，指导装备保障信息化过程中关键标准的建设发展。

按标准体系内各标准级别的高低、共性程度的大小及标准的适用范围，根据业务体系结构中所划分的业务领域，结合技术参考模型得到以下标准体系结构，即按技术参考模型的层次划分，装备保障信息系统标准体系由装备保障信息化总体标准、应用标准、应用支撑标准和基础支撑技术标准等构成，如图 4-5 所示。

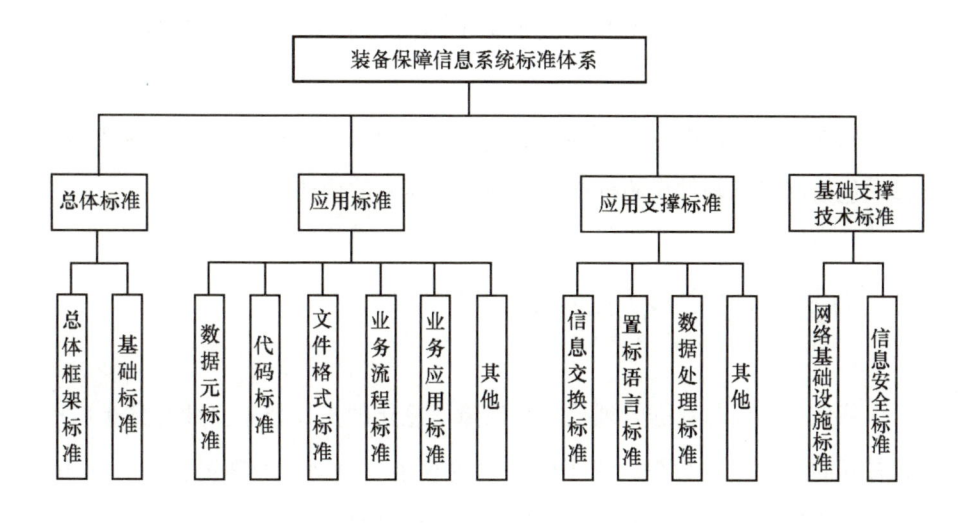

图 4-5 标准体系结构

总体标准主要指从总体上规范装备保障信息系统建设的标准体系，并提供通用性术语支持。其中，总体框架标准主要包括装备保障信息系统的标准体系表、总体结构、所提供的服务和基础性的标准规范等；基础标准主要包括与装备保障信息化有关的术语标准，统一装备保障信息化建设中遇到的主要名词、术语和技术词汇，避免歧义。

应用标准主要是对装备保障作业过程中的行为进行规范，一般只考虑其内部标准约束要素，而不考虑其外部的交互集成要求及信息要求，是装备保障信息化应用技术的标准化工作。应用标准包括数据元标准、代码标准、文件格式标准、业务流程标准、业务应用标准等。其中，业务应用标准是对业务体系结构中划分的十大业务领域的功能实现提供标准支撑，属于专业标准，是总体标准在特定领域内的扩展和补充。代码标准给出了装备保障信息的分类和信息编码标准，适用于各种应用系统的开发、数据库系统的建设和信息交换，保证信息的一致性及共享和交换，是装备保障信息化标准体系的重要内容。

应用支撑标准主要是对装备保障应用实现提供必要支撑，通常强调为实现装备保障信息系统领域功能提供服务。它主要集中在信息技术方面，包括支撑各种业务实现和相关数据交换所需的信息交换标准、数据处理标准以及其他服务标准。

基础支撑技术标准主要侧重于对信息化实现的物理架构及信息架构提供支撑，包括网络软硬件设施标准和系统安全体系的构建标准。

4.2 保障信息集成与数据管理技术

保障信息集成与数据管理技术是保障信息化的支撑技术。针对分布广泛、形式各异的庞大感知数据，为了使信息的收集更全面、处理更智能、利用更充分，需要采用合理的保障信息集成技术和有效的数据管理技术。

4.2.1 保障信息集成技术

保障信息集成应以需求为出发点，将硬件平台、网络设备、系统软件、工具软件及相关的应用软件系统等组织成能够实现特定功能的系统，能够通过最优化的方式处理其内外的各种信息，将原来各部门开发的不同保障信息系统平台、不同数据库支持的异构数据库集成到新的平台，进行统一管理，实现资源共享，消除"信息孤岛"。通过保障信息系统集成，用户能够高效及时地获取所需信息，优化业务决策实施过程，包括保障、后装数据库建设、编码、流程集成、保障装备应用层次集成等。保障信息系统集成主要考虑保障信息系统异构性和保障信息系统集成方案两个方面。

• **名词解释**

— 信息集成 —

信息集成是指系统中各子系统和用户的信息采用统一的标准、规范和编码，实现全系统信息共享，进而实现相关用户软件间的交互和有序工作。信息集成将基于信息技术的资源及应用，聚集成一个协同工作的统一体，包括信息层面和应用层面上的信息功能交互、信息共享，以及数据通信等方面的管理与控制。

1. 保障信息系统异构性

保障信息系统异构性是指保障信息集成系统中两个数据源的不相似程度。异构发生在不同的级别上，最底层是硬件平台、操作系统和网络协议的异构。其上是不同的编程语言和数据模型，以及对相同概念的不同理解和描述。由于每个数据源都独立进行数据描述，所以对语义相似数据的描述可能不同，进而引发语义冲突。

数据源的异构性分析是保障信息系统集成的前提，数据源的异构性对模式匹配算法和映射机制的选择具有决定性作用，通过分析现有保障信息系统数据层次在数据模型、模式、结构以及语义上的异构性可知，保障信息系统异构性主要包括物理异构性和逻辑异构性两个方面，如图 4 – 6 所示。

```
                ┌─ 信息系统硬件环境异构
        ┌物理异─┤
        │构分析 ├─ 信息系统体系结构异构 ─┬─ 单机信息系统
        │       │                        └─ C/S、B/S、P2P
        │       ├─ 信息系统操作系统异构
        │       └─ 信息系统管理软件异构 ─┬─ DBMS
异构性─┤                                  └─ MIS
性分析  │
        │                      ┌─ 基本数据模型异构
        │       ┌─ 数据异构 ───┼─ 信息模式异构
        │       │              ├─ 信息语义异构
        │       │              └─ 信息约束异构
        └逻辑异─┤
         构分析 ├─ 应用异构 ───┬─ 信息系统中间件异构
                │              └─ 信息系统用户接口异构
                │
                └─ 业务异构 ───┬─ 后装管理业务逻辑异构
                               └─ 后装管理业务规范异构
```

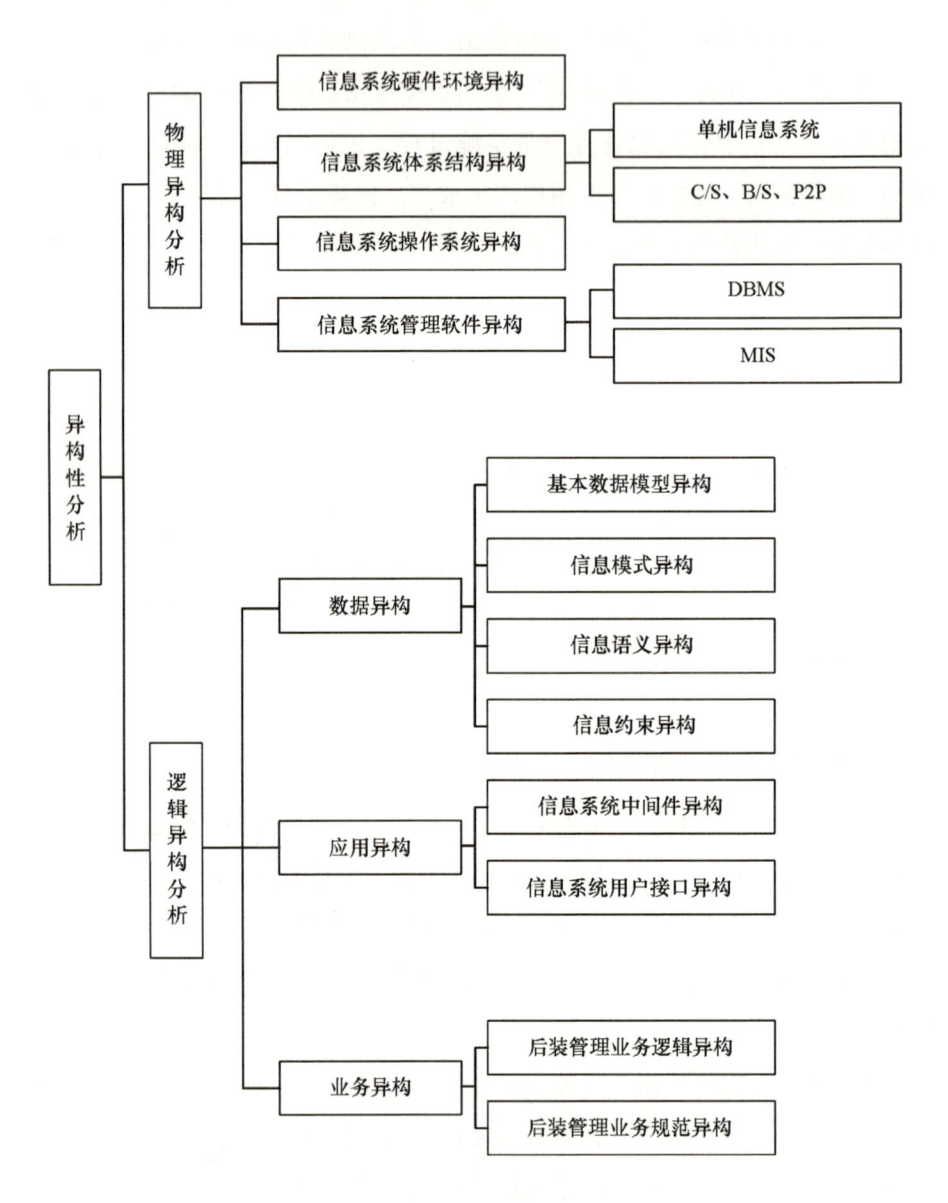

图 4-6　保障信息系统异构性分析

保障信息系统物理异构性。 主要包括：保障信息系统硬件环境异构，例如网络组件、存储设备等；保障信息系统体系结构异构，例如单机信息系统、客户机/服务器（client/server，C/S）、浏览器/服务器（browser/server，B/S）、对等网络（peer to peer，P2P）等拓扑结构；保障信息系统操作系统异构，例如操作系统的类型、版本以及兼容性；保障信息系统管理软件异构，例如数据库管理系统（database management system，DBMS）的异构、管理信息系统（manage information system，MIS）的异构等。

保障信息系统逻辑异构性。保障信息系统数据层在数据模型、模式、语义以及信息约束等方面存在异构性，分为基本数据模型异构、信息模式异构、信息语义异构以及信息约束异构。保障信息系统应用层组件也存在异构性，主要包括数据访问中间件异构和用户接口异构。此外，后装保障业务层的异构性主要包括后装管理业务逻辑异构和后装管理业务规范异构。

2. 保障信息系统集成方案

根据保障信息系统异构性，数据是集成平台的基础，是集成应用的基本条件，所以保障信息集成的核心部分是数据集成。保障信息集成的基本方案包括数据集成的层次、技术和策略。另外，要形成保障信息集成的基本方案，需先明确数据集成的任务及需解决的问题。

（1）数据集成的任务

数据集成的根本任务是为用户提供多种异构数据源的透明、一致和实时访问。透明性是指屏蔽底层数据源的差异，让用户感觉数据似乎来自一个大的数据源；一致性是指消除数据源之间存在的结构异构和语义异构；实时性是指用户访问到的是最新的数据。

在数据集成系统中，系统维护一个全局模式，该全局模式是定义在数据源模式上的虚拟集成视图。用户在提交一个全局模式的查询时，系统根据全局模式与数据源模式的关系将查询分解成数据源模式上的子查询，这些子查询由数据源包装器进行处理，最后由系统组合来自多个包装器的中间结果，并将组合后的结果以一定形式返回给用户。

数据集成主要需要面对和解决以下几个问题：

分布性。解决数据的分布性问题，实现数据的集中与汇总。

异构性。数据源异构体现为结构异构和语义异构。结构异构指数据源表达数据的结构存在差异，目前广泛使用的结构有表格、对象、文件等。语义异构分为两种类型：一种类型指相同数据在不同数据源中的表现形式存在差异（属性名、数据格式和类型等）；另一种类型指因数据维护错误导致的同一数据项在不同数据源中有不同值。

自治性。在对原有应用系统的数据进行集成时，不能影响原有系统的正常运行。

扩展性。集成系统具有很好的可扩展性和适应性，能够适应数据源的数据、内容以及格式等的不断变化。

可靠性。提供数据的可靠传输，解决不同软硬件和网络环境中系统的通信问题，实现"信息孤岛"之间的连通。

这些问题具体到集成系统中主要体现在：数据集成系统的应用建模、数据集成中的查询处理、数据源不一致性处理，以及查询推理等。

（2）数据集成层次、技术和策略

● 数据集成层次

由于装备、物资管理信息系统开发的独立性，采用单一的集成层次和策略不能满足保障信息集成的需求，对于已经形成标准、使用频繁的装备基本信息，需要实现数据层的集成，使用底层数据集成规范；对于装备维修、物资保障等信息，需要集成现有的后装保障信息系统在中间层实现数据集成，包括构建数据集成中间件或装备信息的数据仓库等，使用模式集成策略和数据仓库；对于保障管理、指挥和决策活动，则需要实现装备、物资信息的实时获取，在应用层和接口层等高层实现信息集成。

采用中间件方式进行异构后装保障信息集成是一种不错的选择，中间件是一种独立的系统软件或服务程序，分布式应用软件借助其在不同的技术之间实现资源共享，中间件位于客户机服务器的操作系统之上，管理计算资源和网络通信。也就是说，中间件是一类软件，而不是一种软件；中间件不仅能实现互联，更重要的还能实现应用之间的互操作。装备保障信息集成系统的数据集成中间件具有如下优点：

互操作性。中间件通过一套简单的应用程序接口（application programming interface，API）或通过界面将应用程序与底层环境分离开来，实现异构硬件平台、异构操作系统平台之间的互操作性，这也解决了数据集成中的系统异构问题。

适应性。中间件使异构数据集成系统能够适应业务需求的不断变化，在产生增加或减少应用程序、服务器节点等环境变化时，能对整个系统的影响减至最小。

易开发。中间件提供了构造数据应用的基础构件，为开发人员屏蔽了直接接触底层环境所要面对的复杂性，使开发人员专注于业务流程的实现，从而使数据的相关应用开发工作简便易行。

经济性。中间件可以为不同的数据应用提供不同的、标准灵活的基础结构，使各后装保障单位避免多个数据应用反复编写底层程序的重复劳动，使应用开发的人力投入大幅度降低。同时，中间件的应用集成能力使原有数据应用的开发投资得到保护。

● 数据集成技术

解决数据源不一致、查询处理等问题的基础是模式集成中的模式匹配和映射技术。模式集成是指通过匹配和映射的方法将局部模式融合为统一的全局模式的过程。模式集成技术主要包括模式匹配技术、公共数据模型、模式映射和转换技术，以及基于转换和映射的数据交换技术。

通过中间件技术、服务组件技术和服务集成技术，可以处理数据集成中数据源物理环境异构性，实现分布异构数据源的位置透明和访问透明，但仍然无法解决数据源在模式结构、语义以及互操作性方面的异构性，异构数据源具有各自的数据模型，这些模型定义了数据模式结构、语义以及行为，例如实体关系（entity relationship，ER）、可扩展标记语言框架（extensible markup language schema，XMLS）、面向对象（object oriental，OO）、统一建模语言（unified modeling language，UML）模型等，数据模型和相应的模式语言在数据源信息系统开发时确定，模型反映了开发人员对数据的表示和抽象描述，相对独立。因此，模式集成需要一个公共数据模型来屏蔽各个数据源模型的差异，并给出模型之间以及差异之间的映射关系。公共数据模型是模式集成的核心，模式集成的过程需要消除各个异构数据源模式的表述差异，而公共数据模型可以提供这样一个平台，消除集成过程中的模式和语义冲突等。

● 数据集成策略

数据集成策略主要有三种：联邦数据库系统（federated database system, FDBS）、Mediator/Wrapper 方式和数据仓库法。将查询已完成信息发送到数据源是虚拟视图方法，即联邦数据库系统和 Mediator/Wrapper 方式；查询已完成预处理的数据就是物化的方法，即数据仓库法。

联邦数据库系统。联邦数据库系统由半自治的数据库系统组成，目的是实现数据库系统间部分数据的共享。联邦中每个数据库的操作是独立的，之所以叫"半自治"，是因为联邦中的所有数据库都添加了彼此访问的接口。联邦数据库系统可以是集中数据库系统，也可以是分布式数据库系统，或其他联邦式系统。

在这种模式下，FDBS 又分为紧耦合 FDBS 和松耦合 FDBS 两种情况。紧耦合 FDBS 有一个或多个统一的访问模式，这些模式可通过模式集成技术半自动生成，也可通过用户手工构造。要解决逻辑上的异构，就需要领域专家决定数据库模式间的对应关系。由于模式集成不易添加或删除联邦数据库集成系统中的数据库，所以紧耦合 FDBS 通常是静态的，且很难升级。松耦合 FDBS 没有统一的模式，但它提供了某些查询数据库的统一语言，因此，松耦合 FDBS 中的数据库更具有自治性，但需要用户解决所有语义上的异构。另外，松耦合 FDBS 没有全局模式，所以每个数据库都需创建自己的"联邦模式"。

Mediator/Wrapper 方式。Mediator/Wrapper 方式是一种目前使用比较多的数据集成方法，它通过提供一个全局模式和对应各数据源的局部模式来集成不同数据源的数据，并经由一个中介器（Mediator）和包装器（Wrapper）组件将查询数据转换成统一的规范格式，提供给用户使用。中介器位于异构数据源的数据层和应用层之间，向下协调各自治数据源，向上为访问集成数据的应用提供统一数据模式和数据访问的通用接口，其核心是中介模式（mediated schema）。对用户而言，查询主要基于中介模式，不必知道每个数据源的特点，中介器将基于中介模式的查询分解转换为基于各局部数据源模式的子查询，包装器从数据源中将满足子查询的结果抽取出来，返回给中介器，最后由中介器将结果汇总并返回给用户。图4-7为典型的中介器系统体系结构。

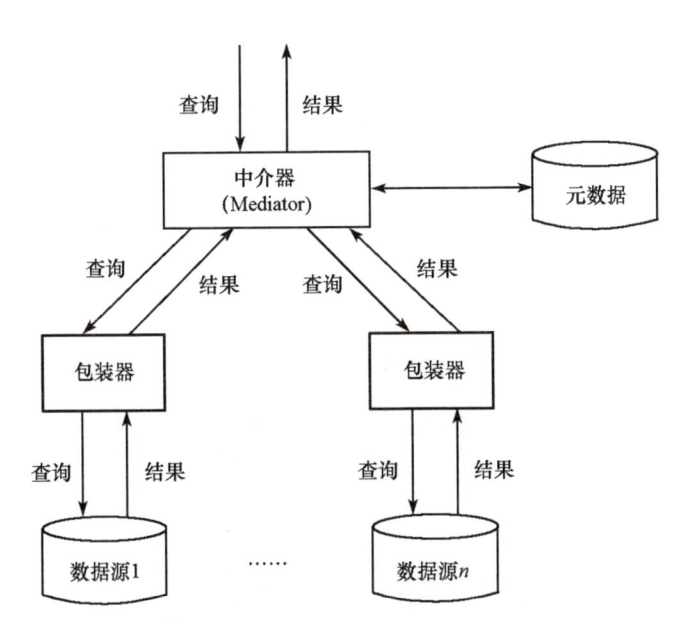

图4-7 中介器系统体系结构

Mediator/Wrapper方式支持的底层数据源可以是结构化的，也可以是半结构化的。这种方法适用于数据源数目多、各局部数据源的自治性高且局部数据经常更新的系统，其要解决的关键问题是如何构造全局模式，并使不同数据源的局部模式能映射到该模式上。

数据仓库。数据仓库法需要建立一个存储数据的仓库，由数据过滤-转换-装载（extract-transform-load，ETL）工具定期从数据源过滤数据，然后装载到数据仓库,供用户查询。用户对集成系统的查询实际上是对数据仓库中存储的数据进行查询,其体系结构如图 4-8 所示。与传统数据库不同的是,数据仓库中主要存储的是历史和汇总数据,用于决策支持,主要供分析或执行人员使用,而且为避免数据仓库与数据源中数据出现不一致,通常不允许用户对数据仓库进行更新,仓库中数据的更新必须由基础数据源发起。因此,数据仓库中数据的实效性严重依赖基础数据源数据的实效性,以及由基础数据源向数据仓库的更新策略。

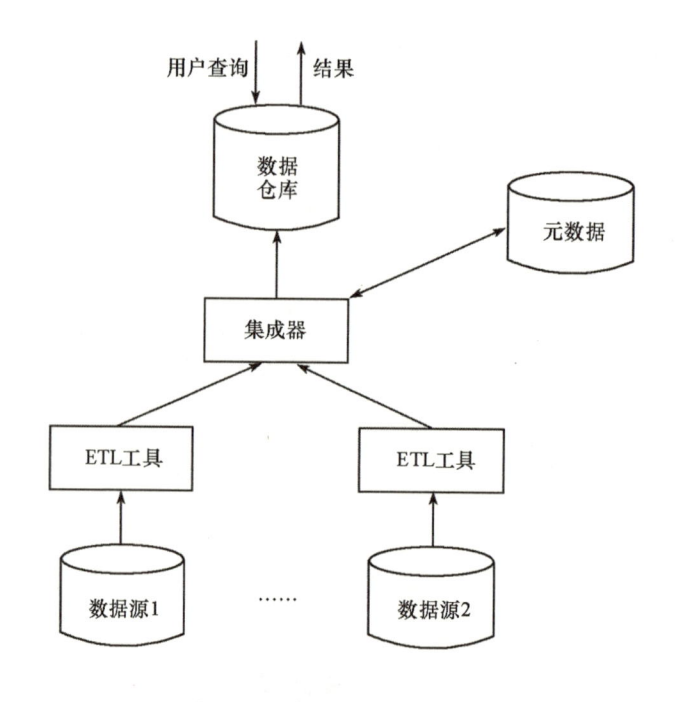

图 4-8　数据仓库体系结构

4.2.2　保障数据管理技术

后装保障数据信息来源于各类保障装备、保障物资、被保障人员、保障力量以及保障过程,为了更好、更充分地利用这些数据,需要采用合理有效的数据管理技术,包括海量数据的稳定与可靠存储、高效组织、便捷查询等。

1. 后装保障数据的特点

（1）海量性

后装保障数据网络即使在某一小范围局部（如某一中型被装仓库或中型油库）应用，也将涉及成百上千个传感器节点或射频识别标签。假设每个传感器每分钟内仅传回 1 千字节数据（相当于每秒约采样 8 个 16 位精度的数据点并传回），则每天的数据量就达到了数吉字节。传感器网络部署在如军交运输、战场救护等后装保障场合时，则要求传感器有着更高的数据传输率，若对后装保障领域的所有人员、装备、物资都进行互联互通，其产生的数据量将更大。

（2）多态性

后装保障数据形式和类型千差万别，如在智能化车辆运输调度系统中就至少需要包含：RFID 标签赋予的物资信息，包括物资名称、物资保存时间、物资特殊要求、运送时限、发货点地址、收货点地址等；送货车辆信息，包括车型、最大载重量、实际容量、耗油量、平均时速等；车辆位置信息，包括车辆所处位置的经纬度、海拔高度等；车辆状态信息，如胎压、油箱存油量、行进速度、发动机关键测点温度和振动频率等；电子地图信息，如道路名称、道路登记、通行限制等；周边环境信息，如敌方袭扰、自然条件等；驾驶员个人状态信息，如健康状态、疲劳程度等。这些数据无论在采样频率、精度、格式等方面，都存在差异性。

（3）关联性

后装保障的数据之间不是孤立的，描述同一个实体的数据在时间上具有关联性，描述不同实体的数据在空间上具有关联性，描述实体的不同维度之间也具有关联性。不同的关联性组合往往具有丰富的内涵。

2. 数据存储方式

后装保障数据采集终端获取的数据既可以存储在终端的内部或局部数据库（即分布式存储），也可以发送给整个网络的数据汇聚中心（即集中式存储）。

所谓分布式存储，如图 4-9 所示，是指终端采集到数据后，会将数据向数据汇聚中心（或监测基站）传播，若是在途中遇到可存储数据的局部数据库（或存储节点），则将数据就地保存，不再上传。当需要查询时，每一个收到查询的存储节点都会在自身保存的数据中进行查询，然后将结果返回。分布式存储的好处是减少了不必要的数据传输。但是，由于中间存储节点的容量和可靠性往往有限，当累积的数据量大于存储容量或存储节点发生故障时，所存储的数据就会丢失。另外，如果所有数据都存储在感知终端，那么每当有查询时，网关会将查询发送到网络中所有的感知终端上，带来大量的通信开销，若部分传感器节点存储的数据是查询的热点，这些节点的电量很快会被用完。

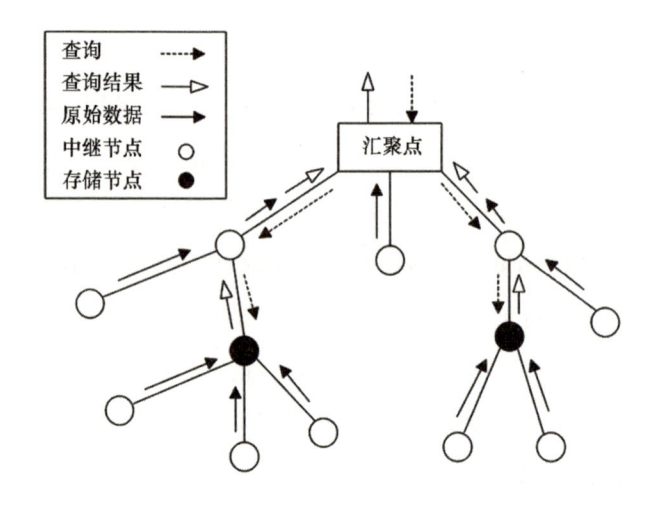

图 4-9　分布式存储

不同于分布式存储，集中式存储（图 4-10）中所有数据都被发送回高可靠、大容量的汇聚中心，查询也仅在汇聚中心进行。集中式存储的优点是所有数据都能被永久保存，避免了历史数据缺失的问题，而且由于数据都保存在汇聚中心，不需要将收到的查询请求分发到网络中去，只需直接操作本地数据库即可。但缺点是，由于很多感知终端（如无线传感器节点）的通信能力有限，部分数据包可能会在传输途中丢失，造成数据不完整，同时，长距离多跳传输会造成通信链路资源的长期占用和能量损耗。

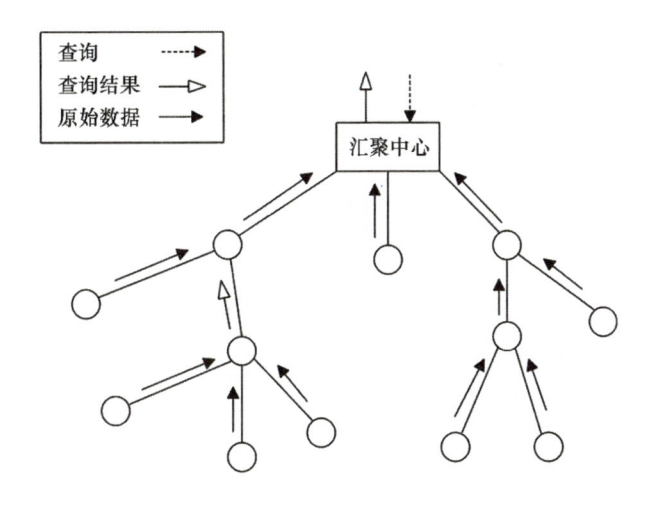

图 4 – 10　集中式存储

3. 海量保障数据存储

后装保障物联网的建立,可供保障部队和人员随时随地感知、测量和传递保障需求信息、保障资源信息和保障过程信息,可使指挥员及时调整保障计划并采取适应战场环境的应对措施。例如,当保障分队准备出发经公路向某作战部队运输物资时,智能化的物联网技术可以帮助分队指挥员及上级首长分析出发地和目标地之间的道路交通信息,并基于物资需求情况、天气情况、交通状况以及敌情我情的预测选定合适的出发时间和运输路线。在运输途中,还要实时感知运输路线前方道路的毁损状况、拥堵情况、敌情变化及部队调动,针对具体情况实时调整优化运输路线。这就需要持续在线获取和存储海量的感知数据,以满足高强度准确预测的需求。

网络化存储是一种用于存储大规模数据的可靠、经济方式,主要包括直接附加存储、网络附加存储和存储区域网络三种模式。近年来,为了应对数据量激增所带来的挑战,在商用领域还诞生了拥有数十万台服务器的网络存储实体——大型数据中心。

4. 压缩感知技术

保障网络往往拥有亿万个感知终端，每时每刻都在生成海量数据。为了降低数据量对传输和存储的压力，需要在传输前对单个物体感知产生的海量数据尽可能压缩，以避免造成网络通信拥塞；对于海量物体产生的数据，需在存储前尽可能地压缩关键数据、剔除冗余数据、甄别无用数据。为了保证信息的完整性，尽可能减少数据采集和存储的量，近年来兴起了一套压缩感知理论与技术，从源头上为海量数据的压缩、还原提供了一种可能的手段。它将信号的采样、压缩及编码合并在同一步骤中，通过对信号进行较少的采样得到信号的压缩表示，达到节约传输和存储成本的目的。目前，压缩感知已应用到压缩成像、信道编码、信道估计、生物传感、语音识别、雷达成像、雷达遥感、认知无线电频谱感知、学习理论及模式识别等诸多领域。

5. 数据查询与搜索

数据查询方式可分为快照查询和连续查询等类型。快照查询的特点是查询不固定和数据不确定。连续查询的特点是查询固定和数据不确定。针对数据的不确定性，可以采用近似查询等技术来减小网络通信负载。

在信息时代，大量信息设备互联互通，感知识别无处不在，海量信息生成传输迅速，这些特点对传统联网搜索提出了新的挑战。一方面，网络接入设备的多样化造成了信息生成方式的多样化，如何高效地组织和管理信息是物联网搜索的重中之重。另一方面，用户的查询模式也发生了转变，对搜索引擎的智能化有了更高的期待，这要求搜索引擎结合各种感知识别设备，整合多样化信息，形成一个庞大的智能网络，完成精确到物体甚至到物体属性的查询。

4.3 保障大数据分析与云计算技术

后装保障信息集成与分析所面临的挑战不仅来自庞大的数据量，还来自装备、人员、物资等物理对象参与保障业务流程所产生的需求。提高数据的智能化应用水平，需要使用数据挖掘技术，对复杂的现象和信息进行分析处理，建立与应用相关的科学模型，从而更好地支持指挥决策和保障行动。

4.3.1 保障大数据分析技术

1. 保障大数据分析的作用

在后装综合保障中，使用、维护保障数据的地位得到提升，对远维数据采集工作的重视程度也不断提高。充分分析、挖掘和利用这些信息和数据，对于提高后装综合保障的针对性、准确性和科学化水平具有十分重要的意义。具体而言，保障大数据分析的价值主要体现在：

为装备实际保障特性指标的评估与验证提供依据。由于受制造批次、服役环境、保障水平等多种因素的影响，不同装备之间的技术状态会随着使用历程的增长产生很大的差异，导致其具有不同的可靠性水平。同样，在不同的使用环境、保障资源配置情况下，装备也会形成不同的维修性和保障性水平。因此，各种保障信息系统收集到的数据，是装备实际技术状态和保障水平的客观反映，面对这些数据进行大数据分析，能获得装备实际的保障特性水平，可对装备做出客观的评价，指导装备进行改进，优化保障活动的实施。

为保障决策提供支持。一是利用积累的信息对保障策略进行优化调整，确定合理的保障时机和保障项目，减少不必要的保障活动，降低寿命周期费用成本。二是根据保障系统的运行情况，分析评估被保障装备的实际技术状态和可用度，对保障方案进行调整，并对其支持任务完成的能力进行分析评估。三是保障计划决策，预测后装保障需求，根据当前的保障能力和资源状态，确定合理的保障计划，使需求与资源做到最佳匹配，发挥最大军事效益。

为保障资源消耗规律的分析与确定提供依据。器材、备件等各种保障资源是装备完成使用和维修的物质基础。以军用舰船为例，一方面，现代舰船装备技术复杂程度增高，保障资源的种类和数量越来越多，购置和储备的费用越来越大；另一方面，随着舰船装备机动作战和远洋遂行任务要求的变化，器材、备件等资源的消耗要求也与平时有很大的区别和变化。通过保障大数据分析，可以考察保障资源消耗与任务性质、外部环境、装备内部技术状态变化之间的因果关系及相应模式，从而准确掌握各种保障资源的消耗规律，依据这些规律对资源需求进行科学预测，对降低综合保障费用、提高保障效能具有重要意义。

2. 保障大数据分析发展情况

数据分析技术在国外起步较早，无论是在军事领域还是在工业领域，都取得了不少的成果，信息化程度高，技术先进。美国通用电气公司与法国国家航空发动机制造公司（斯奈克玛）利用数据挖掘技术研制了 CASSIOPEE 质量控制系统，被三家欧洲航空公司用于诊断和预测波音 737 的故障，带来了可观的经济效益。在军事领域，装备维修诊断数据分析及支持技术的应用面也很广，成效显著。美国海军航空系统司令部的伯格等采用 IBM SPSS Modeler 工具对 V-22 "鱼鹰"战机的保障数据进行了文本分析和数据挖掘，所得成果可用于维修优化和可用性提升，有望减少 9900 工时和 36.7 万美元的费用，并可移植到 F/A-18、F-35 等其他战机上。尤努斯等通过对机载火控雷达两年内的维修诊断数据进行分析，进一步优化了备件配置，提高了保障决策的科学性，减少了保障费用。曼内维亚等收集了 C-130 运输机两年多的使用维修数据，对机体、航电、引擎、雷达等分系统的缺陷进行了分类统计分析，相关结果对维修决策具有重要意义。在其后续研究中，保障数据分析技术还被用于该型飞机大修延迟因素识别，以及所装备的环控系统、T56 发动机的失效趋势分析。类似的还有米-172 直升机、T-53 发动机、K-X 坦克等军事装备，以及发电厂等民用设备失效趋势挖掘及维修优化案例。除了上述以基本统计分析为主的技术方法，还出现了不少数据驱动模型。这类模型通过机器学习算法训练建模，然后被用于故障诊断、预测或模式识别，比较典型的有支持向量机、深度神经网络等，在各类复杂系统的故障诊断、维修保障中发挥了重要作用。这类模型主要是黑盒模型，可解释性较差，对数据要求较高，主要适用于大规模高质量数据条件下的诊断和保障支持系统建模。

总的来看，国外在后装综合保障数据分析技术领域的主要研究包括保障数据自动采集技术、保障数据采集内容与标准、基于维修保障数据的保障特性验证评估技术、基于数据挖掘的保障数据综合分析四类。

（1）保障数据自动采集技术

数据质量是保障数据分析结果正确性和决策结果有效性的重要保证。1985年，美军对F-15战斗机的APG-63雷达进行保障系统改进，发现了维修保障数据不足和保障数据不能在保障机构之间进行共享带来的问题，随后，由保障系统联合公司开发了现场维修保障数据采集设备PORTERS。2001年，美空军开始开发空军维修数据现场采集设备POMX，将其作为保障转型倡议后勤企业化体系结构的一个重要组成部分。随着信息技术在后装保障领域的进一步深入应用，保障信息收集的范围扩大，从单纯收集故障数据、维修保障记录、器材消耗等发展到收集装备运行、操作和环境信息。美国马里兰州的陆军装备系统分析中心开展了战术轮式车辆的"装备状态与使用监控系统"项目研究，通过在各类轮式车辆上加装倾斜传感器、陀螺仪等外置传感器，以收集地形、路况等环境数据，以及紧急制动、急转弯等异常使用记录。除收集方式发生变化外，数据的传递方式也发生了改变，比如Arnaiz Irigaray等提出了泛在保障数据计算环境的框架，强调利用物联网的手段来提高保障信息传递的实时性和可跟踪性。

（2）保障数据采集内容与标准

造成保障数据质量欠佳的一个重要原因是数据采集内容设置不合理，一是与保障数据分析的目标脱节，按照计划性维修模式采集到的维修保障数据显然不能有效支持视情维修及状态基维修分析的要求；二是与维修数据采集人员的工作习惯、工作过程脱节，采集到的数据难免会存在大量空白和不准确性。为解决上述问题，必须明确和合理规范保障数据采集的内容，经过检验形成相应的标准。在这一方面，比较典型的有大卫·斯奈普斯等研究的空军两级维修体制的信息采集内容问题，艾尔伯特等研究的状态基维修信息采集内容问题。目前，国际机器信息联合会开放系统组织（Machinery Information Management Open System Alliance，MIMOSA）提出了用于装备运行和维护的数据集成标准 OSA – EAI3.X，对装备维修保障数据的主要要素进行规范和界定，目前已得到工业界和美国国防部的认可，为确定装备维修保障的采集内容提供了比较好的规范框架。

（3）基于维修保障数据的保障特性验证评估技术

在装备使用和运行后，各种保障系统收集到的维修保障数据是装备保障特性指标最真实的反映。因此，美军对利用维修保障数据进行保障特性指标分析验证历来非常重视。兰德公司利用外场维修保障数据对美空军战术级地面电子装备的可靠性和维修性进行了分析评估，并对比了研制阶段通过可靠性试验和维修性试验得到的可靠性和维修性指标。美国海军研究生院利用舰船维修与器材物资管理系统收集到的信息建立了舰船装备的故障统计模型，并进行了维修费用估计。

由于现场收集的数据存在不完整、被污染、有效样本少、截尾时间随机、样本总量不确定等特殊问题，数据分析方法有其特殊性，总体上可大致分为直接估计法和间接估计法两种类型。直接估计法根据对样本数据的处理方式又可分为数据预处理和不完整数据直接估计两种，数据预处理方法主要采用数据规整和模型预测等方法，将收集到的保障数据整理成比较理想的方式，然后采用 Bayes 估计或最大似然估计（maximum likelihood estimation，MLE）来评估装备的可靠性与维修性。间接估计法不直接估计装备的故障率，而是估计导致故障发生的一些特征参数（协变量），通过估计协变量的分布来间接确定装备的可靠性，通常用于难以发生故障或故障记录较少的机械装备。

(4) 基于数据挖掘的保障数据综合分析

保障数据包含大量的有用知识，采用数据挖掘技术可以发现其中人工难以梳理总结的知识。比如，梅斯考尔等建立了美国海军 F/A – 18C 型战斗机的维修保障数据仓库，通过对其失效原因等进行分析，进而指导其维修保障活动。波音公司的史提夫·黑德提出了闭环知识系统（closed loop knowledge system，CLKS）的基本框架，将数据挖掘分为五个维度，包括各类数据库、数据仓库、数据挖掘、知识规则及工程应用。巴斯托斯等通过对企业中的各种维修保障数据进行分析，建立了基于数据挖掘技术的预测性维修系统，以较高的精确度预测设备故障信息，从而提高其可靠性。

3. 保障数据分析流程

数据分析是一个反复迭代的人机交互和处理的过程，历经多个步骤，并且在某些步骤中需要由用户提供决策。总的来说，数据分析过程主要由问题定义、数据预处理、数据挖掘和评估与表示四个阶段组成，其中每一个阶段的输出结果都将作为下一个阶段的输入数据，如图 4 – 11 所示。

(1) 问题定义

数据挖掘是为了发现隐藏在海量数据中的令人感兴趣的有用信息，因此，明确发现何种知识就成为整个过程中第一个也是最重要的一个阶段。在问题定义过程中，数据挖掘人员必须和领域专家以及最终用户紧密协作，一方面明确实际工作对数据挖掘的要求；另一方面通过对比以确定选用何种算法，为后续工作奠定基础。通过将用户和分析者的经验与知识相结合，既可以减少工作量，又能使挖掘工作更具目的性，更为有效。

(2) 数据预处理

数据预处理阶段主要完成数据准备、数据选取、数据预处理、数据变换四项操作。其中，数据准备主要确定用户需求和总体目标；数据选取是根据用户的需要从原始数据库中选取相关数据或样本；数据预处理包括检查数据的完整性及数据一致性，消除噪声，滤除与数据挖掘无关的冗余数据，根据时间序列和已知的变化情况，利用统计等方法填充丢失的数据等；数据变换

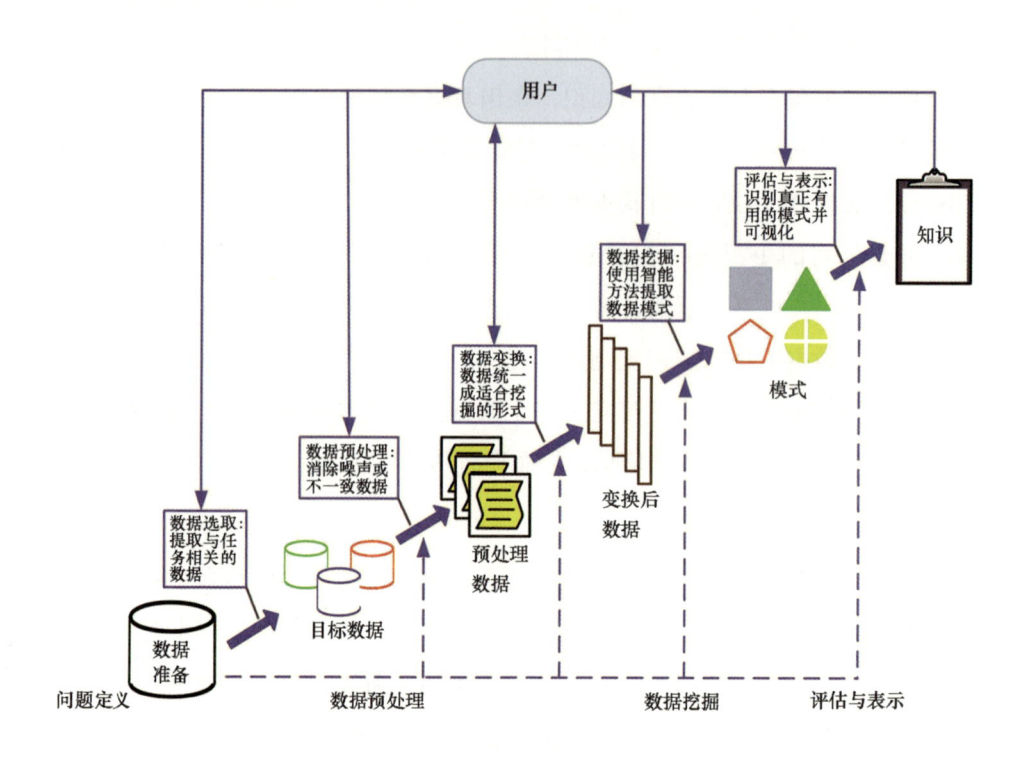

图 4-11 数据分析的基本过程

则是根据任务对经过预处理的数据进行再处理，主要是通过投影或利用数据库的其他操作减少数据量。

(3) 数据挖掘

数据挖掘阶段主要完成以下三项操作：确定数据挖掘的目标，即根据用户的要求确定要发现的知识类型；选择挖掘算法，即根据确定的目标选择合适的数据挖掘算法，如关联规则挖掘、分类、聚类、文本挖掘、时序模式挖掘等，同时选取合适的模型和参数；数据挖掘，即运用所选择的算法，从数据库中提取用户感兴趣的知识，并以一定的方式表示出来，如产生式规则等。

(4) 评估与表示

评估与表示阶段主要完成模式评估和知识表示两项操作。

模式评估，评估数据挖掘中发现的模式（知识）。经过用户或机器评估后，剔除那些存在冗余或无实际意义的模式，如果挖掘出的模式不能满足要求，就返回到前面的某些处理步骤中反复提取。

知识表示，使用可视化和知识表示等技术，以易于理解的方式给出挖掘的知识。

数据挖掘质量的好坏受两个因素的影响：一是所采用的数据挖掘技术的有效性，二是用于挖掘的数据的质量和数量。如果选择了错误的数据或不适当的属性，或对数据进行了不适当的转换，则挖掘的结果往往不好。整个挖掘过程是一个不断反馈的过程。比如，用户在挖掘中发现所选数据不好，或使用的挖掘技术无法产生期望的结果，这时用户需要重复先前过程，甚至重新开始。

• 知识延伸

— 可视化技术的作用 —

可视化技术在数据挖掘的各个阶段都发挥着重要作用。在数据准备阶段，用户可能需要使用散点图、直方图等统计可视化技术来显示相关数据，以期对数据有一个初步了解，从而为更好地选取数据打下基础。在数据挖掘阶段，用户则要使用与领域问题相关的可视化工具。在评估与表示阶段，则需要使用可视化技术来确保发现的知识更易理解。

4. 数据挖掘主要模型方法

采用何种数据挖掘技术主要取决于问题的类型，以及数据的类型和规模。通常，利用的技术越多，得出的结果精确性就越高。数据挖掘涉及的学科领域和方法较多，从而有多种分类方法。根据挖掘任务，可分为分类或预测模型发现、数据总结、聚类、关联规则发现、序列模式发现、依赖关系或依赖模型发现、异常和趋势发现等。根据挖掘对象，可分为关系数据库、面向对象数据库、空间数据库、时态数据库、文本数据库、多媒体数据库、异构数据库、遗产数据库以及 Web 等。根据挖掘方法，可分为机器学习方法、统计方法、神经网络方法和数据库方法。机器学习方法可分为归纳学习方法（决策树、规则归纳等）、基于案例学习、主动学习、遗传算法等；统计方法可分为回归分析（多元回归、自回归等）、判别分析（贝叶斯判别、费歇尔判别、非参数判别等）、聚类分析（层次聚类、分割聚类等）、探索性分析（主元分析法、相关分析法）等；神经网络方法可分为前向神经网络（BP 算法等）、自组织神经网络（自组织特征映射、竞争学习）、深度学习等；数据库方法主要包括多维数据分析方法、面向属性归纳方法等。

4.3.2 云计算技术

保障感知终端的计算和存储能力有限，需要计算平台作为保障信息系统的"大脑"，实现对海量数据的存储和分析计算。云计算具有规模大、虚拟化、高可靠性、高通用性、高可扩展性、按需服务、廉价及方便等特点，可支持后装保障系统内人员、装备、物资、环境和基础设施等的实时管理和控制。

• 名词解释

- 云计算 -

云计算是分布式计算的一种，指的是通过网络"云"将巨大的数据计算处理程序分解成无数个小程序，然后通过多部服务器组成的系统处理和分析这些小程序，最后将得到的结果返回给用户。云计算又称为网格计算，通过这项技术，可以在短短几秒内完成对数以万计的数据的处理，从而实现强大的网络服务。

2006 年 8 月，埃里克·施密特（时任谷歌公司首席执行官）在搜索引擎大会上首次提出了"云计算"的概念。云计算是一种基于互联网相关服务的增加、使用和交付模式，通过互联网来提供动态易扩展且经常是虚拟化的资源。

目前，云计算在军事应用方面还处于探索阶段。美国国防部认为，云计算能够有效应用于美国网络中心战战略计划，同时还可以提供一种鲁棒、灵敏的计算基础设施，以便在快节奏的作战期间应对处理量的激增。通过信息技术服务的云计算模型，军方能够更好地管理信息技术在支持作战人员行动时的不可预测性和动态性特征。大型数据中心将像互联网一样运作，以便为参与网络中心作战的用户提供可高度伸缩的快速访问能力，并且不会出现明显的性能衰减。

云计算技术在军事领域的应用如图 4 – 12 所示。

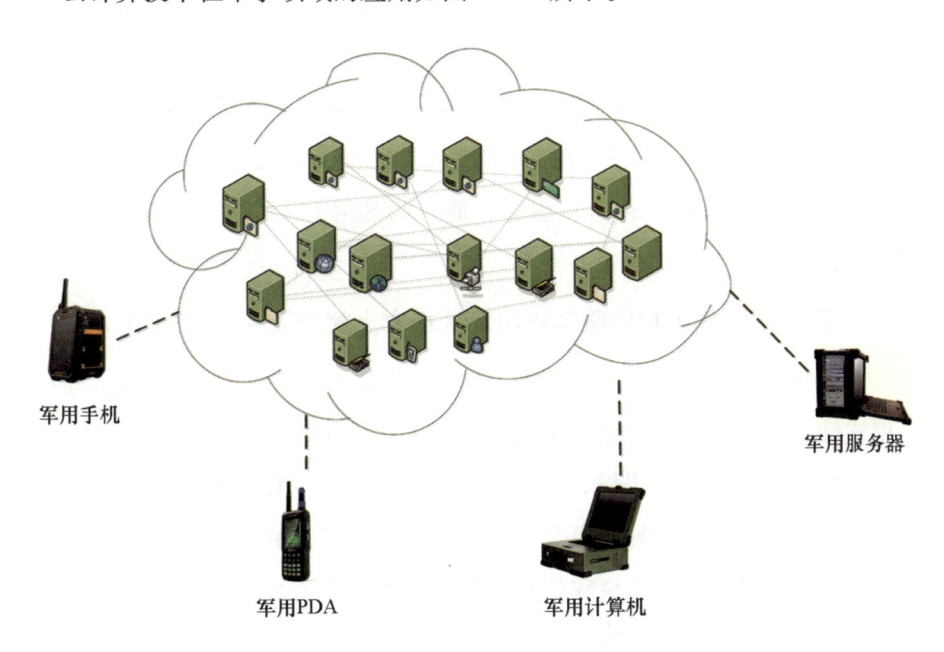

图 4 – 12 云计算技术在军事领域的应用

1. 云计算中心具有明显优势及天然抗摧毁性

在前期信息化建设中，针对局部用户独立建设了较多的"烟囱"式数据中心，存在建设重复、管理难度大、资源利用率低、信息共享困难等问题。

因此，合理布局和建设若干个大规模的云计算中心具有明显的规模和经济优势：对于用户来说，虽然逻辑上的云计算中心只有一个，但在具体实现时，云计算中心完全可以分布在多个物理地点，而同一个物理地点可使用大量廉价个人计算机和服务器实现数据中心的功能，并通过软件进行动态资源调度和负载均衡。如果某一物理地点的服务器和 PC 发生损坏，可被及时发现，计算任务可自动转移。因此，规模化、集约化、专业化的云计算中心具有天然的高可靠性、高可扩展性和抗摧毁性，非常适合军事应用。

2. 云计算可为瘦客户端装备提供强大的技术支持

传感网、单兵手持装备等广泛使用于包括后装保障在内的军事领域，它们在战场上采集信息，通过战术互联网传输和交换信息，运用后台强大的计算设施处理信息，然后再对战场环境发出反馈或控制信息。这些装备一般计算能力和存储空间有限，功耗小，属于典型的瘦客户端装备，对云计算有着天然的需求。云计算拥有强大的计算能力和接近无限的存储空间，并支撑各种各样的软件和信息服务，能够为瘦客户端装备提供强大的计算能力支持。

3. 云计算环境的软件服务机制可从根本上解决软件危机问题

软件和硬件一样，是信息化条件下联合作战不可或缺的重要装备，但是，大型软件的开发费用高、过程不易控制、软件维护任务重。云计算环境中的软件功能以服务的方式提供，按需开发、随需应变、在线更新，软件开发更多地表现为服务发现、服务组合和服务验证的过程。利用服务的可重用和标准化接口，可以极大地提高软件开发的效率和所开发软件的质量，从根本上解决上述"软件危机"问题。

4.4 联合分布式信息系统

· **名词解释**

-- 联合分布式信息系统 --

联合分布式信息系统（joint distributed information system，JDIS）是使用自主保障系统所必需的一种电子化环境，是保障系统方案的神经中枢。JDIS旨在将来自装备状态的信息与来自保障系统的信息及来自供应链各部门的信息综合在一起，并按照所要求的任务用途输入调度员的意图。JDIS 作为装备、后勤保障人员和其他供应链成员之间的信息通道，可以使他们充分利用信息来优化资源部署。

4.4.1 联合分布式信息系统概述

JDIS是向用户提供使用和维修装备必需信息的一种电子化环境，是数据收集、数据分析、决策支持和措施跟踪的综合工具，是支持自主保障体系所有要素间实时信息流动的信息平台。该系统的功能目标为：

● 综合来自装备机上的故障预测与健康管理系统的状态信息与人员配备和训练信息，以及来自联合保障部门的保障信息；

● 将作战指挥员要求的装备出动次率和任务用途输入；

● 提供易于携带的硬、软件系统，即时提供维修保障信息，提高装备机动维修保障能力；

● 智能化分析和预测装备的运行可靠性，为飞行任务安排提供依据；

● 管理装备技术状态，更新记录，自动采集装备和保障设备的故障、失常和事故等数据；

● 为管理部门提出有关保障策略、解决措施和建议。

JDIS 的输入信息包括：装备信息、备件信息、维修设施设备信息、维修人员信息、技术资料信息、经费信息、情报信息。在这些输入信息的支持下，JDIS 通过各种服务软件和应用工具，实现信息管理、辅助决策、指挥控制、远程技术支持、远程监控、信息采集处理、维修保障训练等各项功能。JDIS 作为实时的信息通道，使后装保障系统在整个周期内的运营活动得以及时、顺利地实施。

以美军 F-35 飞机为例，JDIS 的总体结构如图 4-13 所示，其主要组成包括：

数据库管理系统。该系统为所有相关装备的使用、维修、保障机构及人员提供维修保障信息。

数据处理系统。该系统完成装备数字化综合维修保障信息的自动化处理，提供装备的健康状态分析，更新装备的状态记录，调整使用计划，生成维修工作安排。

通信网络系统。通过该系统实现维修保障机构和指挥人员、维修保障技

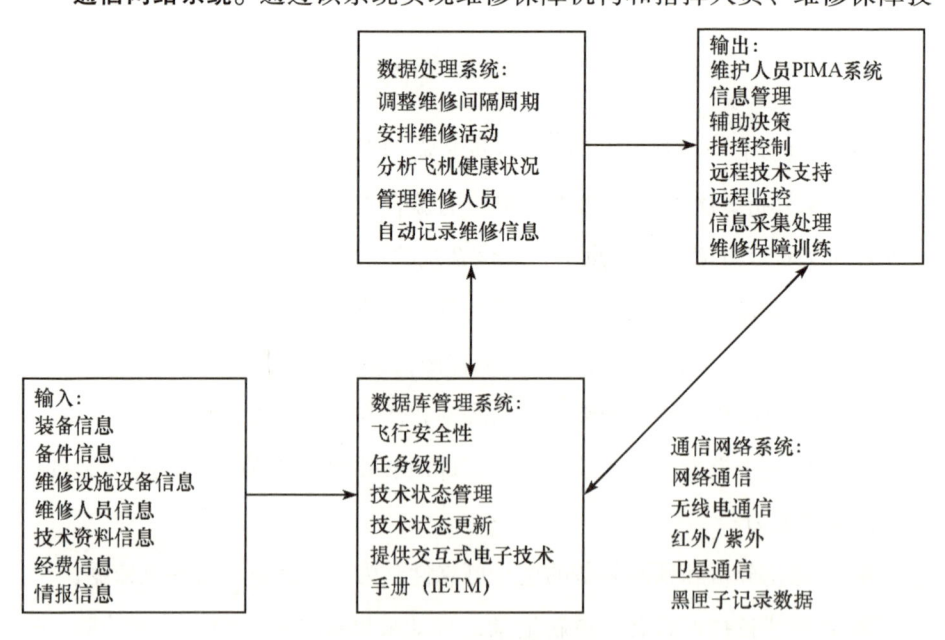

图 4-13 JDIS 的总体结构

术人员的实时信息交互。

智能便携式维修辅助设备。通过该维修设备，一线技术人员可以图形方式输入、审查、修改部件的测试信息、状态和测试结果，并与中心数据库系统进行实时信息交互。

4.4.2 联合分布式数据处理系统

JDIS 数据库管理和数据处理系统分为数据信息层、服务工具层、应用显示层，如图 4-14 所示。

数据信息层以 XML 为标准数据格式，使用 XML-Enable 数据库管理底层数据信息，采用模块化数据结构，根据不同的信息内容，设计不同的编著模板。服务工具层在系统中占据重要地位，负责数据计算处理，并以 API、数据接口等方式将相关数据提供给应用显示层和数据信息层，其不仅需要具备高效的数据处理能力和数据计算引擎，还需要拥有高效的数据服务能力以及灵活的数据接口，从而满足多元化的数据处理和服务需求。应用显示层基于 ASP.NET 的 Web 应用程序形式发布，便于同时满足局域网服务器或单机使用的双重需求，整个系统的信息表现形式以文字、图表为主体，配以适量的三维操纵视图和视频。

JDIS 数据库管理和数据处理系统基本功能包括：

1. 数据查询及交互功能

信息内容查询上，可以通过构建树状导航目录，查看所有技术数据。内容交互上，可通过点击文字链接或图片，直接超级链接跳转查看相关的技术数据（包括文档、图片、视频片段等）。系统也可按关键字或工艺号对整个资料内容进行模糊搜索，便于快速定位所查询的资料内容。

2. 数据组织与管理功能

JDIS 数据库管理和数据处理系统可以将所有信息数据按照一定的编码规则进行结构模块化组织并编码。数据库将按照编码对其数据模块及元素进行管理，对底层数据进行管理的人员可以在通过密码身份认证后操控数据。

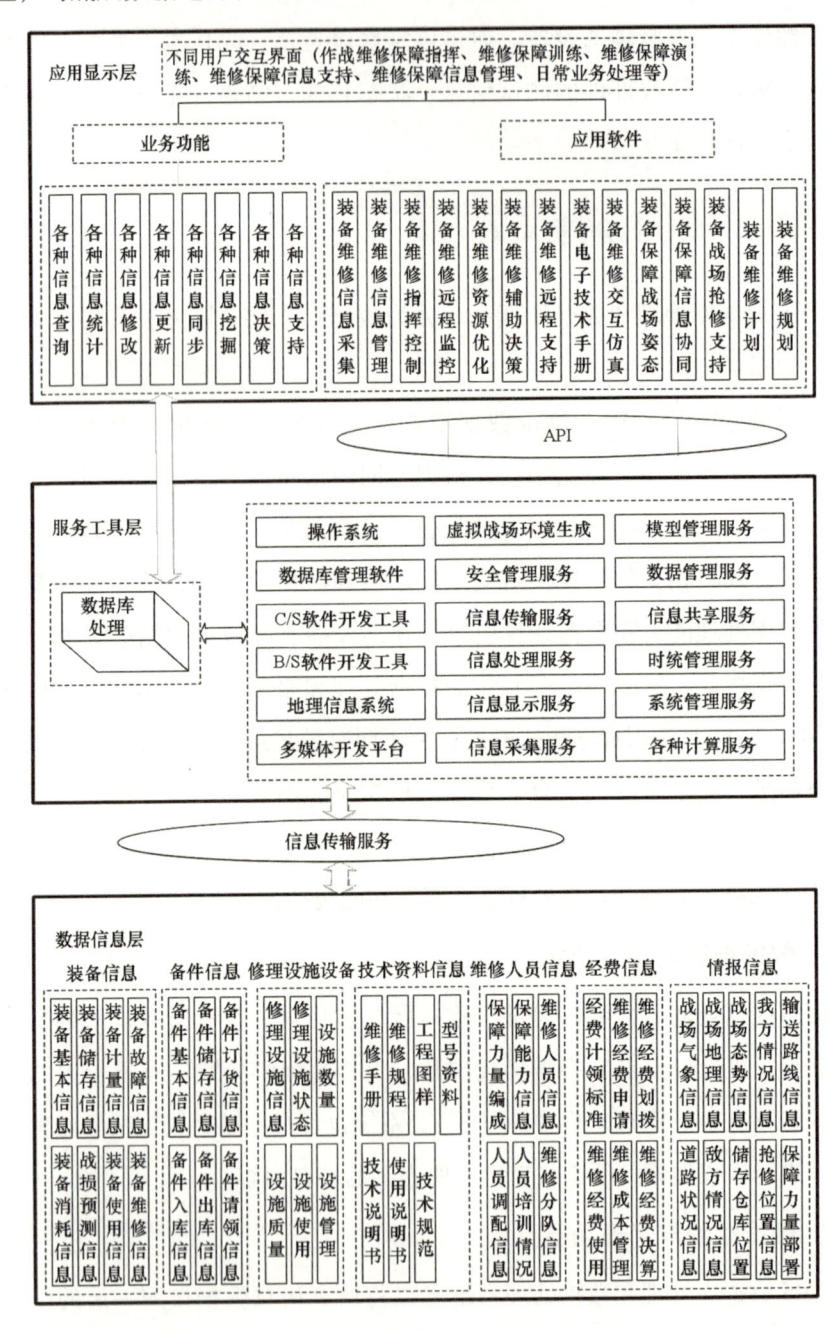

图 4-14　JDIS 数据库管理和数据处理系统

3. 图形、图像及多媒体功能

图形、图像采用常见格式的二维、三维静止图形图像，并可进行缩放、平移、热区交互等交互式操作。利用虚拟现实技术，对某些复杂操作进行三维爆炸视图设计。视频播放（包括 FLASH）可进行快进、回退、重播等操作。

4. 引导式排故和远程支持功能

JDIS 数据库管理和数据处理系统根据装备预定义的逻辑排故流程，向维护人员提示需要进行的检测操作内容及其操作方法，维护人员完成检测或操作后，向系统输入所得到的检测结果，回答系统提出的问题。通过"建议—yes, no 问答"的人机交互方式，为维护人员提供引导式的排故帮助。所确定的排故建议应能够与其他维修资料实现交互式链接。若系统中没有解决检测结果的方法，维护人员向系统呼叫远程支持，系统通过通信网络向基地传输包括检测报告、图像、视频等在内的检测结果，专家通过分析判断，辅助维护人员完成维修。

5. 维修辅助决策功能

JDIS 数据库管理和数据处理系统可根据装备的状态信息，预测和分析其可靠性、维修性、安全性，以及综合维修保障资源存储情况，向保障指挥管理机构提示需要检测的内容和进行的维修活动，生成装备维修计划。

4.4.3 智能便携式维修辅助设备

智能便携式维修辅助设备是联合分布式信息系统的重要终端节点，是在维修点上使用的移动计算设备，能为外场维修人员在现场进行维修提供详细的信息，包括各种技术指令和工程信息、交互式电子技术手册信息、扩充的诊断方法和诊断过程，以及每个装备的全部维修历史信息。智能便携式维修辅助设备通过接口装置可以从嵌入式诊断系统获取信息，作为与装备及其系统的基本维修接口。智能便携式维修辅助设备的功能主要体现在以下三个方面：一是在维修点显示技术数据；二是对复杂系统实施诊断故障隔离、修理指导；三是健康监控、预测和使用数据上传/下载以及装备的战斗损伤评估。智能便携式维修辅助设备核心软件主要由七个应用模块组成，分别为：底层系统模块，故障智能诊断与预测系统模块，可靠性、维修性、保障性分析与飞行任务风险预测系统模块，维修作业程序辅助系统模块，维修保障信息数据管理系统模块，数据上传/下载模块，外部信息系统接口模块。

第 5 章

智能保障作业技术

> 工欲善其事，必先利其器。
>
> ——《论语·卫灵公》

在后装综合保障中，快速高效地完成维修保障作业任务是实现精确保障目标，保证装备战备完好率和作战任务成功率的重要技术过程，也是实现综合保障"实时高效"的重要途径。

随着人工智能的迅速发展和广泛应用，战争形态正加速向智能化战争演变，各种无人装备和智能装备技术水平高、结构复杂。为与作战和装备的智能化水平相适应，迫切需要将智能化、自主化技术应用到保障领域，以提升保障的智能化水平。目前，人工智能、大数据分析、深度学习、新型传感、新型制造等前沿技术在后装保障领域的广泛应用已经衍生出一大批智能保障作业技术，这些智能化、自动化、机械化工具和手段为保障作业的执行提供支持，提高了保障作业的效能。本章重点介绍虚拟维修、交互式电子技术手册、装备自修复技术、增材制造技术等。

5.1 虚拟维修

虚拟维修是一种采用信息技术、计算机仿真、人机工程和虚拟现实等技术，进行装备维修性设计验证、维修训练等工作的方法。虚拟维修的基本思路是建立装备或系统的数字样机，在虚拟环境中模拟特定的维修活动，如装备或部件的拆卸、分解、更换、装配等。虚拟维修的特点主要体现在：模型全数字化、模型信息集成化、维修仿真逼真化、人机交互自然化。

5.1.1 虚拟维修分类

虚拟维修的应用性较强，针对它的研究随着相关基础领域的发展和进步不断深化。目前，虚拟维修的发展水平从人机交互的深度来分析，包括以下四种：演示性虚拟维修、人机简单交互虚拟维修、基于虚拟现实的虚拟维修，以及基于增强现实的虚拟维修，如图 5-1 所示。

1. 演示性虚拟维修

演示性虚拟维修主要以三维动画的形式来表现维修过程，人可以通过观看维修动画来了解、学习维修方法和作业过程。这种方法实现起来较为简单、成本较低，可通过成熟的软件工具如 CATIA、JACK 等制作，但缺点是维修过程不受人的控制，人只能进行被动学习，不能进行自主训练，缺乏真实感受。如图 5-2 所示，演示性虚拟维修根据有无人体模型可分为两类：一是仅仅通过三维的数字样机来编辑生成维修动画，告诉人们如何进行维修；二是通过虚拟人来仿真基本的维修过程，然后录制成动画，这种方式可以表达人机交互的一些细节，清晰反映一些难度较大的维修操作方法。

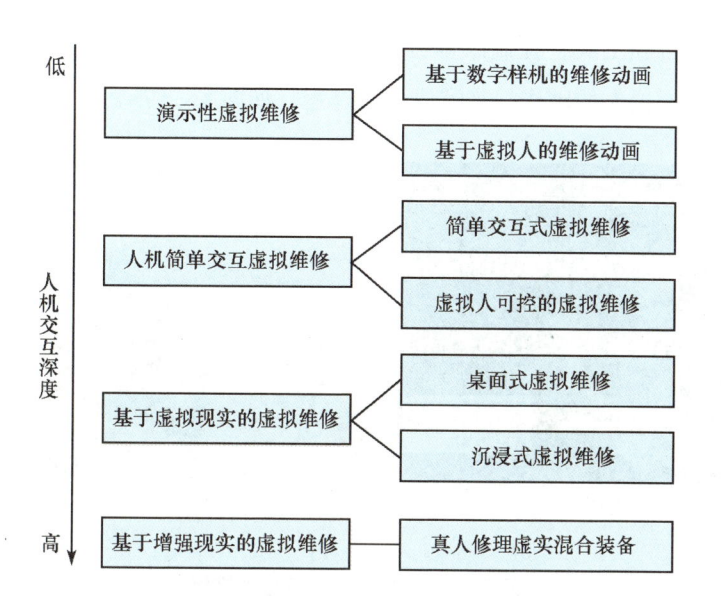

图 5-1 虚拟维修分类

(a) 无人体模型　　　　　　(b) 有人体模型

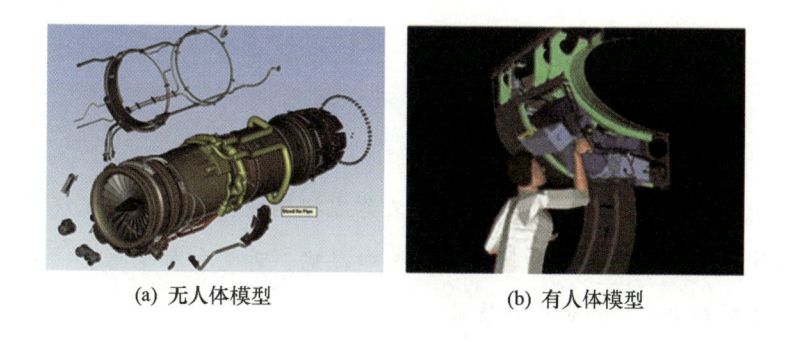

图 5-2 演示性虚拟维修

2. 人机简单交互虚拟维修

人机简单交互虚拟维修是指在虚拟维修过程中，人可以通过计算机外设，如鼠标、键盘等控制维修过程，这种方式可以用于人的自主学习和训练，也可以用于维修技术考核。但缺点是需要进行大量的编程，制作过程中需要加入很多维修选项，开发时间较长。同样，人机简单交互虚拟维修根据有无人体模型可分为两类：一是维修过程中仅有数字样机，需要通过计算机外设来选择维修设备和工具，控制维修方法和步骤；二是包括人体模型，维修过程中通过控制虚拟人的动作，来完成维修过程，如图5-3所示。

(a) 无人体模型　　　　　　　　(b) 有人体模型

图5-3　人机简单交互虚拟维修

3. 基于虚拟现实的虚拟维修

• 名词解释

－虚拟现实－

虚拟现实（virtual reality，VR），又称虚拟环境、灵境或人工环境，是指利用计算机生成一种可对参与者直接施加视觉、听觉和触觉感受，并允许其交互地观察和操作虚拟世界的技术。

这种虚拟维修方式引入虚拟现实的外设来控制人体模型的动作，即人在回路的仿真方式，属于"真实人员修理虚拟产品"。人沉浸于虚拟环境中，能感受周围的维修环境，能逼真体验维修过程。根据人参与虚拟现实的不同形式和不同沉浸程度，基于虚拟现实的虚拟维修可分为两类：

一是桌面式虚拟维修，它利用个人计算机和普通工作站进行仿真，将计算机的屏幕作为用户观察虚拟世界的窗口，如图5-4所示。这种方式通过各种输入设备实现与虚拟现实世界的充分交互，包括鼠标、追踪器、力矩球等，有一定的沉浸感，但仍然会受到周围现实环境的干扰，成本中等，有一定的应用价值。

图 5-4　桌面式虚拟维修

二是沉浸式虚拟维修，它利用头盔式显示器或其他设备，把维修人员的视觉、听觉与其他感觉封闭起来，提供一个新的、虚拟的感觉空间，并利用位置跟踪器、数据手套以及其他手控输入设备，使得维修人员身临其境、全心投入并沉浸其中，图 5-5 为沉浸式虚拟维修系统的外观示意。这种方式能完全逼真地反映维修环境，甚至战场环境、太空环境等复杂环境，维修保障作业的真实感最强，是一种最为高端的虚拟维修实现方式，代表未来虚拟维修的发展方向。

图 5-5　沉浸式虚拟维修系统外观

沉浸式虚拟维修系统的技术框架如图 5-6 所示，包括硬件系统、软件系统、软硬件接口、仿真驱动系统等组成部分。

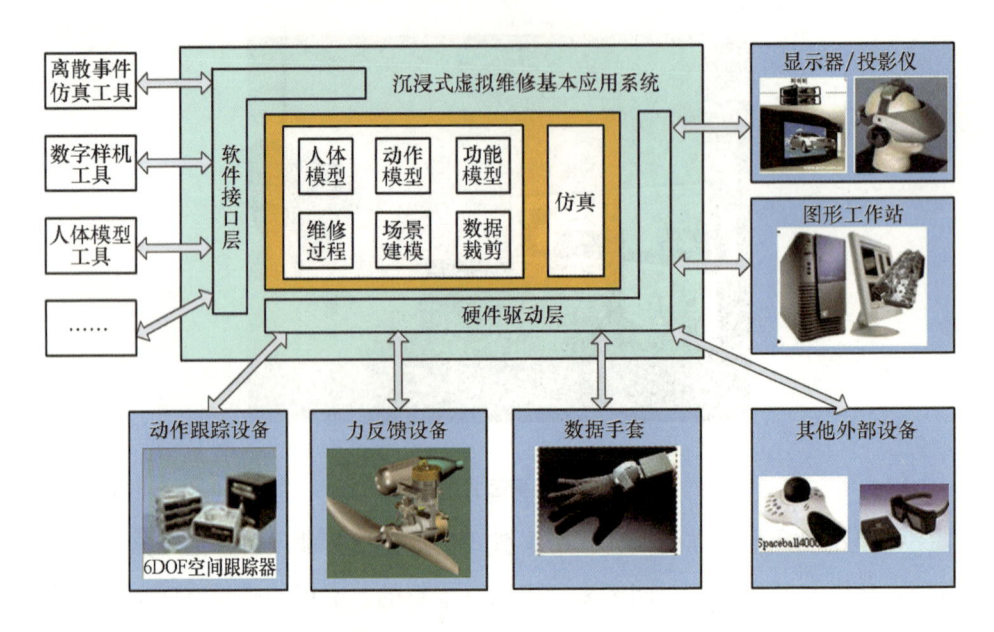

图 5-6　沉浸式虚拟维修系统技术框架

4. 基于增强现实的虚拟维修

• 名词解释

— 增强现实 —

增强现实（augmented reality，AR）是在虚拟现实的基础上发展起来的新兴技术，通过计算机系统提供的信息增加用户对现实世界的感知，并将计算机生成的虚拟物体、场景或系统提示信息叠加到真实场景中，从而实现对现实的"增强"。同时，由于与真实世界的联系并未被切断，交互方式也显得更加自然。

这种方式属于"真实人修理虚实混合装备"，由真人完成维修交互的整个过程，而维修对象由实物样机和虚拟物体构成。这种方式应用于较为复杂的维修对象，操作部分采用实物样机，而非操作部分（包括其他装备组成或维修环境等）采用虚拟样机，通过虚实融合构建综合性的虚拟维修样机。相对于实物维修训练，这种方式可以明显降低训练代价，缩短训练进程；相对于虚拟现实训练，这种方式具备良好的触觉、力觉交互体验，训练的真实性明显提升。

基于增强现实的虚拟维修系统的技术架构如图5-7所示。从总体上分析，系统主要由粗实框表示的虚实融合实物维修环境和粗虚框表示的全景虚拟环境组成，两者呈1:1对应关系。全景虚拟环境的作用表现在两个方面：一是作为实物设备的补充，通过虚拟注册技术形成对实际维修操作环境的增强；二是在实物试验工作时，虚拟环境通过后台计算驱动，形成与实物环境的同步运动，以支撑虚实碰撞检测和触觉反馈的生成，从而使得虚拟障碍和环境产生类似于实物的逼真效果。

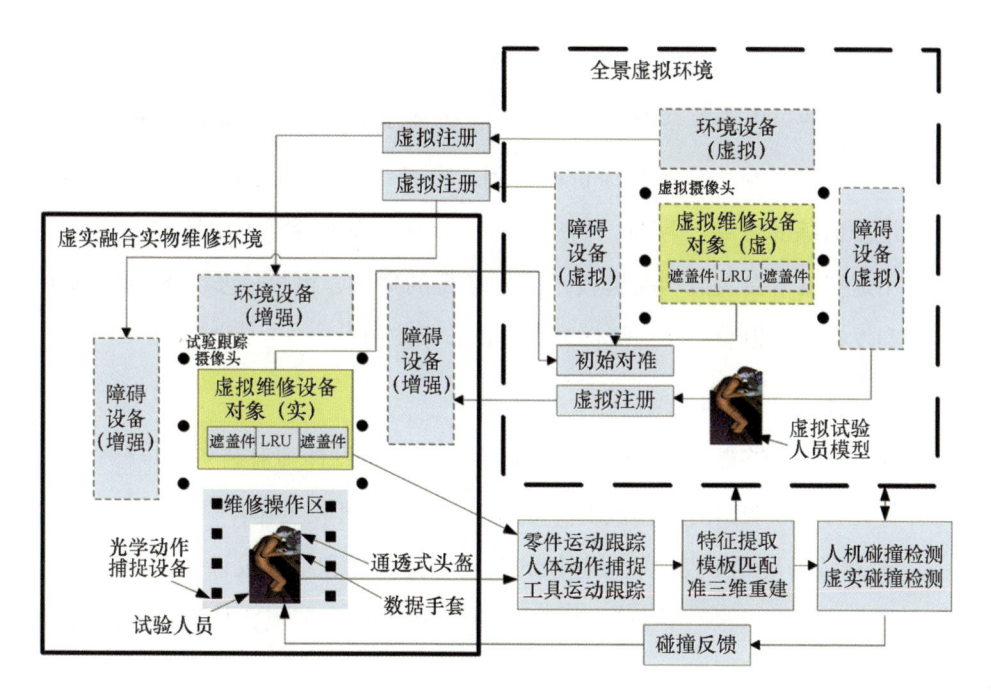

图5-7 基于增强现实的虚拟维修系统技术架构

在基于增强现实的虚拟维修过程中，维修操作主要是在真实设备对象上完成，人体基本的力感和操作感受是真实的。维修人员通过佩戴通透式头盔，从视觉上体验到虚拟环境产生的障碍设备和环境设备增强，从而真切地感受到维修空间的存在。通过人体动作捕捉和实物视频跟踪，可以捕获到人体、工具、现场可更换单元（line replaceable unit，LRU）及其相关遮盖物在空间中的实时运动，由此驱动虚拟世界的碰撞检测，若发生碰撞则及时对维修人员形成声光、振动等反馈，纠偏已经穿越环境和障碍的维修动作，从而进行较为精准的维修操作。

另外，基于增强现实的虚拟维修也可作为实物维修过程的诱导，将维修过程中的附加信息和知识通过增强现实头盔叠加到维修人员的头盔中，以图、文、视频等灵活多样的方式提示维修人员进行正确的操作，降低维修门槛并减少维修差错。

5.1.2 虚拟维修的作用和意义

虚拟维修可以为装备全寿命周期提供维修决策支持，大幅减少利用实物进行维修工作试验、演示与评价的费用，提高维修工作分析和评价的效率，提高维修训练的效率。目前，其应用集中在装备研制和维修训练两个方面。而利用虚拟维修在共性和关键技术上所取得的突破，可进一步为装备的虚拟演示和发布、虚拟装配、虚拟保障等提供技术支持。

1. 装备研制方面

虚拟维修能够提供更好的辅助设计手段，便于设计师对装备的维修过程、维修特性有清晰明确的感性认识。可用于以下产品开发工作：

● 在装备研制早期便从维修性的角度改进功能和结构设计，提前发现装备中存在的维修问题，不必等到制造物理样机的进度节点，从而大幅降低研制费用，缩短研制周期。

● 利用人体模型进行装备维修性的演示验证与评价。如波音公司针对各种飞机开发了虚拟维修拆装系统,以可视化的方法展示了良好的维修性,几分钟的宣传便能快速赢得用户好评。

● 开发维护规程。利用虚拟维修能够在装备研制早期就开始考虑维护规程的开发问题,便于实现装备、技术资料的同步交付,是促进并行工程在装备维修性工作方面开展的强有力的支持工具。

2. 维修训练方面

现代战争中,高技术武器装备的广泛运用对军队的战法、训练和技术保障都产生了重大影响。新装备造价昂贵,品种繁多且数量稀少,在实体装备上开展维修训练变得越来越困难,用何种手段与方法"替代实装"是当前面临的重要课题。而对于如煤矿设备、核设施、高压设备等安全性要求高的危险设备,可在快速抢修之前进行维修预演和训练,大大降低维修风险。具体来说,将虚拟维修用于维修训练,有助于:

● 提前训练的开始时间,甚至在没有实物对象时就可以开展部分训练工作,提前形成装备维修能力。

● 提高训练工作的灵活性,可以针对训练中的关键点与难点合理、方便地安排训练内容,突破了以往训练工作中对地点、时机等条件的限制。

● 大幅降低维修训练代价,实现"绿色维修",提高训练效费比。

5.1.3 虚拟维修技术实现

1. 虚拟维修基本技术

(1) 虚拟样机和环境建模技术

虚拟样机技术是 20 世纪 90 年代中期逐渐兴起的、基于计算机技术和现代集成制造系统技术的一个新概念技术。在虚拟维修系统中,为了减少计算量、提高实时性,零件实体通常通过简化的多边形面片模型进行描述。采用三角形面片模型进行零件信息表达有两个优点:减少计算量,提高虚拟装配系统的实时性;为虚拟装配系统处理异构 CAD 系统的零件对象提供了可能。

但与此同时，采用三角形面片模型进行零件表达也带来了损失精确几何信息与拓扑信息，以及大量工程设计信息等问题。

零部件建模技术是虚拟样机技术的重要方面，通用的方法是采用传统的商品化三维 CAD 软件进行装备的建模，然后对 CAD 模型数据进行转化，获得虚拟装配系统所能够接受的中性信息文件，并将其导入虚拟装配系统中，以完成虚拟装配环境下的零部件建模。

（2）虚拟人建模与运动仿真

人体是一个复杂、冗余的非线性动力学系统，对其进行建模和运动仿真是非常困难的。

虚拟人的几何表达主要研究虚拟人在计算机生成空间中的几何表示，它必须满足虚拟人在外形、结构等方面逼真性的要求。虚拟人的几何模型通常采用棒模型、表面模型和体模型三种，但都具有一定的局限性。为了克服单一模型的缺陷，国外形成了一种虚拟人层次表示方法，层次模型通常由骨骼层、肌肉层和皮肤层组成，只要对骨骼层进行操作就可以实现逼真的人体运动。

虚拟人的运动生成及控制主要研究虚拟人在计算机生成空间中的动态特性，应符合人体运动的基本规律，并能提供简单直观的控制方式。然而，同时满足人体运动的逼真性和控制的有效性是相当困难的，通常要在二者之间折中。研究人员已从关键帧、运动学、动力学以及运动捕获等不同角度对这个问题进行了不同程度的研究。关键帧技术是虚拟人运动控制的最早方法，起初用于迪士尼公司的卡通动画制作。运动学方法源于关节机器人控制理论，分为正向运动学和逆向运动学。相比于运动学方法，动力学方法能够得到较为逼真的符合物理规律的人体运动。运动捕获方法避开了人体建模这个复杂问题，转而利用从外部记录的人体运动数据进行运动编辑，生成人体动画，建立的人体动作逼真可信，它一般通过传感器或者光标实时跟踪人体运动，由此可以实时控制替身的运动。而原始捕获数据往往是非常繁杂和非结构化的，不能直接应用于不同的人体模型，如何分析和重用这些数据是当前的研究热点之一。

（3）维修流程规划

维修序列规划与装配路径规划是维修流程规划的重要内容。

装备的维修都有规定的拆装分解步骤。在轨维修仿真必须按照实际的维修步骤来模拟维修过程，这就要求虚拟维修必须进行维修流程的规划，给出维修拆装顺序的描述。装备维修流程是典型的离散系统，对其建模的常用方法有 CPM/PERT 方法、IDEF3 方法、随机网络方法、事件驱动的过程链方法等。

另外，考虑到维修任务的复杂性，应建立层次化分解的维修流程模型，从上到下可以将维修任务分解为一连串的作业单元，每一个作业单元又可以划分为若干动作单元和动作元素，从而通过层层分解，将复杂的维修任务描述转化为易于理解、描述的基本动素。具体的维修任务分解模型如图 5-8 所示。

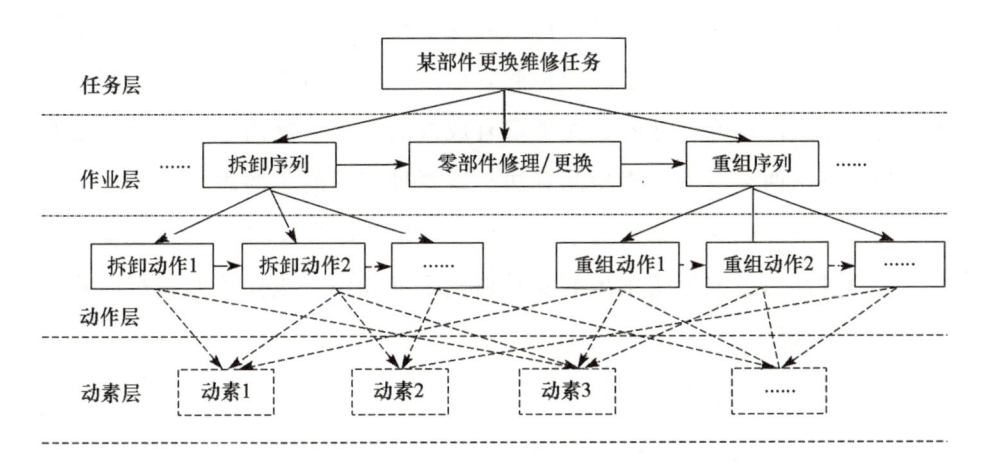

图 5-8　层次化维修任务分解模型

（4）人机交互技术

交互是用户和虚拟环境进行交流的途径，用户对虚拟场景中物体的选择、操作和对仿真进程的控制都必须通过人机交互来实现。只有建立起有效而简洁的人机交互方法，才能使用户更好地在沉浸式虚拟环境中完成维修过程、维修程序确认或者开展维修训练。沉浸式虚拟维修中的交互主要有：用户位置的跟踪；导航；虚拟场景中物体的操作（主要是抓取、释放、定位）；虚拟场景中物体间的穿越；系统控制。

在对用户跟踪、导航、物体的操作和场景中物体的防穿越处理方面，目前已经出现了一些较成熟的方法，如美国 Ascension Technology 公司利用矢量块技术来实现用户位置的跟踪，利用头部跟踪来实现系统的导航。在虚拟维修仿真环境中，由于缺少力反馈，同时为了更好地验证虚拟工具和虚拟部件的可操作性，出现了基于接触面几何特征的抓取识别方法来实现对物体的抓取和释放。

（5）碰撞检测

虚拟环境中的几何模型都是由成千上万的基本几何元素（通常为多边形面片）构成，具有比较高的几何复杂性。精确的碰撞检测对提高虚拟环境的真实性，增强虚拟环境的沉浸感有着至关重要的作用。碰撞检测可以分为静态碰撞检测、伪动态碰撞检测和动态碰撞检测三类，面向虚拟维修的干涉检测一般采用伪动态碰撞检测。国内外学者对虚拟环境下的碰撞检测进行了深入的研究，并做了大量富有成效的工作，提出了空间分解法和层次包围盒法两类主流碰撞检测算法。这两种算法的主要思想都是尽可能减少需要相交测试的对象或基本几何元素对数。日本 ATR 通信系统实验室提出了一种面向虚拟现实系统的实时精确干涉算法，该算法能进行面片级的精确干涉检测。

2. 虚拟维修硬件技术

虚拟维修系统的硬件组成和一般虚拟现实系统基本一致，主要包括虚拟现实显示设备、虚拟现实交互设备等。

（1）虚拟现实显示设备

在虚拟现实应用系统中，通常有多种显示设备或系统，比如大屏幕监视器、头盔显示器、立体显示器和虚拟三维投影显示系统等，其中，虚拟三维投影显示系统是沉浸性较强的系统，比较典型的有多通道环幕（立体）投影系统、CAVE 系统。

多通道环幕（立体）投影系统是指采用多台投影机组合而成的多通道大屏幕展示系统，它比普通的标准投影系统具备更大的显示尺寸、更宽的视野、更多的显示内容、更高的显示分辨率，以及更具冲击力和沉浸感的视觉效果，如图5-9所示。根据环形幕大小，通常有120°、135°、180°、240°、270°、360°弧度不等。

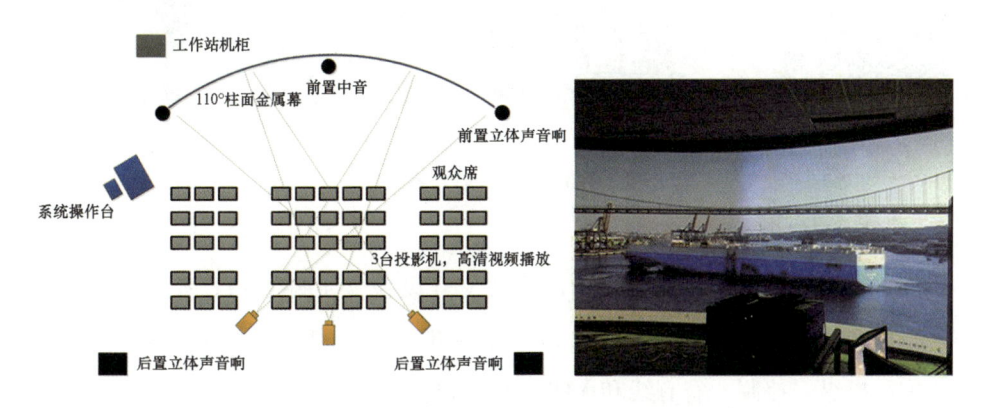

图 5-9 多通道环幕（立体）投影系统

CAVE系统是大型的VR系统，是一种基于多通道视景同步技术和立体显示技术的房间式投影可视协同环境，具有高度的沉浸感和良好的交互手段，可以融合视觉、触觉、声音等，并且可以跟踪头部的六个自由度的运动，如图5-10所示。该系统可提供一个房间大小的四面（或六面）立方体投影显示空间供多人参与，所有参与者均完全沉浸在一个被立体投影画面包围的高级虚拟仿真环境中，借助相应虚拟现实交互设备（如数据手套、力反馈装置、位置跟踪器等），获得一种身临其境的高分辨率三维立体视听影像和六个自由度交互感受。由于投影面几乎能够覆盖用户的所有视野，所以CAVE系统能提供给使用者一种前所未有、带有震撼性的沉浸感受。但是由于该系统造价昂贵，从数十万美元到数百万美元不等，运用并不广泛。

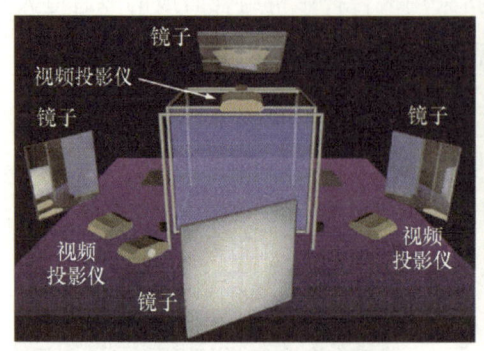

图 5-10　CAVE 系统

（2）虚拟现实交互设备

数据手套是虚拟现实应用中的主要交互设备，如图 5-11 所示，它作为一只虚拟的手或控件用于 3DVR 场景的模拟交互，可进行物体抓取、移动、装配、操纵、控制，有有线和无线、左手和右手之分。

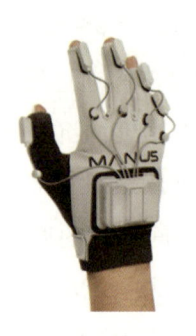

图 5-11　数据手套

三维空间交互球是虚拟现实应用中的重要交互设备，如图 5-12 所示，用于六个自由度虚拟现实场景的模拟交互，可从不同的角度和方位对三维物体进行观察、浏览、操纵，也可作为三维鼠标来使用，还可与数据手套或立体眼镜结合使用，作为跟踪定位器。

三维空间跟踪定位器是 VR 系统中用于空间跟踪定位的装置，一般与其他 VR 设备结合使用，如数据头盔、立体眼镜、数据手套等，使参与者在空间上

图 5 – 12　三维空间交互球

能够自由移动、旋转，不局限于固定的空间位置，操作更加灵活、自如、随意。产品有六个自由度和三个维度之分。

力反馈器是 VR 研究中的一种重要设备，该设备能使参与者在虚拟环境中实现除视觉、听觉之外的触觉和力感，进一步增强虚拟环境的交互性，从而真正体会到虚拟世界中的交互真实感。

3. 虚拟维修软件

支撑虚拟维修的软件比较多，以下介绍比较典型的几种。

（1）虚拟建模软件

Multigen Creator 系列软件，由美国 Multigen-Paradigm 公司开发，专门创建用于视景仿真的实时三维模型。Creator 可使输入、结构化、修改、创建原型和优化模型数据库变得更为容易。它拥有针对实时应用优化的 OpenFlight 数据格式，强大的多边形建模、矢量建模、大面积地形精确生成功能，以及多种专业选项及插件，能高效、最优化地生成实时三维数据库，并与后续的实时仿真软件紧密结合，在视景仿真、模拟训练、科学可视化等实时仿真领域处于世界领先地位。

（2）人体模型建模软件

JACK 软件由 NASA/JSC、NASA/Ames、Lockheed 等公司资助，由宾夕法尼亚大学计算机与信息科学系进行开发。JACK 软件主要用于构建仿真环境（虚拟世界），并通过强大的图形环境与之发生交互，进行多约束分析、人因分析、视场分析。JACK 软件允许通过调整虚拟人的关节改变人的姿势，也可以从 30 个预定义的姿势库中选择；JACK 软件可以自定义建立不同类型的人，也可从预定义的人体模型中选择。图 5-13 是基于 JACK 软件所进行的维修过程仿真。

图 5-13 基于 JACK 软件的维修过程仿真

（3）桌面简单交互式虚拟维修实现软件

Ngrain 公司是加拿大的一家 3D 交互式训练方案供应商，致力于在复杂的设备上实现快速安装、维护和维修，NGRAIN 是其研制的一种在普通计算机上实现卓越的 3D 交互式水平训练方案，能够使普通的计算机用户快速创作出富含大量信息元素的虚拟设备。普通用户不需要编程或写脚本，在几分钟内通过轻松的点击和抓取，就可以快速制作并发布交互式三维知识对象 3KO，3KO 中包含程序动画、用户定义的部件特性、装配和拆卸任务、指向其他子系统模型和其他参考材料的链接等。

（4）沉浸式虚拟维修实现软件

Vega 是美国 Multigen-Paradigm 公司生产的用于虚拟现实、实时视景仿真、声音仿真以及其他可视化领域的应用软件。利用其支持多通道渲染、交互式分布仿真的特点，可创建各种实时交互的三维环境，实现维修过程中大量的特殊视觉和声音仿真，为复杂装备维修作业过程的沉浸式虚拟仿真提供功能强大的实现平台。

5.1.4 虚拟维修应用情况

虚拟维修已经陆续在国防军事、航空航天以及民用工业中成功应用。特别在军事领域，美军认为，其军事优势主要来自技术优势和训练优势，所以对新装备的训练设施建设和训练改革极为重视。随着新技术的不断发展，美军认为，现行作战训练基地已经越来越不适应未来战争的需求，难以满足新的军事威胁和联合作战的需要。同时为了解决预算经费不足的问题，美军已开始第二次"训练革命"，利用计算机虚拟环境、电子化教室等自动化训练手段开展更经济、更快捷的训练，通过各种数字设备（数据服等）对士兵或者指挥员进行单兵模拟训练，产生和真实战场环境几乎完全相似的视觉、听觉和触觉效果，使受训人员沉浸于"真实的"战场，锻炼和提高技术水平、快速反应能力和心理承受能力，大大降低训练成本，提高训练质量。

1. 虚拟维修在陆军中的应用

美国国家自卫队 M1A1、M2A2、M1A2 等类型坦克和反坦克导弹的培训，采用了 RTI 公司基于虚拟现实技术的虚拟维修训练系统，为培训维修人员提供适用于装备故障诊断和修理的人造环境。接受培训的人员可以在虚拟环境中进行虚拟控制和操纵，运用测试设备对装备进行监测，了解目前装备的状态，并对其进行维修来完成每个训练模块。其使用效果表明，训练器以较低的费用完成了对维修人员的培训。

加拿大 CAE 公司与雷神服务公司、军事电子技术公司和欧直公司合作，为德国陆军开发了 NH90 直升机基于仿真的虚拟维修训练器。其中，CAE 公司负责研制 NH90 虚拟维修训练器软件、基于仿真的维修训练教程、教官工作站和训练管理系统；军事电子技术公司负责提供 NH90 座舱硬件全尺寸模型；欧直公司则提供具体的飞机数据和服务。

2. 虚拟维修在海军中的应用

美国海军为航空母舰飞机维修开发了"飞机维修仿真训练装置"。该装置由一个实际的驾驶舱模拟器和一个虚拟的飞机（包括虚拟的驾驶舱）组成，后者显示在一个 61 in（约 1.55 m）的触摸屏或计算机上，一次可以训练两名维修人员。"大黄蜂"飞机的训练学员一般要在系统上完成 80~90 小时的工作。经过模拟训练之后，学员们将去真正的飞机上完成训练。

美国海军建设培训中心运用 VR/AR 技术，在潜艇里进行各种虚拟训练，以及船用设备的维护练习，如图 5-14 所示，海军建设培训中心一级技工正在使用虚拟焊机系统。另外，美国海军还在内华达州法伦海军航空站建成了一个防空打击群训练设施，并拟建造大型空海战虚拟训练中心，基本的发展方向是实兵-虚拟-推演（live, virtual and constructive, LVC）训练，虚拟维修是其中一项重要训练内容。

图 5-14　美国海军建设培训中心的虚拟焊机系统

3. 虚拟维修在空军中的应用

美国空军阿姆斯特朗实验室与宾夕法尼亚大学联合开发的人员训练与人素设计评估（design evaluation for personal training and human factors, DEPTH）项目，是采用可视化和虚拟现实技术进行维修与保障分析的计算机应用系统。该项目的研究主要采用数字样机与 3D 人体模型技术，用来提前确定维修过程的内容与过程中的人力资源需求，生成训练辅助材料。将维修仿真结果输入交互式电子技术手册（interactive electronic technical manual, IETM），使其成为维修手册和维修训练资料的一部分，以指导维修实施过程。

波音公司建立了一个虚拟维修实验室，主要用于对"联合攻击机"（F-35）的保障性进行评估和试验。该实验室可以使设计人员在进行设计的同时便能够了解维修任务是否可行，在飞机设计定型之前，就可以发现潜在的保障性问题。该实验室的建成与投入使用，提高了F-35维修人员参与设计过程早期阶段的能力，有效节省了由于设计修改导致的费用。

由洛克希德·马丁公司、波士顿动力公司和通用电气公司合作建立的虚拟维修系统主要用于美国军方F-16战斗机和C-130的维修训练，同时在第四代战斗机F-22和联合攻击战斗机（F-35）X-33的研制中得到应用。该系统不仅可在单机上使用，在获得公司授权后，用户还可以登录该系统实施远程的维修培训。

2019年1月，智能系统解决方案开发商Charles River Analytics公司获得一份美国空军的合同，以开发评估驱动的学习程序事件主动指引系统。EAGLE公司向美国空军提供即时培训解决方案，包含虚拟维护培训师系统。这种基于游戏的培训提供了一种强大的、个性化的、激励性的方法来培训飞机维修人员的基本飞机维修技能，被评价为"是可以彻底改变飞机维修培训的虚拟解决方案"。

4. 虚拟维修在航天领域中的应用

由于空间站的人类活动具有危险性高、操作难度大等特点，在有人参与的在轨维修活动中，航天员要顺利完成维修任务，需要经过严格和长期的地面训练，需要模拟空间的微重力环境和真实的作业任务，而在地面进行实物全物理试验的方法存在一些固有的缺陷，比如中性浮力水槽中水所固有的黏滞阻力给航天员训练运动带来了负面影响，失重飞机一次抛物线飞行能提供的失重时间短，而气垫平台仅能提供两个自由度的模拟环境。因此，人们逐渐将目光转向空间维修环境和空间维修活动的计算机软件模拟，使之成为开展维修训练的重要辅助工具。

美国20世纪90年代开发的哈勃望远镜（hubble space telescope，HST）虚拟维修系统，是虚拟维修在航天领域中最典型的应用。1990年4月，HST进入轨道不久，天文学家发现其光学系统存在缺陷，因此，NASA 为执行任务的宇航员建立了虚拟的太空环境，从中可完成各种模拟维修活动。经训练后，HST 的维修任务于 1993 年 12 月成功完成。这是第一次大规模地应用虚拟维修技术完成实际任务，并取得了成功，这大大提高了设计与试验的逼真性、实效性和经济性。当前，美国 NASA 各中心主要 VR 研究项目如表 5-1 所示。

表 5-1　美国 NASA 各中心主要 VR 研究项目

单位名称	研究项目
艾姆斯研究中心	虚拟/远程目标捕获作业中的头部随动滚转补偿；虚拟环境中人的性能；虚拟环境中舱外活动自救；遥控机器人计划与操作界面
哥达德空间飞行中心	VR 在空间飞行器虚拟维修中的应用
约翰逊航天中心	利用人工合成的工作环境进行工作负荷的评定；舱外活动卫星捕获训练；空间站 Cupola 训练；交会对接人控虚拟训练器
马歇尔空间飞行中心	宏观工效学与可伸缩的用户人体测量学；微观工效学虚拟及 Fomecor 模型；微重力运动与工效学

5.1.5　柴油机虚拟维修应用案例

TBD234 柴油机是舰船广泛采用的动力和辅助发电装置，在大型登陆舰和导弹驱逐舰中应用尤为普遍。柴油机系统庞大、零部件众多、结构复杂，主要包含曲柄连杆机构、配气机构、供油装置和燃油系统、润滑系统、冷却系统、启动系统、涡轮增压器、调速器及超速安全装置等。作为动力和发电装置的核心部分，柴油机运行的健康状况直接关系着舰船的可用度和战斗力。

案例主要针对舰船 TBD234 柴油机维修训练效率不足的问题，通过分析柴油机的故障模式和维修流程，重点开展交互式虚拟维修技术的研究，研制柴油机交互式虚拟维修训练系统，为维修人员离线学习和训练提供成熟可用的技术工具，以提高柴油机维修效率和维修任务成功率。

1. 柴油机虚拟维修系统的总体设计

图 5-15 是柴油机虚拟维修系统总体设计图。为实现 TBD234 柴油机虚拟维修，首先需确定虚拟维修训练的目标、任务和主要内容，然后通过调研获取柴油机的维修训练卡片，分析得到柴油机主要故障件的维修流程，并根据调研和平面设计图纸，通过 CATIA 建模得到 TBD234 柴油机的数字样机。在

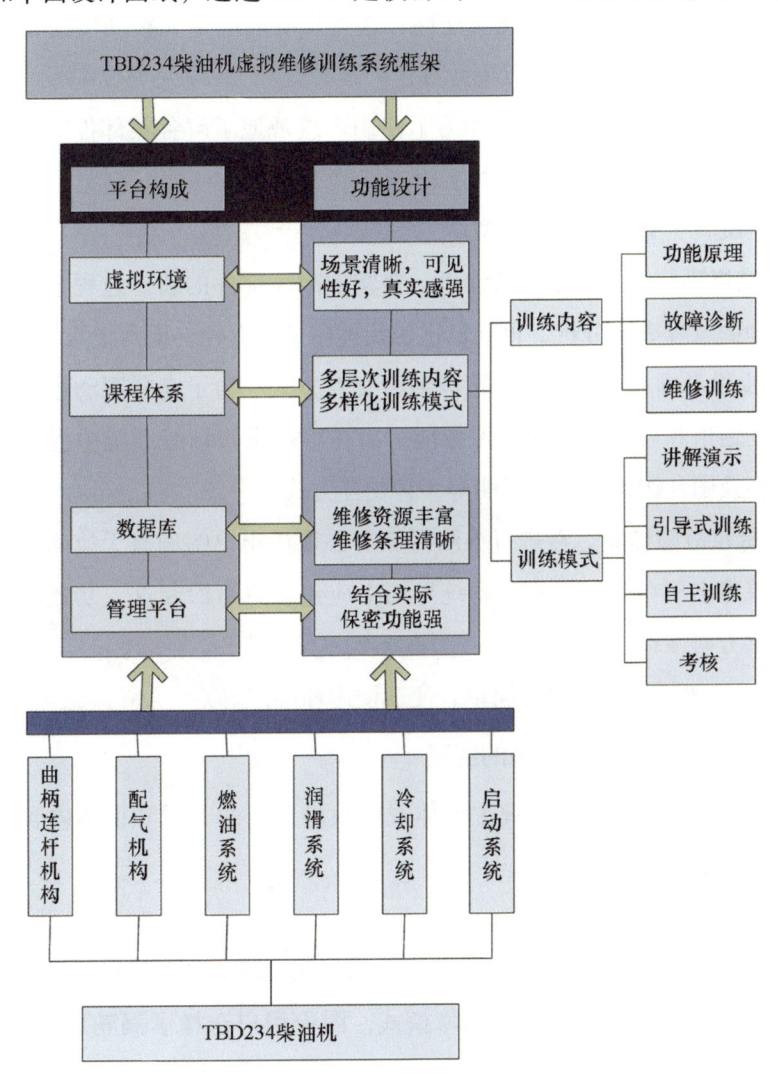

图 5-15　柴油机虚拟维修系统总体设计图

此基础上，基于 NGRAIN 开发平台得到维修过程的演示动画、交互式任务和故障诊断训练的操作反馈仿真，并通过虚拟维修训练系统开发平台，开发得到柴油机各个系统支持讲解演示、引导式训练以及自主考核的虚拟维修系统。

结合功能分析和机构设计中提出的训练思路，柴油机虚拟维修训练系统应充分反映虚拟现实技术的交互性和自主性等特征，突出人在维修训练系统中的主导地位，发挥人的主观能动性，改变传统训练中人被动接受知识的弊端，因此，系统设计应考虑以下几点：

● 零部件模型浏览和交互。为了使用户直观地了解各零部件的结构，该系统应能够提供各零部件模型的实时浏览和交互，方便用户浏览三维实体模型，实时旋转、缩放和拖动模型。

● 维修拆装。为了维修柴油机，要掌握故障部件的装拆过程，并对其装配和拆卸的过程进行分析，得到最优的装拆序列及途径，提高维修效率。

● 提供动画显示、图片浏览等多种交互方式。为了充分调动用户感觉通道、运动通道和思维通道的学习技能，需在虚拟维修训练系统中提供动画显示、模型及图片浏览、文字说明等多种交互方式。

● 提供故障诊断。在进行维修训练前必须让用户明确有无故障，是何种故障，故障出现在何处，故在系统界面中应包含故障诊断这一功能模块，为用户提供方向性指导。

● 系统界面友好，操作简单，便于使用和推广。

2. 柴油机虚拟维修系统的实现

虚拟维修训练系统的实现主要体现在故障诊断的实现和训练内容的实现两个方面。

（1）故障诊断的实现

故障诊断在本系统中以故障树分析的形式实现，图 5-16 为故障注入，用户可以在右边的选框中选择故障模式，图中用户选择了涡轮增压器漏油。执行故障注入后，故障模式便成功导入模型中，系统会显示需要维修的模型。用户通过选择正确的工具设备，对有故障的部件进行维修，如图 5-17 所示。

在后面训练内容的实现中会对故障维修的实现加以介绍。

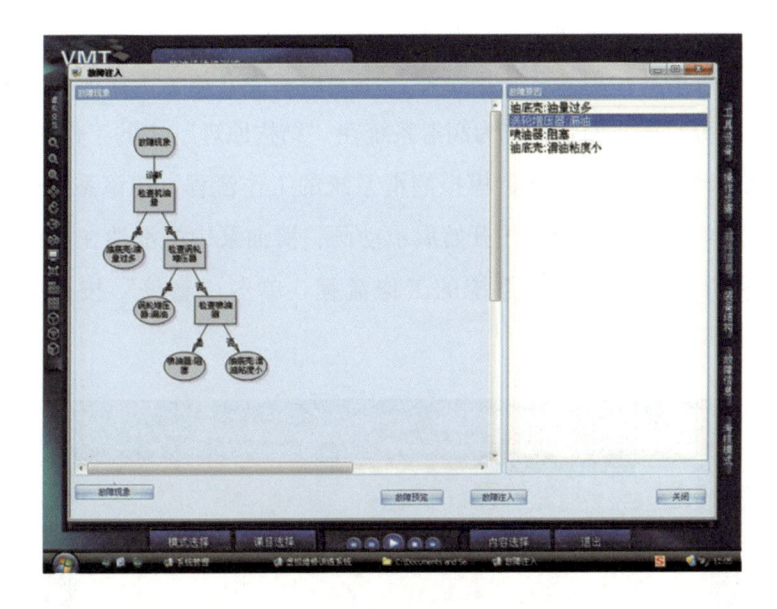

图 5-16　故障注入

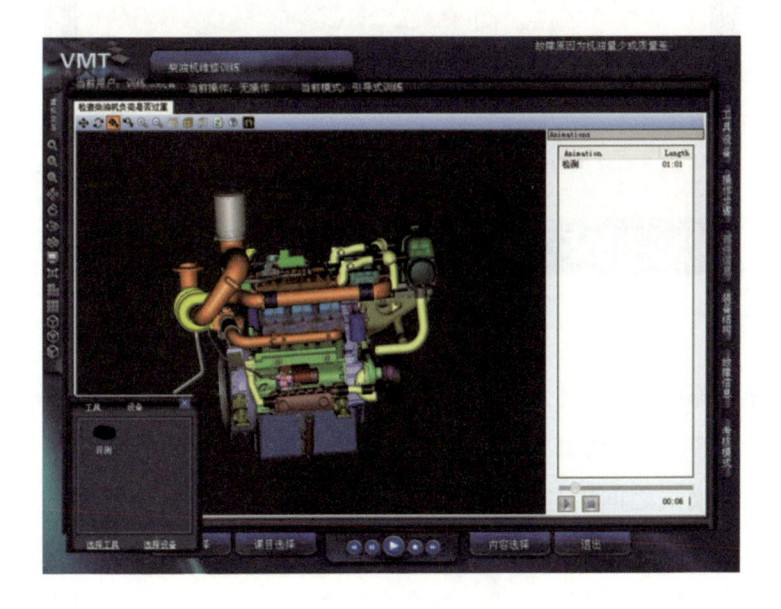

图 5-17　故障注入成功后的诊断过程模拟

(2) 训练内容的实现

训练内容主要由结构原理和维修训练两部分组成。

结构原理的展示模式为讲解演示，主要由功能介绍、工作流程模拟和零部件三个部分组成。图 5-18 为润滑系统在"结构原理"中的工作流程模拟，通过二维的动画流程图形式，模拟润滑系统的工作流程，在该系统中，用户单击"工作时"按钮，流程图开始展示动画，滑油泵中的滑油在油路中"流动"，向用户展示整个润滑系统的工作流程。单击"暂停"按钮时，流动停止。

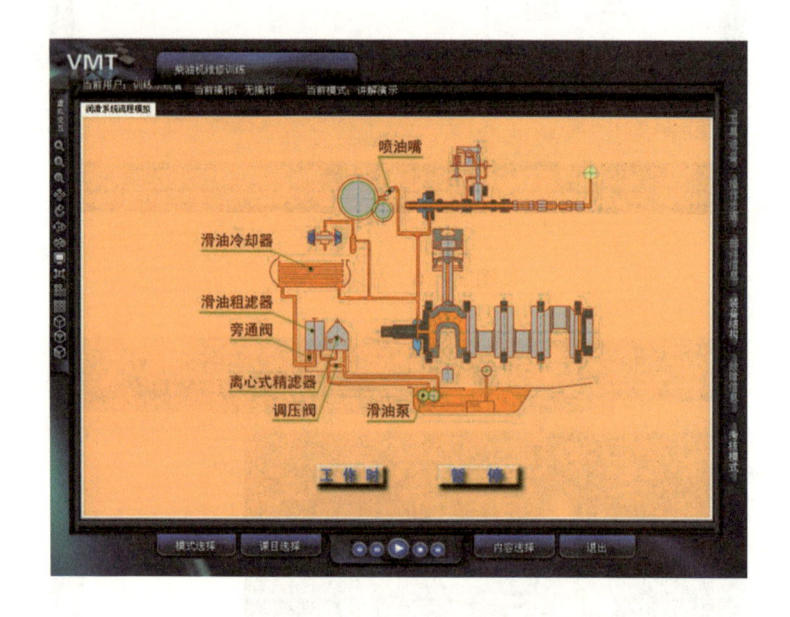

图 5-18 工作流程模拟

维修训练是在故障注入成功后进行的。故障注入成功后，确定故障位置，开始进行拆卸维修。维修训练的模式分为讲解演示、引导式训练和自主测试三种。三种模式之间的递进关系是为了适应受训者不断提高的维修水平。图 5-19 为润滑系统"维修训练"的讲解演示模式，在这种训练模式下，用户选择"拆卸机油滤清器"，系统就会自动播放一段演示拆卸机油滤清器的三维动画，这种三维动画逼真地再现了机油滤清器的拆卸过程。

图 5-19 讲解演示拆卸机油滤清器

图 5-20 为润滑系统"维修训练"的引导式训练模式,在这种模式下,受训者先选择的是"更换机油滤清器滤筒"这一训练任务,随后在训练中,

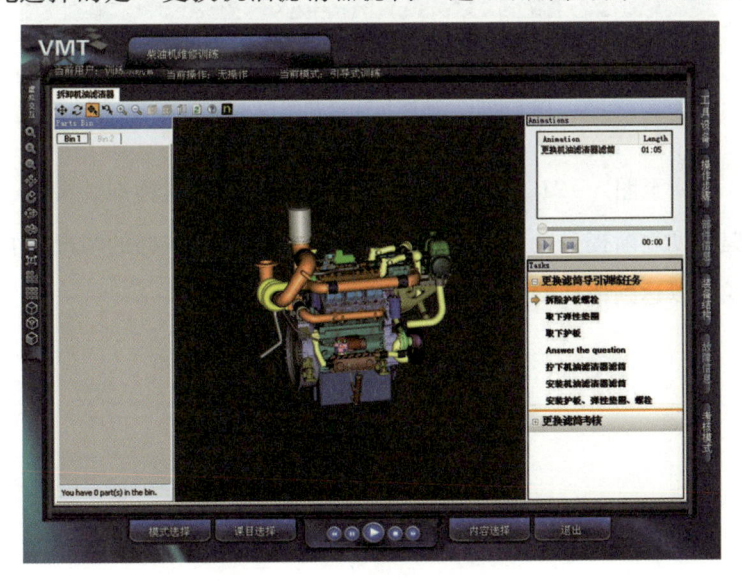

图 5-20 更换机油滤清器滤筒引导式训练

系统会提示受训者的下一步操作,引导受训者进行合理的拆卸维修。

图 5-21 为润滑系统"维修训练"的自测模式。这种模式与引导式训练的操作大致相同,但不同的是系统不进行操作提示,受训者全凭掌握的知识完成维修任务。所以,这种由受训者单独完成的模式具有考核作用。

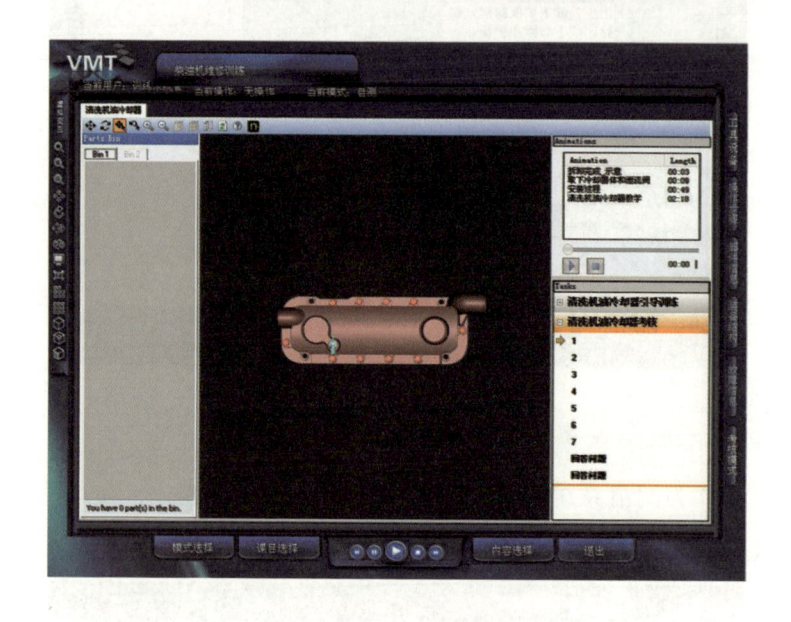

图 5-21　清洗机油冷却器自主测试

图 5-19 至图 5-21 为润滑系统"维修训练"的三种训练模式,也是受训者掌握程度逐渐提升的过程。受训者可以根据自己掌握的情况,自由选择训练模式,以达到最佳的训练效果。

5.2 交互式电子技术手册

5.2.1 交互式电子技术手册需求分析

在武器装备的使用与保障过程中，技术手册（technical manual，TM）是最重要的参考资料和作业指南，装备的所有使用和维护活动都必须按照技术手册的规定来执行。尤其是飞机、舰艇、坦克等各类大型复杂武器装备的结构复杂、技术含量高，在实施装备综合后勤保障及保障性分析过程中，纸质后勤保障技术数据和资料急剧增加。例如美国的宙斯盾级巡洋舰文森特号，仅舰上携带的各种技术手册就达55.5 t之多，竟然使舰身吃水增加了3 in（约0.076 m）；一套有关F-16战斗机的技术手册就多达75万页。

大量的技术文档资料在编制、运输、使用和维护过程中均会遇到极大的困难。尤其在修理的过程中，往往无法在海量的资料中快速、准确地找到所需的技术信息，从而影响维修工作的开展，最终影响武器装备的作战性能。此外，武器装备不仅要具备先进的战术技术性能，还应具备良好的可靠性、维修性和测试性，这就需要系统能够动态、实时地提供各种工程数据、过程显示和诊断数据等技术资料信息，显然，传统的纸质技术手册难以满足上述要求。

据美军统计，对于复杂武器装备，若技术信息保障及时，85%的维修任务可在第一时间正确完成，此外，约30%的维修费用由不正确的维修造成。为改善这种状况，美军从20世纪80年代开始推进交互式电子技术手册的建设。

5.2.2 交互式电子技术手册的作用

• 名词解释

- 交互式电子技术手册 -

交互式电子技术手册（interactive electronic technical manual，IETM），是一种以标准化数字格式存储的装备使用维修技术信息手册，它提供了强大的人机交互能力，以丰富的表现形式精确快速地展现维修人员所需的特定技术信息，指导维修人员采用规范化的流程排除故障，从而加速装备使用和维修保障活动的实施。

IETM 把与武器装备使用、维修和保障工作相关的技术信息划分成许多信息对象，将其作为基本信息单元存储在数据库中，相互关联的信息数据按照一定的结构组织和标准进行存储，这些信息数据有文字、表格、图像、工程图形、声音、视频、动画等多种形式。用户可以通过多种方式进行交互式查询检索，系统具有多种跳转链接和导航功能，操作手册、维修大纲、维修规程、培训手册等不同形式的信息数据可以相互参引，为装备故障诊断和维修作业提供强大而精确的信息和技术支持。

IETM 并不是纸质技术手册的简单数字化，它是建立在交互能力基础上的智能化工具。IETM 体积小、容量大、便于携带，非常适合外场级、舰员级等一线维修作业场合。利用 IETM，可以在以下方面发挥重要作用。

提高装备使用和保障效能。以装备维修为例，一般包括故障检测、故障隔离、故障部件修理和性能校验等多个步骤，任何一个步骤出现问题，都会影响实际维修效果。利用 IETM，可以在装备维修的每一环节给维修人员以精确的信息和指导，减少维修人员的失误，从而缩短维修时间，提高装备维修效能。

提高装备训练水平。装备使用和维修训练是高技术装备形成战斗力的重要基础。利用 IETM，可以按使用者要求以丰富的形式（如文字、声音、图片、影像等）全方位动态展示装备的技术信息，从而为装备使用人员提供一个虚拟的学习、训练环境，装备使用人员可以通过自行学习在短时间内掌握装备的维修保障技能。

为装备全寿命周期管理提供支撑。装备使用现场积累的经验和数据，不仅是研制部门改进和研制装备的基础，也是其对装备进行技术支援的重要依据。在网络环境中使用 IETM，可以实现多用户访问，将维修保障现场产生的数据及时传输给公用数据库或其他用户，为其使用维修提供有益的参考，减少重复工作或实验的可能性，同时也可以利用公用数据库和其他用户提供的数据，减少操作者为获取信息而增加的工作量，减少维修保障时间，提高装备利用率，从而为装备的全寿命周期管理提供支持。

方便维修现场使用。由于装备本身的复杂特性，其在维修保障现场对技术资料的依赖程度很高，维修保障人员需要在维修保障现场参考各种技术信息，这是以更有效的方式进行工作的关键。现场维修要求进行实时信息交互，使维修保障人员在需要的时间、需要的地点得到需要的信息。使用 IETM 可以圆满解决这些问题，通过便携式计算机在维修现场可以迅速检索出自己需要的各种资料，大大提高保障效率。例如，波音飞机的用户通过波音在线数据（boeing online data，BOLD），只需要一台便携式计算机就可以在极短的时间内检索到波音飞机的技术资料。

提高技术信息的查询效率和精度。使用 IETM，技术人员可以在计算机上应用先进的查询方法迅速找到所需信息。某些技术甚至可以智能地纠正技术文档中文字上的错误。超文本技术和灵活的导航机制可以帮助使用维护人员迅速找到相关信息。美国国防部的一项统计表明，使用 IETM，至少可以节省 50% 的查询时间，而且解决问题的准确率比使用传统技术手册高 50%。

降低修改维护费用。在使用过程中，装备的技术状态在不同的寿命阶段是不尽相同的，因此需要对技术资料进行不断修正。使用 IETM，只需要修改公用数据库的数据，通过共享技术可以使相关资料得到及时更新，以最新的技术资料作为维修保障的技术支持，而不必像纸质技术资料那样进行重新印刷，降低了修改带来的费用成本和出现错误的可能性。

可见，IETM 作为一种全新的技术和维修工具，是解决装备技术资料问题最行之有效的方法。同时，由于它实现了标准化，因此更具有生命力和推广价值。大量事实表明，IETM 的推广应用必将带来不可估量的经济和军事效益。

当前，不管是装备研制部门还是部队，研制和开发装备 IETM 系统，不仅可以有效改变当前装备使用和保障过程中缺乏技术资料的实际问题，而且可以利用 IETM 的电子化、交互性、智能性等特征，改善部队当前技术资料的管理和使用方法。另外，还可将 IETM 作为一种新的培训和训练手段，提高装备的使用和保障水平，推动其尽快形成战斗力。

5.2.3 交互式电子技术手册功能定位

有关 IETM 的定义有多种提法，美国国防部颁布的有关 IETM 的政策文件和军用标准中给出的定义是："IETM 是一个用于武器系统操作、维修、训练和后勤保障，能够为电子显示系统的终端用户提供精心安排和规格化的交互式视频显示内容的信息包。"该定义强调了 IETM 的内涵：一是交互性（interactive），即在实际使用过程中通过与用户进行交互并将反馈信息提供给 IETM，进而实现对用户操作过程的指导和咨询；二是电子化（electronic），即通过精心组织和优化处理的电子信息显示，为用户提供最需要的技术信息。

IETM 是一个集数据、信息、知识为一体的综合系统。其中，数据和信息被直观地加以组织和格式化，以交互的方式通过电子显示装置或计算机终端提交给用户。与其他的按照单一文档逐页显示文本的可视系统不同，IETM 能对多个信息源进行分析处理并提供互为关联的有效信息，并以超文本格式满足用户查询的要求。超文本格式由一批关联语句组成，这些关联语句可促使用户通过选择感兴趣的要点或热点去浏览整个文档，而感兴趣的要点或热点又与其他有关的热点或选择单项联系。同样，文本、图形、声音或计算机程序均可被编入文档中，这样技术信息就可以多种方式提交给用户。可见，IETM 具有文字纸张型技术文档所不具备的三个重要特征。

精炼的信息和优化的表示形式。如：用面向窗口的显示特性取代面向"纸质"的浏览特性；具有诸如翻滚、缩放、色彩、动画、声音等附加功能。

互为关联的技术信息构成元素。通过多种高效的检索途径，用户可以方便、快捷地获取所需要的信息，从而大大提高访问的速度和效果。

强交互的信息支持与过程指导。通过在用户与技术信息之间建立充分友好的互动机制，能够根据实际使用过程中用户的输入和响应操作，适时提供指导、说明和帮助。

由此可见，IETM 是以数字化格式储存的技术手册，通过与使用者的信息交互，可以精确展现装备维修或装备操作所需要的特定技术信息（如文字、声音、影像、图片等），从而加速装备使用和保障活动的实施。

5.2.4 交互式电子技术手册应用情况

业界一般将 IETM 分为五个层级：加注索引的扫描页图、滚动文档式电子技术手册、线性结构电子技术手册、基于数据库的电子技术手册和基于综合数据库的集成电子技术手册。五级 IETM 的功能特点如图 5-22 所示，其差别分析如表 5-2 所示。

可以说，IETM 的发展过程就是其交互性不断增强的过程，是由技术手册（TM）向电子技术手册（electronic technical manual，ETM），再到 IETM 逐步发展起来的。其中，TM 只是一些非电子索引的页式扫描图像；ETM 则表现为一些功能比较单一、复杂性较低的电子技术手册；IETM 才是真正的带有交互功能（与用户/外部系统）的高级电子技术手册。第四级和第五级 IETM 代表着 IETM 的发展方向。

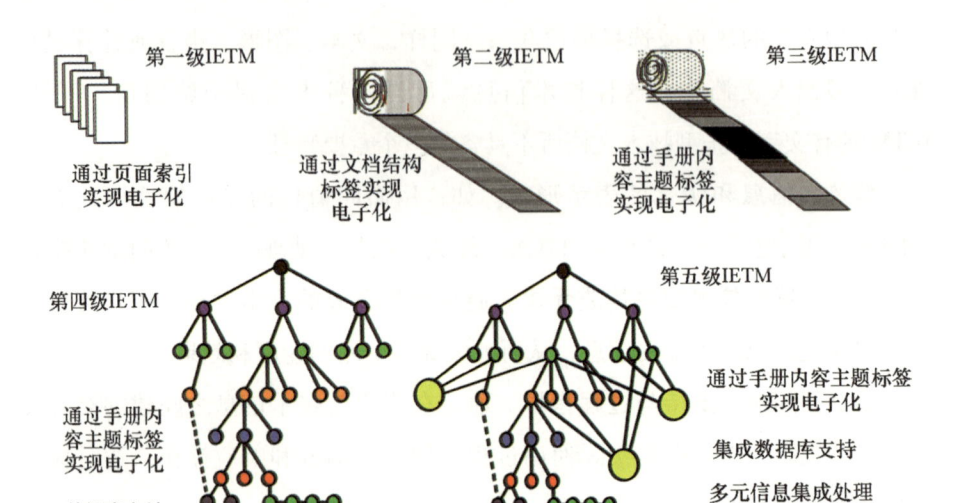

图 5-22　IETM 的五个层级

表 5-2　五级 IETM 的差别分析

层级	分析
第一级：加注索引的扫描页图	和用户基本上没有交互，只是给用户提供了基于索引浏览的一种机制；只能够定位到一个页面，而定位不到所需看到的一个信息模块；代表工具是基于页面扫描的 Adobe Acrobat Reader 等
第二级：滚动文档式电子技术手册	和用户基本上没有交互，只是给用户提供了简单的导航功能；可以通过 XML 标签定位到所需看到的一个信息模块滚动式文档，结构仍然是线性的；代表工具是 SGML 开发编辑软件 ADEPT * Editor 和 FrameMaker + SGML 等
第三级：线性结构电子技术手册	和用户可以通过简单的对话框交互，但仍然是线性结构，交互方式单一；代表工具是美陆军的 Netscape

续表

层级	分析
第四级：基于数据库的电子技术手册	和用户可以通过对话框、复杂导航、多元化链接、查询等多种方式进行交互；非线性结构，提供了信息交互集成机制；代表工具是美国海陆空三军开发的 TechSight，美国波音公司开发的 Quill21，美国雷神公司开发的 AIMSS 软件等
第五级：基于综合数据库的集成电子技术手册	可以基于综合数据库创编，与外部软硬件系统互联；实现多元信息共享；与外界的集成系统进行交互，交互外延进一步拓展

20 世纪 70 年代中期，美国海军作战中心（Naval Strike Warfare Center，NSWC）开始研究采用新的途径为部队提供可用于武器装备使用、维修、训练和后勤保障的技术信息。这方面的研究引发了装备技术信息领域的新革新，即采用 IETM 代替传统的纸质技术文档和技术手册。美国海军和空军进行的一系列 IETM 研制试验和外场使用实践表明，IETM 能够为武器装备使用和保障带来显著效益。美国国防部设立了计算机辅助后勤保障（computer-aided logistic support，CALS）规划办公室，负责联合政府、工业部门与军方，为武器装备提供全系统、全寿命管理的信息支持，即在武器装备的采办、研制、设计、生产、培训、使用、保障及退役的全寿命过程中，利用网络、数据库、多媒体等信息技术建设集成的共享数据环境，这样有关研制厂商和用户可便捷地存储、管理、使用所需信息数据。CALS 的主要任务之一就是实现技术资料的电子化，支持推广 IETM。美国国防部颁布了一系列有关数字化技术文档和技术手册的军用规范和标准，包括 MIL-PRF-87268A、MIL-PRF-87269A、MIL-PRF-28000A、MIL-PRF-28001C、MIL-PRF-28002C，对数字化技术文档和技术手册的内容、格式、用户交互要求、显示风格、图标图示以及支持数字化技术文档和技术手册的数据库等方面做了规定，这些措施大大推动了 IETM 的研究与发展。美国海军首先研发了 F-14A 战斗机和 F/A-18 战斗机的 IETM。随后，美国空军把 F-16 战斗机高达 75 万页的技

术文档和技术手册制成了 39 片光盘 IETM，并加载于外场使用的便携式辅助维修计算机。

欧洲的 IETM 研究重点是航空航天领域。1989 年，欧洲航空工业协会发布技术出版物规范 Spec1000D（S1000D）标准，随着 IETM 技术的发展，其版本不断更新。S1000D 也作为国际规范被欧洲、美洲、大洋洲、亚洲与非洲的几十个国家采用，如英军的"鹞"式垂直起降战斗机；德军的 212 型潜艇、124 型护卫舰和欧洲战斗机等；法军的"阵风"战斗机、"戴高乐"航母和新一代核潜艇等；瑞典的 GRIPE 战斗机、"虎"式武装直升机和"维斯比"级隐形护卫舰等；美军的 F-117A 飞机、"全球鹰"无人机、F-18 飞机发动机、F-35 战斗机、陆军未来作战系统等。

采用 IETM 还可节约大量经费。据美国国防部发布的信息表明，SH-60 直升机由于使用了 IETM，每年节省 300 万美元；美国海军 AEGIS 作战系统由于使用了 IETM，每年至少节约 100 万美元；爱国者导弹系统由于使用了 IETM 系统，每年仅纸张就节省 25 万美元。其基本情况如表 5-3 所示。

表 5-3　国外装备 IETM 的使用与效益情况

应用项目	产生效益
F-16 战斗机	75 万页的技术文档和技术手册制成了 39 片光盘 IETM，加载于外场使用的便携式辅助维修计算机 PMA；故障诊断时间减少了 38%，故障诊断率提高到 98%
SH-60 直升机	每年节省 300 万美元
美国海军 AEGIS 作战系统	每年至少节约 100 万美元
"爱国者"导弹系统	每年仅纸张就节省 25 万美元
美国的 USS Eisenhower 航空母舰	每年节省 300 万美元
美国海军的蒸汽涡轮机维护手册	为美国海军节省了 18%~44% 的机器维修时间，并且减少了 50% 的训练课程及 43% 的训练天数
美国陆军主战坦克	士兵们参照"工具箱"对坦克进行维护，后勤专家也通过先进的通信网对前方的士兵进行维修指导，从而减少了机械的故障率，保障了部队的前进速度

20世纪90年代后期，航空情报研究所等单位在国内较早地开展了国外IETM工作的跟踪研究。2000年以后，国防科技大学、海军航空工程学院、江苏科技大学、空军工程大学、海军工程大学、广东工业大学、军械工程学院等高等院校和中航集团下属的多个研究所、中电集团电子第五研究所等国防科研院所积极投入IETM的应用研究，在国内掀起IETM的研究热潮。

近年来，在参照国际主流标准S1000D的基础上，国内相继出台了IETM的国家标准和军队标准，有力地推动了IETM的普及。国防科技大学某学院开发了通用交互式电子技术手册开发平台SuperManual IETM，如图5-23和图5-24所示，支持复杂装备技术出版物的编制、管理、出版发布和更新维护。平台符合S1000D和《装备交互式电子技术手册》（GJB 6600）等国内外技术标准，提供了技术资料创编、内容管理、图像和多媒体素材管理、工作流管理、多形式定制化发布、交互式阅读等全方位的IETM解决方案，已用于飞机、舰船、装甲车辆等大型复杂装备技术资料的内容管理和出版发布，开发出系列化维修信息终端。

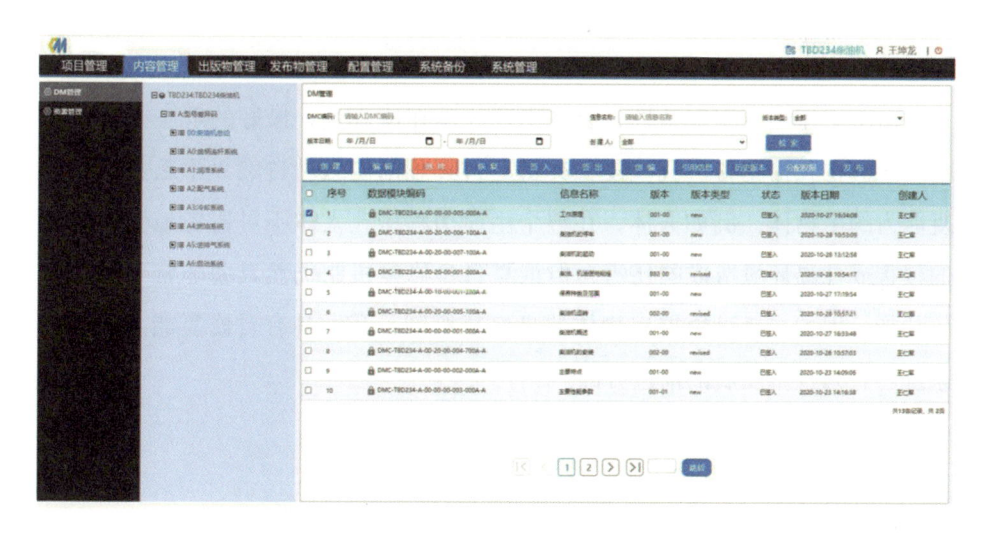

图5-23 SuperManual编辑器主界面

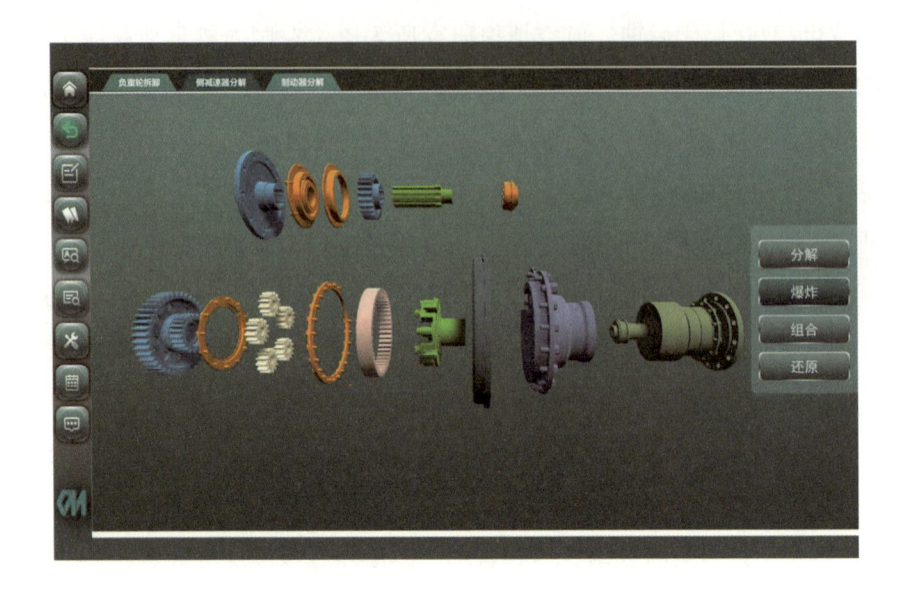

图 5-24 SuperManual 生成的维修信息终端场景

5.3 装备自修复技术

由于工作环境的复杂性,装备出现故障在所难免,最好的解决方法是使装备能够自我检测和自我修复,具备应付灾难的能力。自然界不乏具备自修复能力的生物体,例如人体,在整个生命历程中,人体不可避免地受到病毒的侵害或外界环境造成的伤害,但依靠自身修复机制仍然具备非常可靠的整体功能。因此,通过模拟生物体的自修复机制,开发具有自修复能力的装备系统一直是技术发展的前进方向。

5.3.1 仿生自修复硬件技术

1. 背景与意义

随着微电子技术、网络技术、信息技术的发展,电子系统广泛应用于各行各业,成为生产生活不可或缺的重要组成部分。然而,电子系统投入使用以后，在各种复杂环境的作用下，总会产生性能退化、突发性故障或暂态故障。因此，为保持系统的可用性，其可靠性和容错能力非常重要。而随着系统复杂度的提高，可靠性和容错能力的要求也越来越高。对工作在极端环境下的航空航天机载电子系统而言，这种需求更加迫切。

传统上，一般采用多模冗余容错机制来保证电子系统的可靠性。通过事先的故障模式分析，对其关键构成部件进行冗余配置，当故障发生时，通过一定的故障诊断手段，实时检测故障，并对故障部件进行及时切换，从而保证系统正常运行。但对某些特殊场合中的电子设备（如航天电子装备）来讲，由于空间射线干扰及装备长时间运行引起老化等因素的存在，故障发生的随机性增强，采用冗余容错机制就会存在一些问题，主要表现在以下几个方面。

资源开销大。受装备体积限制，不可能对所有部件进行冗余配置，一般只考虑关键部件，当其他部件发生故障时，容错机制则不起作用。如果对关键部件界定不清楚，该冗余的地方没有冗余，就可能产生严重后果。

容错性能受故障检测能力限制。对冗余机制来讲，系统的容错能力取决于系统的故障检测和诊断能力，如果检测深度不够，故障很有可能发生漏检，容错性能就会受到影响。

环境适应性较差。理想状态下，冗余容错机制应能对系统所有可能发生的故障具备容错能力。但由于冗余系统一般是设计者事先设置的，其对故障的适应能力取决于设计者对系统工作环境的认识程度，一般情况下很难使设备达到很好的环境适应性。

在自然界中，细胞具备天然的容错和自修复能力，人体作为一个复杂的系统，出错的情况很多，但它的整体功能却非常可靠，这是因为人体细胞的自诊断和自修复机制在不停地工作着。同时，细胞的这种自诊断和自修复能力可以通过遗传和进化不断得到优化，并将优良性状保留给下一代。根据从生命科学研究领域所获得的灵感，可以确认，如果能模拟生物体的免疫和修复机制，将能有效地实现系统的维修能力，提高系统的可靠性。

仿生自修复技术是直接来源于细胞自动机、人工神经网络、处理器阵列和进化算法等人工生命系统的研究成果。仿生自修复是传统故障检测和维修技术观念上的革命。目前，故障检测和维修系统的设计是建立在开发者对装备服役环境的预测和分析基础之上的，由于设计纰漏和认识偏差，不经意的错误和遗漏可能导致严重的后果。仿生自修复技术则不必依赖于设计者的预测和分析，而是依靠自身的修复机制，自动适应环境变化，对系统故障和缺陷进行自主监控和维修，将故障隐患消灭于无形之中，其重要性和价值不言自明。

2. 仿生硬件的分类

研究人员通过对地球生物的进化过程进行考察，发现存在种群演化、个体发育和后天学习三个层次。与生物相类似，仿生硬件系统也可以这三个层次为轴进行划分，称为 POE 模型，如图 5-25 所示。由于在自然界中不同轴之间的区别不是很容易刻画，而且每个轴的定义也不是那么精确，因此以下将进一步说明 POE 模型里每个轴的含义：种群演化轴包含进化，个体发育轴包含没有受环境影响的个体从基因物质开始的发育，后天学习轴包含个体与环境相互作用的学习。为了便于理解，以下列出三个例子：（P）进化算法借鉴自然界的种群演化过程；（O）多细胞自动机就是基于个体发育的概念，由一个母细胞产生，通过多次分裂和分化，产生一个多细胞的有机体；（E）人工神经网络体现了后天学习的进程，通过与环境的相互作用，改变系统的突触

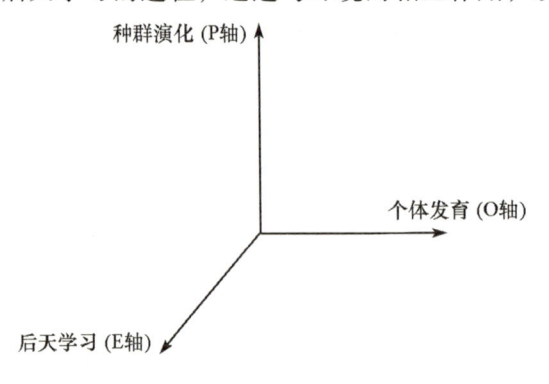

图 5-25 POE 模型

权重和拓扑结构。

（1）P 轴：进化型硬件

进化型硬件指可根据当前环境自动改变自身结构和功能以适应环境变化的硬件系统。其主要包括模型评估、应用模型、进化算法与可重配置硬件四部分，如图 5-26 所示。其基本思想是利用可重配置硬件根据与自身结构相对应的结构位串来配置自身的结构，不同的结构位串对应不同的硬件结构特点，将代表硬件拓扑结构和属性的结构位串作为进化算法的基本对象，如遗传算法的染色体，采用软件仿真或硬件实测的方式评估染色体所代表的硬件结构的性能，以适应度函数指导进化过程。

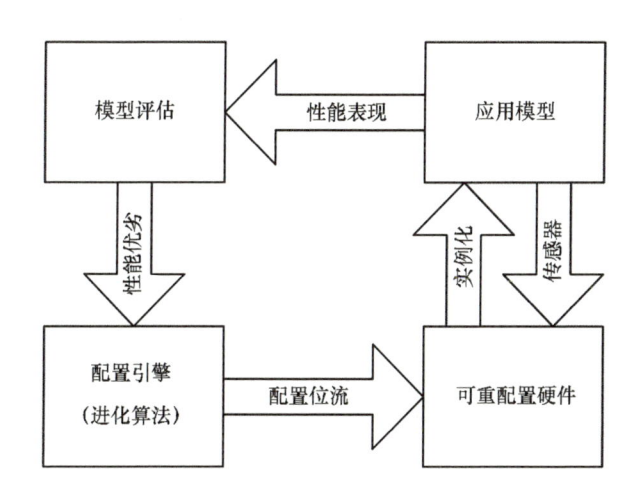

图 5-26 进化型硬件的结构

进化型仿生硬件的关键技术主要有硬件平台、DNA 编码方式、进化算法、适应度评估等。硬件平台是进化型仿生硬件实现进化的物理基础，同时也在一定程度上决定了可以使用的进化算法，影响进化速度。找到更好的重构平台一直是研究者的努力方向。DNA 编码方式在一定程度上决定了进化算法的搜索空间，编码方式一般分为直接型、间接型和函数型三种，DNA 越长搜索空间越大，耗时越多，编码方式很大程度上决定着进化时间。进化算法是进化型硬件的灵魂，好的进化算法是实时性和理想进化结果的保证。常用的进化算法主要有遗传算法、遗传规划、进化规划和进化策略，但它们都具有一定的局限性，需要寻找更加合理的进化算法。一次进化结果是否满足要求是通过适应度评估来确定的，适应度评估不仅影响最后的进化结果，而且还会影响硬件的进化速度，因此，寻找合理的适应度评估指标和方法一直是进化型仿生硬件研究人员努力的方向。

进化型仿生硬件面临的挑战主要体现在进化规模、进化速度、硬件平台，以及可理解性和可实现性等方面。虽然国内外对进化型仿生硬件进行了大量的理论和实践研究，但从目前的成果来看，能真正用于实践的进化型仿生硬件都是比较简单的，其规模和复杂程度与传统硬件还有很大的差距。进化型仿生硬件是一种在线自适应系统，实时性是实现在线自适应的基本要求。对于进化型仿生硬件，进化速度是实时性的重要指标，也是目前将其推向应用的瓶颈问题之一。影响进化速度的因素主要有三个：一是进化算法搜索最优解的速度，二是对进化结果的适应度评估速度，三是可重构器件的配置速度。因此，提高进化速度的方法是研发适合进化的硬件平台，研究更快的进化算法和最好的适应度评估指标与测试方法。对于大多数研究人员来说，获取理想的硬件平台是他们面临的众多问题中最难解决的一个，进化型仿生硬件根据进化算法并通过外部进化容易得到一个比较满意的进化结果，但结果一般很难用现有知识去解释，因而也很难从理论上去验证设计的合理性。另外，通过外部进化得到的进化结果，很多时候很难在实际硬件平台上实现。

• 知识延伸

— 硬件平台的发展趋势 —

目前应用于进化型仿生硬件的硬件平台主要有 FPGA 等商业芯片和专用进化平台。商业芯片易得、开发周期短、费用低，但由于其最初的设计目的是开发传统电路，其内部结构与进化型仿生硬件理想的结构有很大不同，而且很多时候由于涉及商业秘密，研究人员根本无法详细了解芯片的内部结构，给研究带来了很大的困难。一些进化型仿生硬件研究机构自主设计进化平台，能够很好地解决商业芯片带来的问题,这也是进化型仿生硬件的发展趋势,但目前的专用进化平台还是存在通用性不好、内部结构有待进一步优化的问题。

(2) O 轴:个体发育型硬件

个体发育是指个体根据自身的遗传物质由受精卵发育成多细胞生物体的生长过程。个体发育型硬件就是模仿生物复制和再生特性的硬件,也称为胚胎型仿生硬件(胚胎硬件)。胚胎型仿生硬件借用分子生物学概念,模仿多细胞生物胚胎发育过程中体现的多细胞结构、细胞分裂、细胞分化的特性,从而使硬件电路也能具有类似于生物的自诊断、自修复、自复制能力。

最常见的胚胎型仿生硬件是由结构相同的电子细胞通过冯·诺依曼近邻连接构成的均匀分布的二维阵列,如图 5-27 所示。细胞有一个子功能,并和周围的四个细胞通信(连接)。所有阵列细胞组合在一起,协调完成整个阵列的总功能。

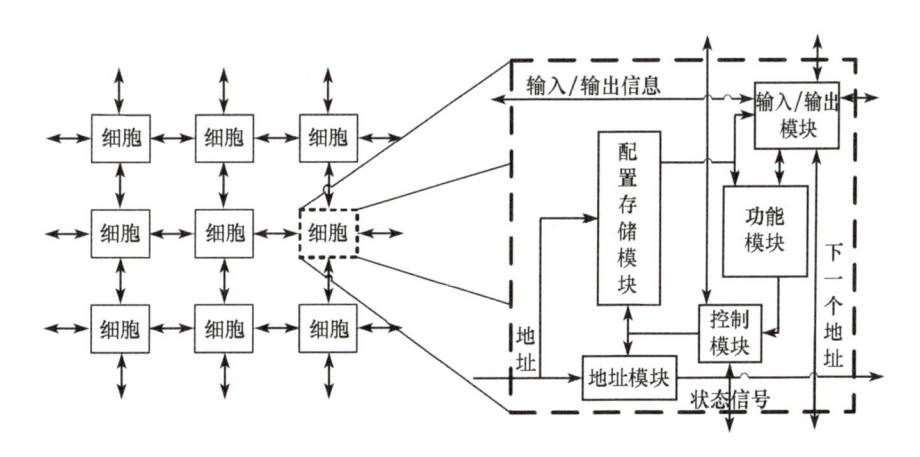

图 5-27 胚胎硬件结构

胚胎型仿生硬件的电子细胞通常由功能模块、配置存储器、控制单元、I/O 换向块、坐标发生器、故障检测逻辑等构成。功能模块实现细胞规定的功能;配置存储器存储细胞自己的配置信息(也称 DNA),用于自修复的一些其他细胞的 DNA 也存储在配置存储模块中；控制单元用于保证细胞的正常功能以及控制实现阵列的自修复；I/O 换向块用于布线；坐标发生器生成自身细胞的坐标选择配置信息。

胚胎型仿生硬件的关键技术是阵列和细胞结构设计、功能分化、故障检测机制与复制机制等。胚胎阵列结构一般是均匀的二维结构，这种结构简单，但细胞间通信单一，每个细胞只能直接与相邻细胞进行通信，要实现复杂应用时布线困难。传统电子细胞的配置存储器需要存储多个甚至所有细胞的 DNA，配置信息冗余大，资源消耗大。人们一直在寻找高性能、低消耗的阵列和细胞结构，这也是胚胎硬件应用的基础之一。细胞的功能分化是将需要实现的功能分配到各个细胞，是胚胎阵列实现逻辑功能的首要工作，目前这项工作基本通过手动进行，效率低、工作量大且容易出错，因此，开发细胞功能分化自动化软件是胚胎型仿生硬件研究的努力方向之一。故障检测是故障修复的前提条件，要将胚胎型仿生硬件推向实际应用，寻找更高性能的故障检测机制和自修复机制是极其重要的。

胚胎型仿生硬件面临的挑战则体现在硬件开销、复杂应用、功能分化、自修复效率等方面。细胞内部除实现逻辑功能所必需的功能电路外，还增加了控制电路、检测电路、换向电路以及配置存储器等非功能电路，与传统电路结构相比，消耗了更多的硬件资源。另外，细胞内的配置存储器一般要存储相邻细胞甚至所有细胞的配置信息，需要大量的硬件存储资源。目前，细胞结构存在功能结构简单、通用性不强的缺点，在实现复杂系统时，需要的细胞量将会巨大。此外，传统的二维均匀阵列结构，使复杂应用布线困难，难以实现。为了实现特定的功能，必须对每个细胞静态或动态地分配功能，也就是对细胞进行功能分化。目前主要有两种基本的功能电路结构：一种是多路选择器（multi-user extensible device，MUX）结构，虽然二叉决策图可以直接映射为多路选择器网络，但多路选择器结构简单，应用越来越少。另一种是查找表（look-up table，LUT）结构，也是 FPGA 中常用的。相对于 NUX 结构，LUT 结构的功能更强，实现同样的功能需要的细胞更少。但是，如何将整体功能分解成子功能并将它们（甚至是动态的）分配到不同的细胞，仍然比较困难。虽然目前对于自修复机制已有一定的研究基础，但要在提高故障检测覆盖率的同时保证实时性尚需要进一步的努力。

（3）E轴：后天学习型硬件

后天学习发生在个体发育形成之后，通过与环境的不断相互作用，获得适应环境的能力。在多细胞生物中，具有后天学习能力的系统主要有神经系统、免疫系统和内分泌系统三类。通过对这些系统的研究，研究人员提出了三类具有后天学习能力的仿生系统，分别为人工神经网络系统、人工免疫系统和人工内分泌系统。

人工神经网络系统是指借助数学和物理等工程技术手段从信息处理的角度模拟人脑神经网络结构和功能，并建立简化的模型，它是一种大规模并行的非线性动力学系统，具有巨量并行性、结构可变性、高度非线性、自学习性和自组织性等特点。人工神经网络处理单元大体可以分为输入单元、输出单元和隐单元三类，输入单元接受外部环境的信号和其他系统模型处理的数据；输出单元将系统处理后的信息进行输出；隐单元是位于输入和输出单元间外部系统的不可见单元。人工神经网络系统中神经元之间相互连接，并存在一定的连接强度，信息的表示和处理体现在网络处理单元的连接机制中，系统的功能由处理单元的活动函数、模式和网络的相互连接机制确定。

人工免疫系统是指在研究人体免疫系统信息处理机制的基础上，构造出体现免疫系统的信息处理特性的一类新的人工智能模型和方法。目前对人工免疫系统的研究主要包括由免疫系统机制启发的各种算法，体现免疫系统机制、免疫启发功能的软件和硬件系统与人工免疫网络，以及基于网络结构的框架模型。

人工内分泌系统是指在研究人体内分泌系统信息处理机制的基础上，构造出体现内分泌系统信息处理特性的一类新的人工智能模型和方法。尼尔和蒂米斯在2003年首先提出了"人工内分泌系统"的概念，并将其定义为"能对外部激励做出反应，并具有控制功能荷尔蒙的系统"。人工内分泌系统主要包括激素的产生、激素的控制和激素水平调节机制。随着生物内分泌学的发展，人们对内分泌系统的作用机理有了更深入的了解，针对内分泌信息处理机制的智能计算模型也越来越受到人们的重视。

(4) 混合 POE 硬件

在生物学中，P、O、E 三轴之间互相影响、互相关联，有时很难判断某一组织具体属于哪个轴，人工仿生系统也面临着同样的问题。有些仿生系统可能同时具有两个或者三个轴特性的，称其为混合 POE 硬件，如图 5-28 所示。PO 硬件包含具有发育、复制和再生等个体发育特性的进化硬件，其特点是能够使基因不断进化，而这些基因将引导个体的发育。PE 硬件具有进化硬件和后天学习硬件的特性，进化的人工神经网络系统就是 PE 硬件的典型代表。OE 硬件具有发育和学习的能力，在个体发育的过程中，O 轴和 E 轴持续地相互影响。在 OE 硬件中，可以认为 E 轴通过增量学习算法负责更新参数，O 轴通过生长和修改过程使得硬件的拓扑结构能够适应环境变化。混合 POE 硬件同时具有进化、发育和学习的能力。POEtic 芯片便是一个包含三轴的硬件平台，通过进化、发育和学习的过程，能够适应动态的、部分不确定环境的硬件。

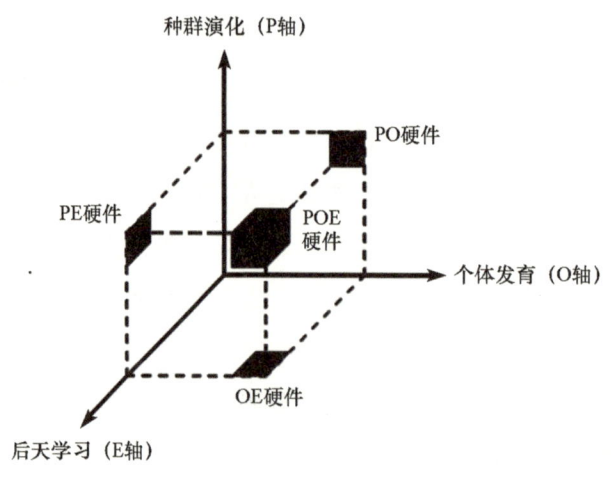

图 5-28 混合 POE 硬件

3. 故障自检测方法与自修复机制

（1）仿生硬件故障自检测方法

故障检测是故障修复的前提。目前，仿生自修复硬件中使用到的故障检测方法主要包括模块多模冗余、关键信息编码冗余、对称自检测和细胞互检等。

模块多模冗余。多模冗余是保证系统安全可靠的重要手段之一，在航天、军事等装备中得到了广泛应用。多模冗余按照其实现方式，可以分为空间上的硬件多模冗余和时间上的软件多模冗余。硬件多模冗余一般是将硬件在空间上复制多份，理论上"每一份"的输出是相同的，如果某两份输出的结果不一样，则至少某"一份"存在故障。软件多模冗余一般是将相同的输入进行多次计算，如果多次计算的结果不一样，则表明出现故障。软件多模冗余是时间冗余，因而主要应用于瞬时（短时）故障。

关键信息编码冗余。编码冗余是通信、计算机等领域广泛应用的编码容错、纠错方式，常见的编码方式有奇偶校验码、二维奇偶校验码、恒比码、海明码、循环码、卷积码等。海明码在存储器的校验中得到了广泛应用，在仿生自修复硬件中也常被用来对细胞的配置信息的容错与故障进行检测。海明码的基本原理是在一个数据组中加入几个监督位，并将每一数据位分配在几个奇偶校验组中，当某数据位出错后，相关的几个监督位的值就会发生变化。根据监督位的变化，不仅能发现错误，而且能够发现错误的具体位置。

对称自检测。多模冗余方法的资源消耗比较大，而扩展海明码则一般用于对存储器的自检测，检测范围有限。目前，在仿生自修复硬件中，故障的检测范围比较小，提高故障检测的覆盖率一直是仿生自修复硬件的重要研究内容。萨米等将 DNA 的双螺旋结构引入故障检测，借鉴 DNA 两条单链的互补性及互补单链的容错与纠错能力，提出了对称自检测方法。对称自检测方法基于对称硬件结构，利用时间冗余，实现故障检测。在假定只有一个故障的情况下，该方法能够检测到所有的固定 0 或者固定 1 故障。在对称故障检测方法中,硬件具有对称结构,且有正常操作(normal operation)和测试模式(test mode)两种工作状态。

细胞互检。前面介绍了三种仿生硬件的故障检测方法,从使用空间来看,一般都是在细胞内部进行,和其他细胞没有任何关系。而细胞互检考虑细胞之间的相互关系,可以使相邻的细胞联系起来。细胞互检的基本原理是细胞对相邻的一个或多个细胞进行故障检测,当发现故障时,获取其配置信息,或者使用某种自修复方式重建其配置信息,来配置别的空闲细胞完成其功能,从而保证整个细胞阵列整体功能的稳定。

(2)仿生硬件自修复机制

当仿生硬件检测到故障信号时,将启动自修复机制,对硬件进行重组修复。仿生自修复硬件通过细胞阵列分布式地实现逻辑功能,细胞阵列的自修复则是通过细胞分布式地完成,而其基础仍然是冗余——细胞冗余。在仿生电子阵列中,细胞一般分为工作细胞(work cell)和空闲细胞(spare cell,又称备份细胞)。自修复基本原理是当某(些)细胞故障后,将故障细胞"移除",由某(些)空闲细胞转为工作细胞,代替完成其原有功能,使整个阵列的逻辑功能得以维持。这个空闲细胞替换故障细胞完成其功能的过程,称为自修复过程,其中的具体实现方法一般称为自修复机制,有时也称作移除机制、重构机制、移除策略或重构策略。

● 单细胞移除机制

单细胞移除机制是指当某个细胞失效时,故障细胞本身被移除,由另外的空闲细胞来替代完成其功能。

在图5-29所示的总线结构阵列中,各细胞的地位相同,工作细胞和空闲细胞可以任意分布到总线的任何位置,自修复时使用任何一个空闲细胞替代故障细胞即可。

当某细胞故障后,有空闲细胞一侧的正常细胞功能逐渐后移,从整体上看,是空闲细胞代替了故障细胞,图5-29给出了空闲细胞在右侧的单细胞移除机制。在某时刻细胞C22发生故障,由于其右侧有空闲细胞,细胞C22

被移除，细胞 C22 及其右侧各细胞（只有 C23）的功能依次移动，最后原来的 C23 完成 C22 功能，C23 的功能则由右侧空闲细胞代替。

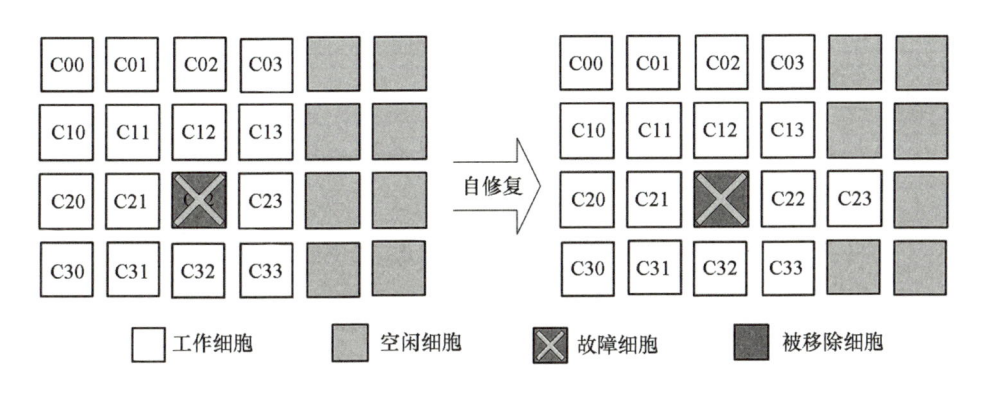

图 5-29　单细胞移除自修复机制

单细胞移除机制每次只移除发生故障的细胞，对空闲细胞的利用率非常高。但是，当细胞移除时，布线资源的方向需要改变，实现比较复杂，而且能够移除的次数（细胞个数）与布线资源有关。为了简化自修复机制，提出了列（行）移除机制。

● 列（行）移除机制

行移除机制与列移除机制在本质上是相同的，故下面仅以列移除为例进行说明。在不影响理解的情况下，也将列（行）移除机制简称为列移除机制。列移除机制是指当某个细胞发生故障后，将故障细胞所在的列全部移除，由其他细胞替代其功能，图 5-30 给出了列移除机制的基本原理。图中所示的阵列共包含 4 列工作细胞和最右侧的 2 列备份细胞。当某时刻细胞 C22 发生故障时，故障细胞 C22 所在列的细胞将全部被移除，由右侧细胞依次代替完成其功能，第 4 列细胞（细胞 C_{x3}）替代完成其左侧细胞（细胞 C_{x2}）的功能，第 4 列细胞的原有功能则由其右侧的一列空闲细胞完成。

该机制有一个很明显的缺点：只要有一处发生故障，阵列就会失去一整列细胞，资源消耗量大。列移除策略对空闲资源的使用远不是最理想的，但这种重构机制实现起来比较简单，自修复速度快，对实时系统很有利，并且

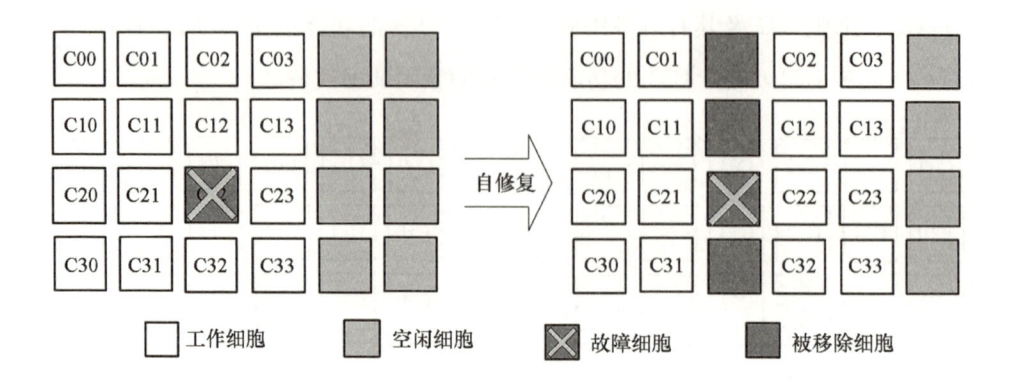

图 5-30 列移除自修复机制

随着阵列的增大,因重构而损失的细胞的百分比将大大减小。此外,这种重构机制可自修复的可重构次数理论上不受限制,因为其重要空闲细胞的数量足够多(次数等于空闲细胞列数)。

● 细胞移除机制

单细胞移除机制和行移除机制相比,单细胞移除效率高,实现复杂,行移除机制实现简单,对这两者进行折中与组合,可以得出图 5-31 所示的细胞移除机制,其基本过程是先进行单细胞移除,然后采用行移除。假定某时刻,当细胞 C22 发生故障后(图 5-31(a)),由于阵列第 3 行右侧还有空闲细胞,所以采用单细胞移除机制,移除后的结果如图 5-31(b)所示;当修复后的阵列中的细胞 C22 再次发生故障(图 5-31(c)),故障细胞所在的第 3 行已经无空闲细胞,于是启用行移除机制,实现自修复,如图 5-31(d)所示。

● Szasz 移除机制

与上述几种移除机制不同,萨斯等提出了一种新的自修复方式,其基本原理如图 5-32 所示。这种修复方式的阵列基本拓扑结构为二维均匀分布形式,将 9 个细胞组成一个组(macro group),这可以等效于真核仿生层次中的组织层次。这 9 个细胞构成一个 3×3 的矩阵,其中 5 个细胞处于工作状态,位于 3×3 矩阵的 4 个角落和正中间,剩余的 4 个空闲细胞用于备份,如

(a) 细胞故障　　(b) 单细胞移除自修复

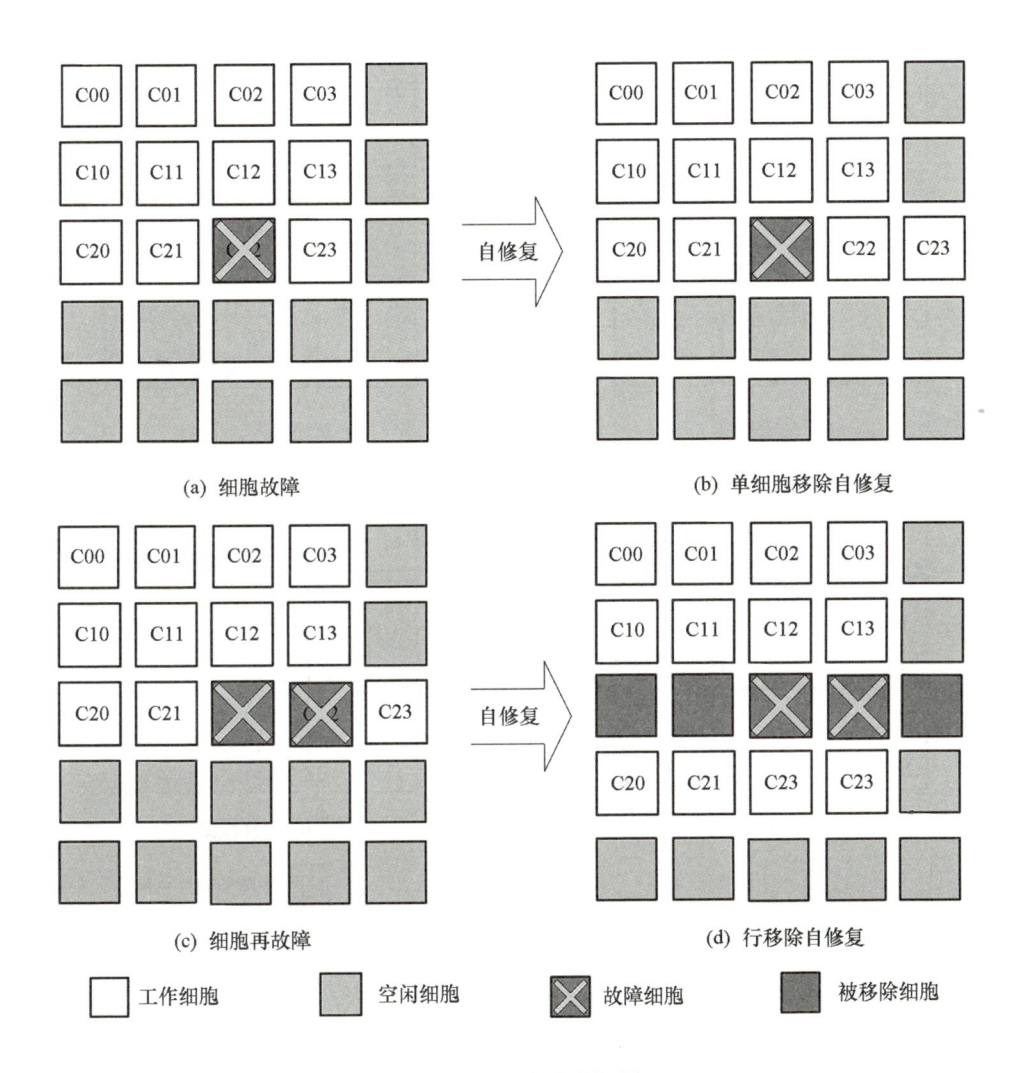

(c) 细胞再故障　　(d) 行移除自修复

□ 工作细胞　　□ 空闲细胞　　⊠ 故障细胞　　■ 被移除细胞

图 5-31　细胞移除机制

图 5-32（a）所示。这组细胞中，每个细胞包含 5 个基因，记为 A、B、C、D、E，5 个工作细胞分别解录其中一个基因来配置细胞，图中以粗体并加下划线的方式标出，例如左上角的细胞利用基因 A。

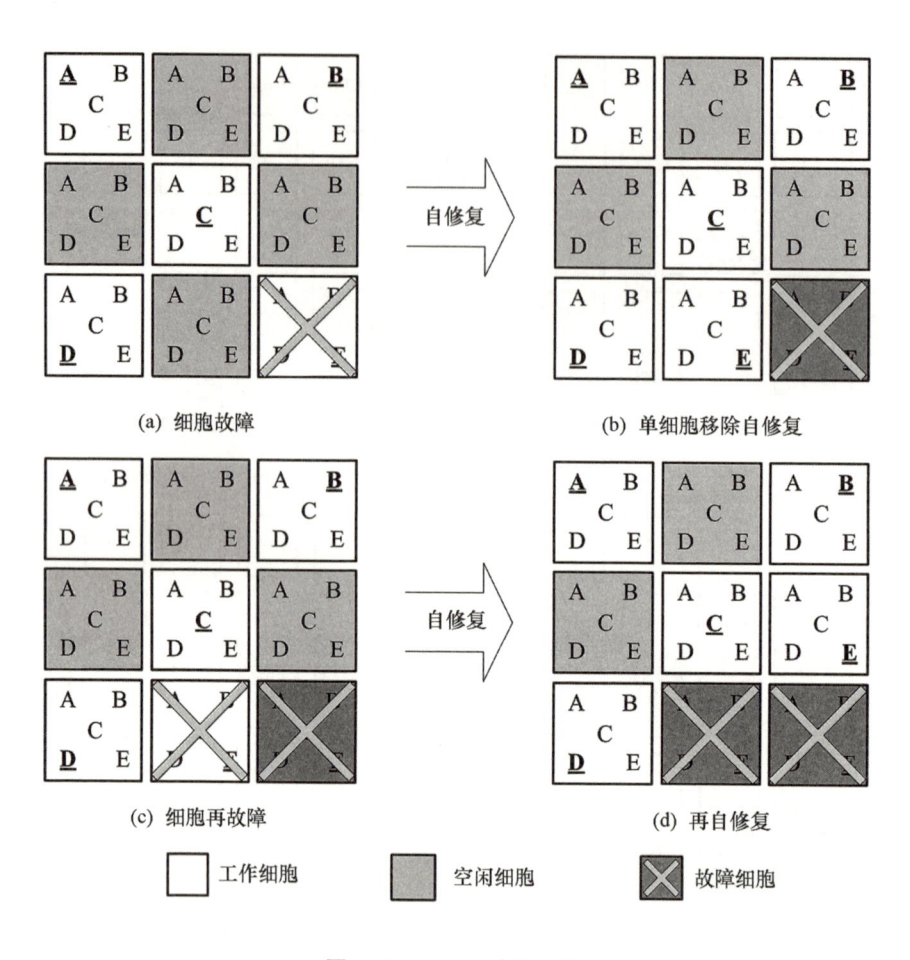

图 5-32 Szasz 移除机制

● Lala 移除机制

前文介绍的各种自修复方法，所使用的阵列中细胞结构都是一样的，而拉拉等则提出了一种由不同细胞构成的细胞阵列及其自修复机制。这种细胞阵列中，细胞不再是完全相同的，不仅有完成阵列逻辑功能的功能细胞，还有专门的布线细胞，其结构如图 5-33 所示。阵列中的细胞分为 3 类：功能细胞（functional cell）、空闲细胞（spare cell）和布线细胞（router cell）。功能细胞的分布结构类似萨斯等提出的结构的扩展，功能细胞的右上、左上、左下、右下 4 个方向相邻的细胞均为功能细胞，但是其上、下、左、右相邻的 4 个细胞中有 2 个为空闲细胞，另外 2 个为布线细胞。

这种结构中，每个功能细胞都有 2 个空闲细胞与它相连，可以在故障时替换发生故障的功能细胞。图 5-33 给出了细胞故障的重构过程，假定图中正中间的功能细胞出现故障（图 5-33（a）），其下方的空闲细胞替代它（图 5-33（b）），当替代它的细胞再次故障（图 5-33（c）），则由上方的细胞替代它（图 5-33（d））。

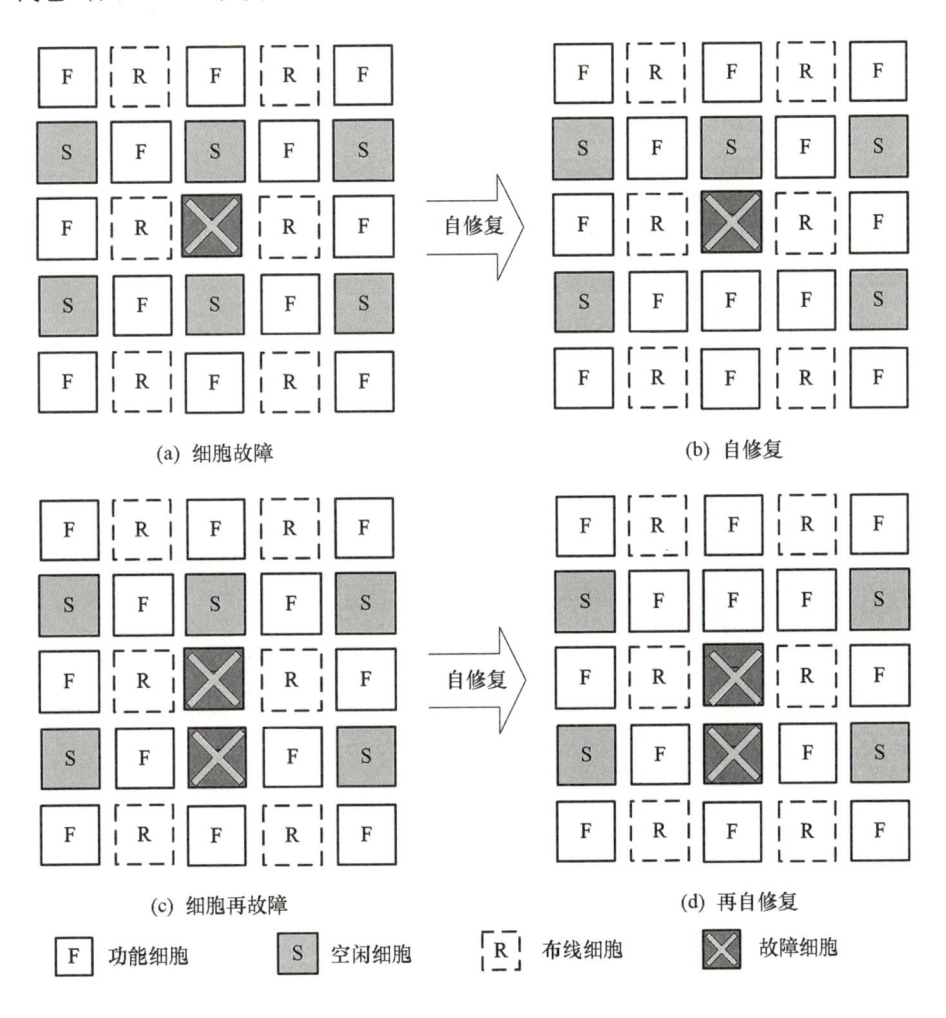

图 5-33 Lala 移除机制

● 复合移除机制

格林斯特等基于内分泌系统，提出了一种细胞阵列。这种阵列包含多种功能细胞和工作细胞，每一种细胞在一起形成一个组织，然后利用空闲细胞将各个组织连接到一起。图 5-34 给出了一个简单的例子：图中包含 4 种功能细胞 A、B、C、D，同种细胞在一起形成组织 A、B、C、D，然后再利用空闲细胞 S 将组织 A、B、C、D 连接在一起，形成整个仿生硬件。在这种结构中并没有限制每个组织的自修复方式，换言之，各个组织均可以使用上面提到的各种自修复方式进行自修复。

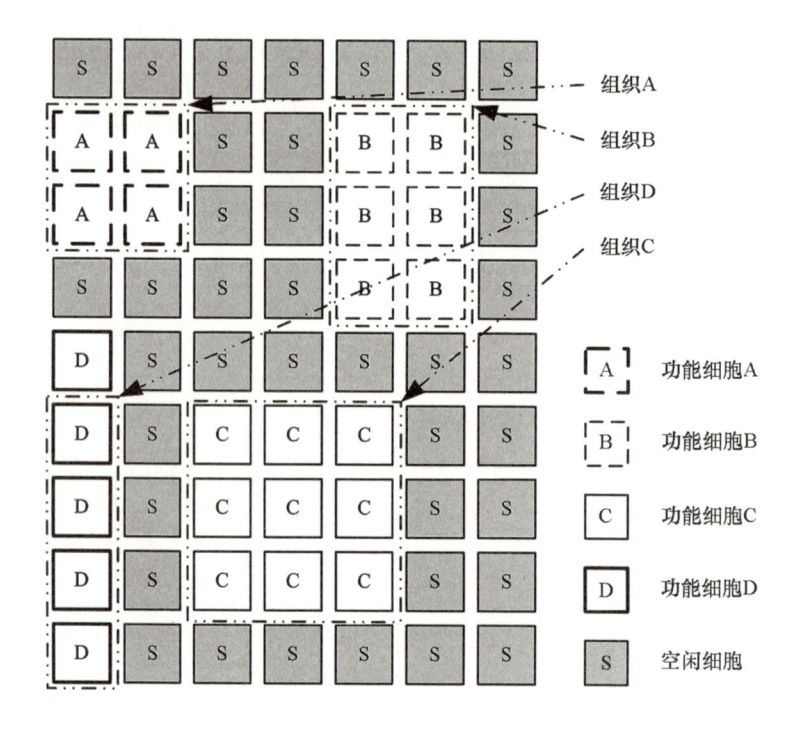

图 5-34　复合移除机制

4. 几种典型芯片

目前，以神经网络为代表的后天学习型硬件已经有专门的芯片，接下来主要介绍两种比较新的 POE 芯片：POEtic 工程开发的 POEtic 电路和 PerPlexus

工程开发的 Ubichip。

（1）POEtic 电路

POEtic 电路是 POEtic 工程的一项自满足的、灵活的硬件成果，它的底层物理设计通过空间散布传感器与执行机构与环境相互作用，为了开发和改变其功能，通过进化、增长和学习的过程，以适应动态的、部分不确定的环境。它的目标是希望能够自修复由使用年限或者环境因素等引起的部分损坏，以保持原有功能。

POEtic 电路由两部分组成：电路实现逻辑功能的组织子系统（organic subsystem，OSS）和环境子系统（environmental subsystem，ESS）。OSS 的核心是 POEtic tissue，它由网状的小分子和分子布线层组成。分子是能够用软件配置的最小可编程单元，而专门的布线资源则负责分子之间的通信。ESS 的主要作用是配置分子，它也负责进化过程，能够读取并改变分子的状态，以评估整个组织的适应性。

（2）Ubichip

Ubichip 是 PerPlexus 工程开发的一款专用仿生自修复硬件，是一个允许实现具有动态拓扑结构的复杂系统的可重构数字电路。它具有合适的动态可重构粒度，可以通过接口从外部方便地修改其内部结构。不仅如此，嵌入式自重构机制也可以内部自动分布式地修改其结构。动态布线允许 Ubichip 在运行过程中创建或者断开连接。

与 POEtic tissue 一样，Ubichip 也具有二维均匀分布结构，每个节点称为一个宏细胞（macrocell）。一个宏细胞包含一个自复制单元（self-replication unit，SR unit）、一个动态布线单元（dynamic routing unit，DR unit）和四个 ubi 细胞（ubicells），图 5-35 描述了一个宏细胞的整体结构。Ubichip 包含 ubi 细胞阵列层、自复制层和动态布线层三个层次。

ubi 细胞是 Ubichip 的基本计算单元，包含 4 输入 LUTs 和四个触发器；基于自复制层，宏细胞能够获取、改写相邻宏细胞的配置信息；动态布线层完成细胞之间的动态拓扑连接，利用动态配置的多路选择器在源和目标之间建

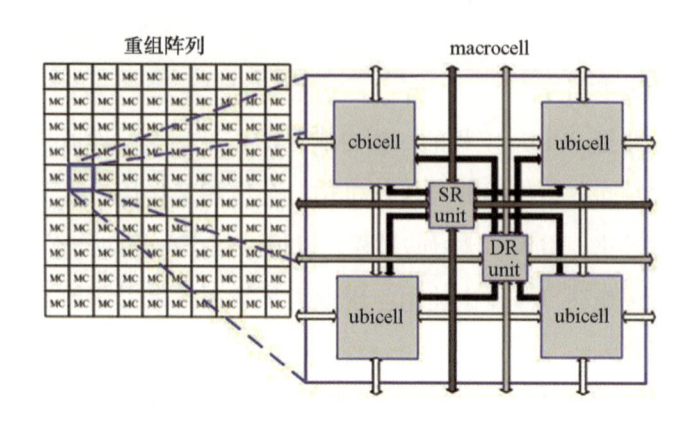

图 5-35　宏细胞组成

立连接通道,并使每对源和目标的数据通过相同的路径。

为了模块化,平台被分为 2 块电路板,1 块包含 CPU、FPGA 和接口的母板,1 块包含 2 个 Ubichip 的子板,如图 5-36 所示。该平台也在 marXbot 机器人中得到应用。

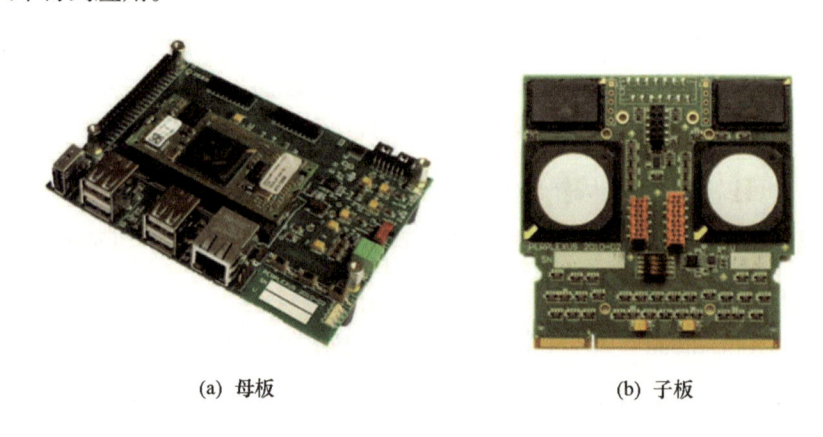

(a) 母板　　　　　　　　　　(b) 子板

图 5-36　电路板实物图

5.3.2　软件故障隔离与自修复技术

仿生自修复硬件技术主要针对永久故障,而软件自修复方法则主要针对如单离子翻转等引起的瞬时故障。硬件瞬时故障可以通过修改指令操作码等方式影响程序正常的控制流,因此,高可靠系统必须具备对程序控制流错误进行检测的能力。与硬件冗余加固相比，软件容错技术无须修改底层硬件，并能有效降低功耗和成本，目前正得到广泛研究与应用。

1. 软件失效机理

软件故障和失效发生机理是指导软件维护保障的理论基础。软件失效发生过程如图 5-37 所示。

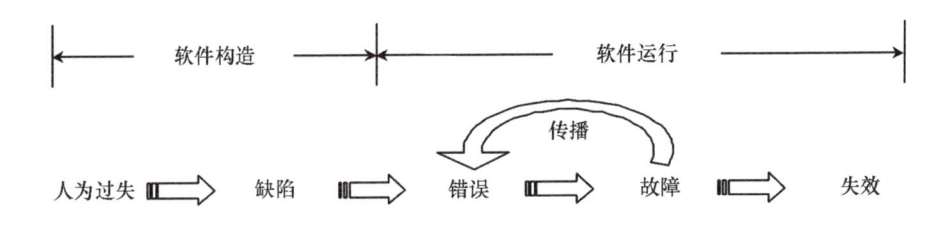

图 5-37　软件失效发生过程

从人为过失到软件失效要经历一个过程，是多种因素不断累积的结果。由于人为差错和其他客观因素等过失，软件缺陷在构造阶段被引入软件内部，软件缺陷是软件失效的根源，但并非所有的软件缺陷都会导致软件失效。通常情况下，软件缺陷处于静止状态，只有在特定的运行环境和条件下，比如不恰当操作或非法外部数据入侵时，软件缺陷才会被激发，从而形成软件错误。软件错误传播会导致软件故障，而软件故障的传播也会引发更大的错误。此时若不采取适当措施加以处理，当一个或多个软件故障在软件系统或子系统之间传播且积累到一定程度以至反映到用户接口时，就会产生软件失效。

过失以及软件缺陷是在软件的构造阶段引入的，而软件错误、软件故障、软件失效都是在软件运行中引发的一些状态或行为。软件错误和软件故障都是软件运行内部的行为状态背离预期的一种异常状态，一般情况下，不区分软件错误与软件故障，统称为软件故障。

软件故障预防、排除、容忍和预测等措施与上述故障失效机理和传播过程直接关联，其关联关系如图 5-38 所示。

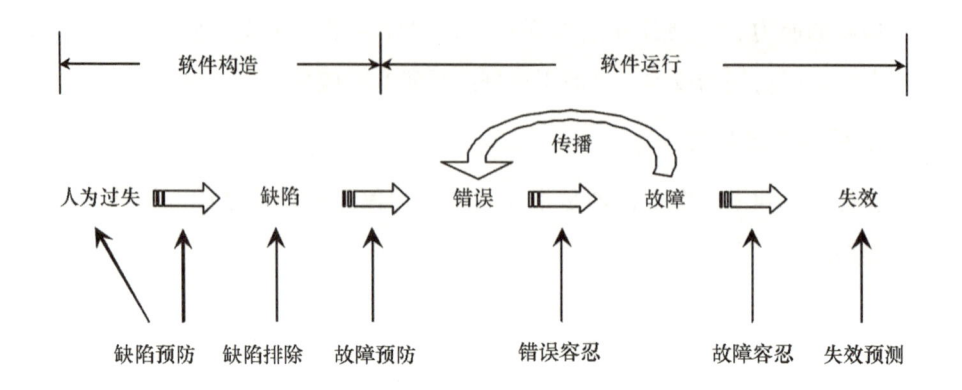

图 5-38　软件失效传播路线及技术措施

软件缺陷并非一定会导致软件失效的发生，首先，软件缺陷只有在特定的条件下才会转变为运行时的软件故障，其次，从故障发生到软件失效并不是一蹴而就的，中间还需要经过故障传播阶段。因此，要避免软件失效，必须使得软件故障不会传播，当检测到软件故障时，应采取及时的措施，使得软件运行从故障状态回到正常状态，这一行为称为软件故障的恢复。故障恢复的目标不是消除缺陷，不是追本溯源式地改变软件运行的异常状态，它作用于故障状态本身，旨在改变故障状态，阻止因故障的传播而导致的软件失效。故障检测要依赖于表征软件运行状态的模型或规范时，对比正常模型与运行时模型，如有差异，则判定软件运行出现故障。如修改正常模型与异常模型的差异，再产生映射到源程序的补丁，作用于源程序，这无疑是一个可行的方法。

软件运行时故障检测、隔离、修复体系如图 5-39 所示。

软件运行时监控监测软件运行状态和行为，通过对照设计时预设或发布后植入的失效定义判断失效是否发生，软件运行时验证即是一种重要的失效判断技术；当发现失效发生时，通过故障诊断分析引发失效的错误和故障、定位错误和故障，并分析错误和故障的传播路径，相关技术包括测试、调试、模拟、验证、系统分析和故障分析等；故障隔离是通过屏蔽错误或故障、切断错误和故障传播链，从而防止内部错误和故障导致外部软件服务失效；故

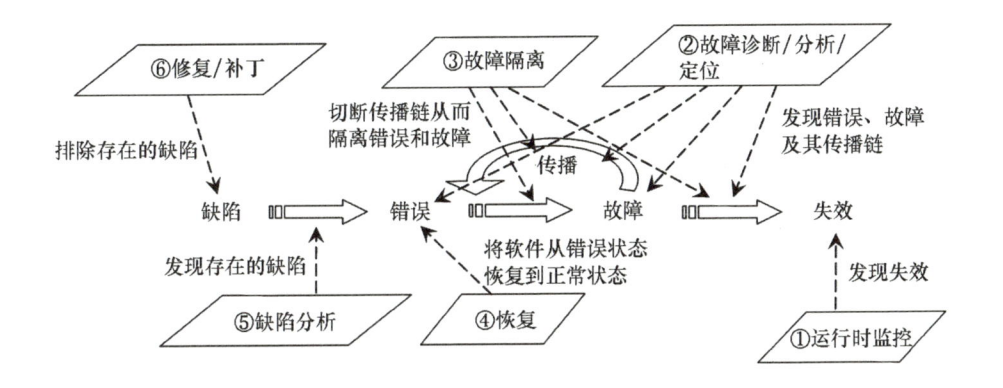

图 5-39 软件运行时故障检测、隔离、修复体系图

障恢复是将软件从错误状态转为正常状态，重启、回滚、前滚、切换、异常处理等均是重要的恢复手段；补丁和修复技术则直接面向引发失效的源缺陷，通过消除引发失效的缺陷而彻底解决问题。

2. 软件故障隔离与自修复方法

（1）可扩展的控制流检测方法

以往的实际经验和各种故障注入实验结果表明，控制流错误占瞬时故障所引起的系统错误总数的 33%~77%。所以，对于一个高可靠计算机系统来说，必须具备一定的控制流错误检测能力。目前针对控制流的检测技术可分为基于硬件实现和基于软件实现两种。

基于硬件实现的技术代表是设置一个被称为"Watchdog"的辅助处理器，它负责监测由主处理器产生的总线事务。Watchdog 处理器面临的主要问题是如何确定主处理器中的控制流信息。解决这一问题的关键是对程序的控制流结构进行分析，并为这种高层结构附上标签，然后由 Watchdog 处理器在运行时监测这些标签。硬件容错技术的主要缺点是要修改底层硬件，并且无法使用现代具有缓存功能的主处理器，除非协处理器是主处理器的一部分。作为对 Watchdog 技术的补充，研究者基于多任务操作系统提出一种替代的"Watchdog Task"技术，它有一个只用于检测程序控制流的独立进程。

软件实现方法通常是在程序正常指令流中插入一些额外的指令来对程序

的控制流进行检测，它对程序性能有一定影响且有空间开销。但它不需额外的硬件，对操作系统无特殊要求，且可以达到很高的错误检测率。随着计算机硬件资源越来越丰富，以牺牲部分性能来换取较高的可靠性已成为可能。软件实现方法目前正越来越受到关注。

目前针对控制流的软件检测方法一般采用基于基本块的标签分析法，即在预处理（如编译）时为每个基本块分配一个唯一的静态标签，程序在运行过程中根据当前控制流产生一个动态标签，然后将两个标签进行比较，若匹配，则说明控制流没有被破坏，否则表示控制流出现了错误。根据生成动态标签的策略，标签分析法大致可分为基于前驱关系判定和基于后继关系判定两种。斯坦福大学提出的基于标签的控制流检测方法（control flow checking by software signature，CFCSS）和哈尔滨工程大学提出的基于关系标签判定的控制流错误检测方法（relationship signature for control flow checking，RSCFC）分别是这两种方法的典型代表。

CFCSS 是一个针对基本块之间控制流错误进行检测的方法。CFCSS 在编译时为每个基本块生成一个静态标签，并且为每个块计算与其前驱基本块的静态标签之间的异或差异值 D。在运行时，CFCSS 使用一个通用寄存器 G 保存产生的动态标签。当进入一个基本块后，将 G 与当前块的 D 值异或运算产生新的动态标签。由于运算之前 G 值等于前驱基本块的标签，所以运算得到的结果应该与当前块的静态标签相等，否则说明检测到控制流错误。此外，CFCSS 还专门针对汇聚基本块对算法进行了调整。可以证明 CFCSS 可以检测出五大类控制流错误，这涵盖了绝大多数的控制流错误。

在 RSCFC 方法中，每个块都对应标签二进制编码中的 1 位。在每个基本块出口处，根据当前块的所有后继基本块生成动态标签。在下一个块的入口处，判断动态标签的对应位是否被置为 1，置为 1 则表示当前块是上一个块的合法后继，否则说明检测到控制流错误。RSCFC 存在一个局限，其标签编码方式使能够表示的块受到机器字长的限制。例如机器字长是 32 位，那么 RSCFC 能够表示的块只有 31 个（有 1 位被 RSCFC 保留使用）。RSCFC 提出用分层嵌套的方法来解决这个问题：以一个函数为单位，构成函数体的基本块作为局部基本块，整个函数作为一个大的基本块。但是其实现的成本要高很多。

其他标签分析法的基本原理与 CFCSS 和 RSCFC 相同，但是在基本块标签和检测断言的设计方面各有区别，由此导致在错误检测率和性能消耗等方面存在差异。

（2）基于重构控制流图的控制流检测优化

程序内部的基本块大小一般存在明显的差异。对于较小的基本块，如只包含一条跳转指令的基本块，发生控制流错误的概率很小，但是却需要在基本块内插装多条指令实现控制流检测，检错的时空开销很大。而对于部分较大的基本块，发生各种控制流错误的概率很大，插装同样数量的检测指令就难以保证错误检测率，尤其是没有实现基本块内控制流错误检测的算法，受这种问题的影响十分明显。因此，对大小不同的基本块应用统一的检测方法，会降低算法的保护效率（算法的保护效率和可靠性成正比，和执行时间成反比）。对于这种问题，可行的解决思路之一是调整划分基本块的方法，达到平衡控制流检测算法的时空开销和可靠性，提高算法保护效率的目的。基于重构控制流图的控制流检测优化方法，首先合并基本块得到较大的逻辑块，然后对逻辑块进行均匀切割得到大小相近的基本逻辑块，最后基于由基本逻辑块构成的控制流图实现控制流检测算法。该方法可以有效地提高检测算法的保护效率，而且可以通过配置切割标准调节性能和可靠性的平衡。

（3）可配置的数据复制方法

由于瞬时故障具有随机性强、影响瞬时性、相同瞬时故障重复发生的概率极小等特点，针对数据流错误的软件容错技术通常在不违背时间约束的前提下，采取程序复算的方法，即把程序重复执行两次或多次，并比较结果以进行错误检测和恢复。其中，在指令级进行复算由于具有检测效果好、灵活度高、对硬件和应用程序无限制，以及有利于实现优化等特点而成为研究热点，代表性成果有重复指令差错检测（error detection by duplicate instruction，EDDI）和软件实现容错（software implement fault tolerance，SWIFT）等。

然而，程序的重复计算会引起内存的占用和性能的下降。在极端情况下，数据的重复会导致两倍的内存占用，大量的一致性检查指令导致性能下降明显，这些状况在很多情况下是不可接受的，特别是实时系统和嵌入式应用。而且，如果只对部分的数据和程序进行复算，可能导致错误的漏检。所以，指令复算的性能和内存之间的权衡应慎重考虑。一种可能的解决方案是只复算最重要的数据，这样能显著提高程序容错能力，同时有一个可接受的内存和性能开销。

程序复算已有很多这方面的可用技术。斯坦福大学提出的 EDDI 就是其中的代表性方法，它通过重复每条指令和数据，以及在存储指令和控制流指令插入比较指令实现瞬时故障的检测，从而保证了写入到内存数据的正确性。类似 EDDI，SWIFT 把存储指令作为同步比较点将变量分为两类——中介变量和最终变量，在每次写最终变量时都会加入一致性检查操作。

当前，由于处理器内部的电路屏蔽、逻辑屏蔽以及触发窗口屏蔽等作用，运算部件的软误差率（soft error rate，SER）比起存储部件要小很多，软故障可靠性分析方法（program reliability analysis for soft errors，PRASE）关注发生在存储部件（如内存、Cache 和寄存器）中的瞬时故障。并假设所分析的程序本身正确无误，导致失效的原因只能是硬件引入的瞬时故障，同时分析目标确定为运行可终止的串行程序。

（4）面向指令复算的检查点优化方法

指令复算结合了时间冗余和空间冗余两种手段，基本思想是把程序用到的数据复制为主版本和副本，同时指令也分为主版本指令（master instruction，MI）和副本指令（shadow instruction，SI），然后还需要在合适的位置（例如分支跳转等）加入比较指令（compare instruction，CI），以比较两个版本数据的一致性。如果同时有三个版本进行复算，就可以通过投票机制实现错误恢复。大量同步比较的 CI 会严重影响容错程序性能，对嵌入式和实时系统等应用来说更是如此。但如果不对程序进行整体复算，则会带来程序错误检测率的下降。

围绕指令复算中 CI 影响程序性能的难点问题，提出一种针对指令复算的检查点优化方法（checkpoint optimization method for instruction duplication, COID）。为了在不降低错误检测率的前提下尽量减少 CI 带来的性能开销，COID 把与外设进行交互的系统调用指令作为边界，在面向错误传播的数据流分析基础上分析得出那些能够被安全删除的 CI，即要确保这些 CI 能够检测的错误一定会在程序输出之前被其他 CI 所发现。故障注入和性能分析实验表明，COID 优化方法在不影响错误检测率的前提下，把指令复算程序的平均性能开销减少了 12.78%。

目前对检查点的设置大多从经验出发，缺乏精确的分析，有些优化方法只复制和比较部分关键数据达到以较小的成本获得可靠性大幅提升的目的。

带恢复功能的片级冗余线程（chip-lever redundant threading with recovery, CRTR）和软件实时响应（soft real time response, SRTR）是利用多线程和多核等硬件并行体系结构进行程序复算的容错方法，其中提出了采用基于相关性的指令检查简化（dependence based checking elimination, DBCE）技术分析连续的几条微指令之间数据依赖关系，由此只需要比较依赖关系链中最后一条微指令中的数据。如果该数据正确，则该依赖关系链上的所有微指令都已经正确执行，这样便减少了比较次数。但是受硬件成本和空间的限制，DBCE 只能检测很少的微指令之间的依赖关系，大约为数条到数十条。

实际上，瞬时故障仍然是一种发生概率非常小的现象，错误恢复极少被执行，但是为了不漏检错误，错误检测动作却经常执行。而且相比于进程级复算等高层程序复算来说，指令复算的错误延迟通常是非常小的。COID 方法正是基于这个出发点，研究如何尽量减少检查点带来的开销，即以适当增加错误延迟为代价，在不降低错误检测率的前提下尽量推迟一致性比较动作。具体来说，就是以系统调用指令为界限，在保证程序向外输出之前能够检测出所有已发生的瞬时故障的前提下，通过基于错误传播的数据流分析来安全地删除指令复算中的检查点。

另外有学者提出一种错误流压缩算法,该算法的基本思想是借助错误传播作用,把两条 CI 要比较的源操作数通过附加运算合并到一个操作数,这样只需要一条 CI,但是该方法的通用性和对性能的改善效果不足。俞静提出的 ESoftCheck 方法与 COID 方法类似,也是试图对指令复算中的检查点进行优化,但 ESoftCheck 方法的部分优化策略依赖于寄存器本身是可靠的,例如采用错误检查和纠正编码(error correcting code,ECC)进行保护等,其目标是检测运算部件的瞬时故障。另外,ESoftCheck 由用户自定义提交点,提交点之间执行的指令越多,就有越多机会发现可以删除的冗余检查点。与 ESoftCheck 方法相比,COID 方法把系统调用指令定为提交点,已经使得提交点之间的距离最大化。

5.4　增材制造技术

5.4.1　增材制造技术基本原理

1. 基本概念

传统的切削加工是利用刀具进行材料的切削去除,是一种"自上而下"(top-down)的加工方式,如图 5-40 所示。这种加工方式是从已有的零件毛坯开始,逐渐去除材料而成形,因此受到刀具能够达到的空间限制,一般很难制造出复杂的三维空间结构。

增材制造技术的成形原理与上述传统方法截然不同,其采用材料逐层累加的方法制造实体零件,相对于传统切削加工技术,该技术是一种"自下而上"(bottom-up)的制造方法,如图 5-41 所示。

图 5-40 传统切削加工"自上而下"去除材料

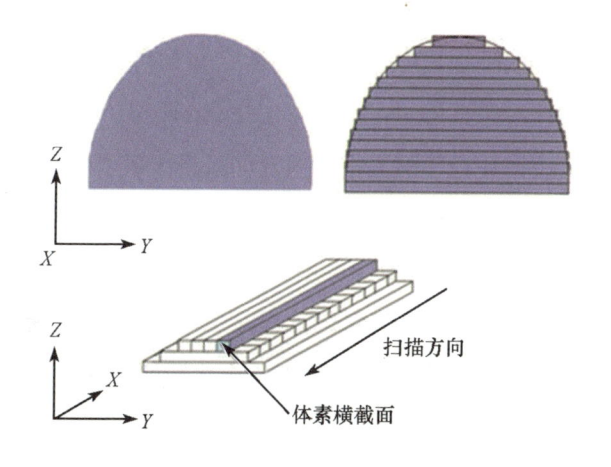

图 5-41 三维实体的分层切片与打印

· 名词解释

— 增材制造 —

增材制造（additive manufacturing，AM）俗称 3D 打印，是融合了计算机辅助设计、材料加工与成型技术，以数字模型文件为基础，通过软件与数控系统将专用的金属材料、非金属材料以及医用生物材料，按照挤压、烧结、熔融、光固化、喷射等方式逐层堆积，制造出实体物品的制造技术。

快速制造的概念出现于20世纪70年代末,而分层制造堆积三维实体的思想雏形最早可追溯到1892年,布洛特纳申请专利提出分层制造法构成地形图。20世纪70年代末至80年代初,赫伯特、小玉秀、赫尔等相继独立提出快速原型概念。特别在20世纪80年代,随着激光技术高速发展,赫尔研发立体光刻装置(stereo lithography apparatus,SLA)并于1986年获专利,成为快速制造技术发展的一个里程碑。1986年,德卡德提出选择性激光烧结(selective laser sintering,SLS),1988年研制第一台SLS机。1985年,费金提出的薄形材料选择性切割(laminated object manufacturing,LOM)技术获得专利,1991年推出LOM机。1992年,克伦普获得丝状材料选择性熔融堆积(fused deposition modeling,FDM)技术的第一个专利。1993年,麻省理工学院的萨克斯获得3D打印(three-dimensional printing,3DP)专利。

麻省理工学院的3D打印概念把喷墨打印机挤压墨水的方案变为把约束溶剂挤压到粉末床的方案,如图5-42所示。3D打印的原理与普通喷墨打印机类似,首先在工作仓中均匀铺粉,再用喷头按指定路径将液态的黏结剂喷涂在粉层上的指定区域,待黏结剂固化后,除去多余粉尘材料得到产品原型。也可直接逐层喷涂陶瓷或其他材料的粉浆,固化后即得到所需产品原型。

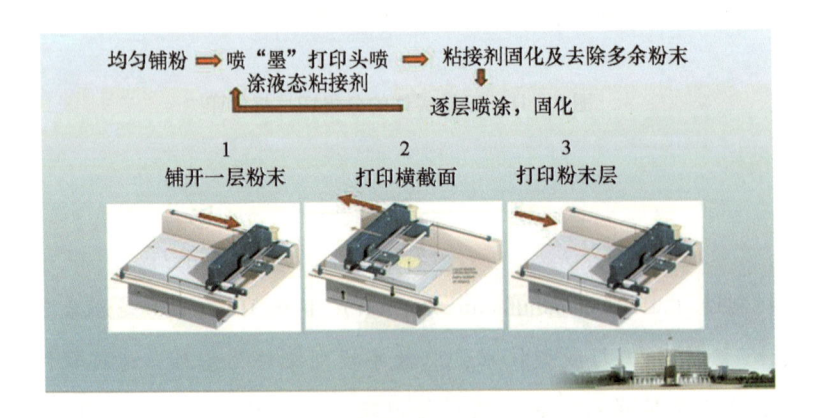

图5-42 麻省理工学院的3D打印技术方案

以前人们所指的3D打印在技术上还局限为上述类似喷墨打印机的技术,是增量制造的一个子集,而最近3D打印已经成为增量制造的同名词,涵盖了其他类型的快速制造技术。

增材制造技术具备两个本质特征：一是数字化模型直接驱动，将产品的数字化模型输入3D打印机，就能直接"输出"最终产品，实现快速制造，不需要制模或铸造；二是基于离散－堆积成形原理的逐层材料添加方式，可成形任意复杂空间结构，具有很高的柔性。

2. 增材制造技术原理

20世纪80年代以来共开发了20余种不同的增材制造技术，可大致分为基于微滴喷挤的方法和基于高能束的方法两类。从基本原理来看，这两种方法分别以高分子聚合反应、烧结和熔化为基本原理。

（1）基于微滴喷挤的方法

基于微滴喷挤的方法多用于快速原型制造，制造的产品基本上不具有使用功能，仅用于产品设计的评价。除了图5-42所示的3D打印技术，基于微滴喷挤的方法主要还有下列几种。

● 丝状材料选择性熔融堆积

如图5-43所示，采用丝状热塑性成形材料，连续送入喷头后在其中加热熔融并挤出，逐步堆积成形，是美国Stratasys公司的专利。这种工艺的层厚一般为0.25~0.37毫米，最小特征为丝状直径0.26~0.7毫米。采用此技术的设备以Stratasys公司的Dimension系列三维打印机和Solidscape公司的T系列台式成形机为代表。

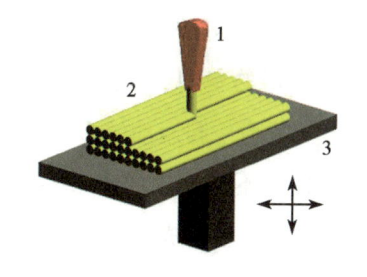

图5-43 丝状材料选择性熔融堆积原理

- 选择性固化或立体光刻

选择性固化或立体光刻技术是 20 世纪 80 年代中期美国 3D Systems 公司的专利,是最早出现的一种快速制造技术,采用激光束逐点扫描液态光敏树脂,这种光敏树脂材料在紫外光照射下会立即固化。如图 5-44 所示,当一层光敏树脂固化后,向下移动工作台,在刚刚固化的树脂表面铺放一层新的液态树脂,再进行扫描固化。激光束由紫外激光器产生,经过一套光学机械集成的扫描系统(振镜),控制激光束聚焦斑点沿着截面形状所确定的路径扫描,逐层固化。这种工艺并没有类似粉末打印的喷嘴,而是利用光化学作用,直接扫描激光束固化液态树脂,因此,它可以算是 3D 打印的另一种形式。或者也可以说,它是通过激光束聚焦系统将紫外光子喷射到液态树脂上。

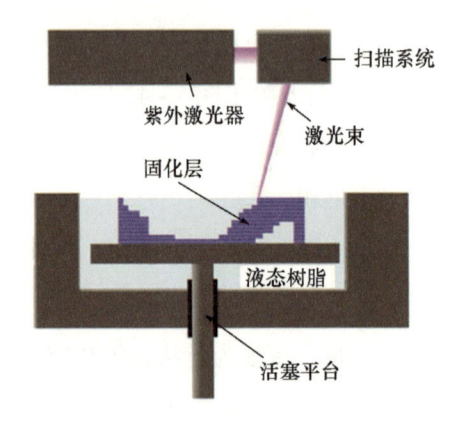

图 5-44 立体光刻技术原理

- 光敏树脂紫外光固化 3D 打印技术

该技术是以色列 Object 公司的专利。如图 5-45 所示,液态树脂和水溶性树脂从各自喷嘴中喷出,与喷嘴一起运动的多光束紫外光立即将树脂固化,形成一层层轮廓截面,以紫外光不起作用的水溶性树脂作为支撑材料,可在打印完毕后用水冲洗。这种技术将喷射成形和光固化成形的优点结合在一起,大大提高了成形效率。基于这种技术的设备以 Object 公司生产的 Eden 系列成形机和 3D Systems 公司生产的 InVison 系列三维打印机为代表。

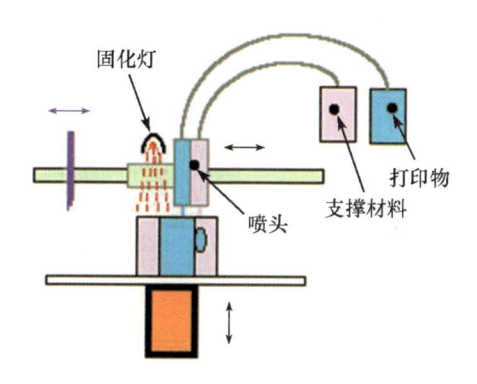

图 5 – 45　光敏树脂紫外光固化 3D 打印技术原理

● 连续液态界面制造技术

利用光敏树脂光固化的 3D 打印技术打印层厚可以达到 1 微米，最小特征达到 1~5 微米。但是层厚越小，加工时间会越长，即存在打印效率与精度的矛盾。2015 年报道的连续液态界面制造技术（continuous liquid interface production，CLIP）很好地解决了这一矛盾。CLIP 本质上还是立体光固化，但打印一个普通模型所需要的时间只有短短几分钟，比传统方法快了几十倍。如图 5 – 46 所示，该技术用数字成像单元生成连续的层图像，实现一层液态树脂同时固化，而不是一点一点扫描固化；采用倒拉模式，3D 模型随着支撑板连续提升而迅速固化成型，如图 5 – 46（c）所示。

（2）基于高能束的方法

基于高能束的方法利用高能激光束或电子束熔融"生长"金属粉末材料实现复杂结构成形，可直接用于快速功能零件制造。

● 粉末材料选择性激光烧结

如图 5 – 47 所示，粉末材料选择性激光烧结技术以金属粉末为原料，通过激光熔化沉积逐层堆积"生长"。选择性激光烧结的层厚可达 0.076~0.1 毫米，最小特征为 0.045~0.1 毫米。还有一种类似工艺，即所谓的激光熔化沉积"生长制造"。利用激光束熔化金属材料，在基体上形成熔池的同时将金属粉末或丝材送入熔池沉积。有点像电弧焊，特点是可近净成形，成形

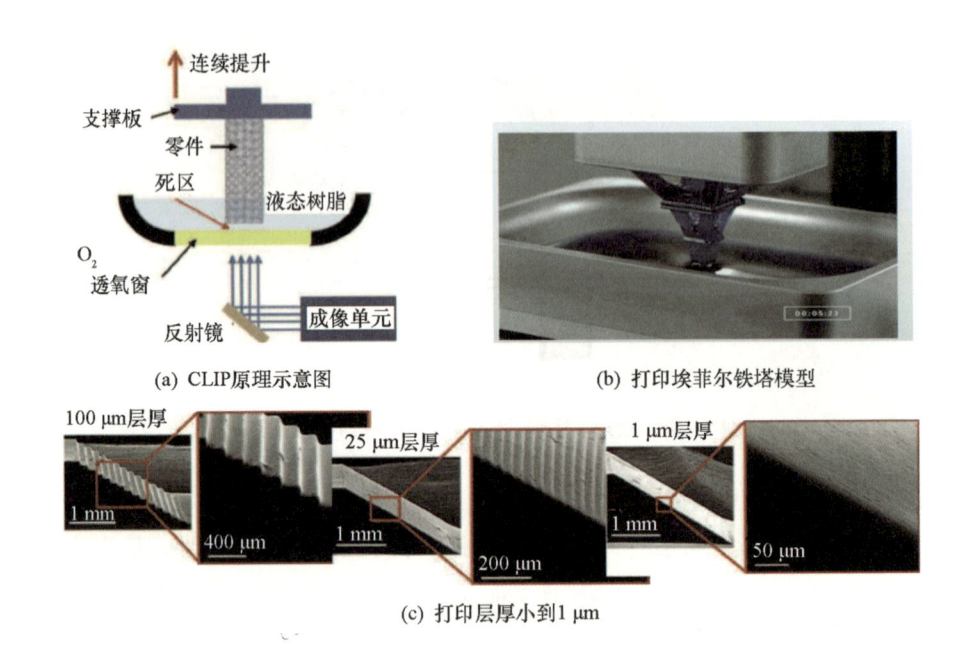

(a) CLIP原理示意图　　(b) 打印埃菲尔铁塔模型

(c) 打印层厚小到1 μm

图 5-46　连续液态界面制造技术

后需要的加工量很小。另外，还可以用于局部损坏金属件的快速修复。例如某飞机承力构件模锻件吊耳处缺肉，凸起高度少则缺 2 毫米，多则缺 30 毫米，用激光生长制造可以直接沉积材料补上缺口。

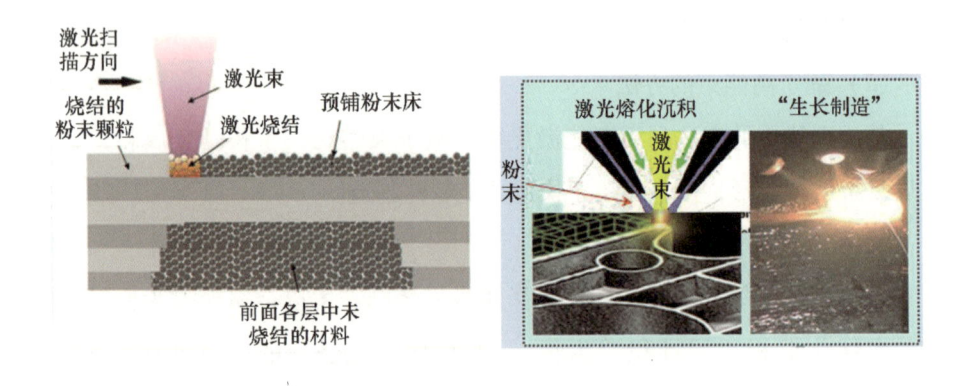

图 5-47　粉末材料选择性激光烧结原理

激光烧结技术的使用，大规模节约了成本和时间。特别是钛合金这种很难加工的金属构件，利用激光烧结技术能够直接生成一个很精致的毛坯，再进行少量加工，就可以直接在飞机上使用。

● 金属丝材材料选择性电子束熔化成形

这种技术以金属丝材为原料，在真空环境中通过电子束熔化沉积逐层堆积"生长"，如图 5-48 所示。

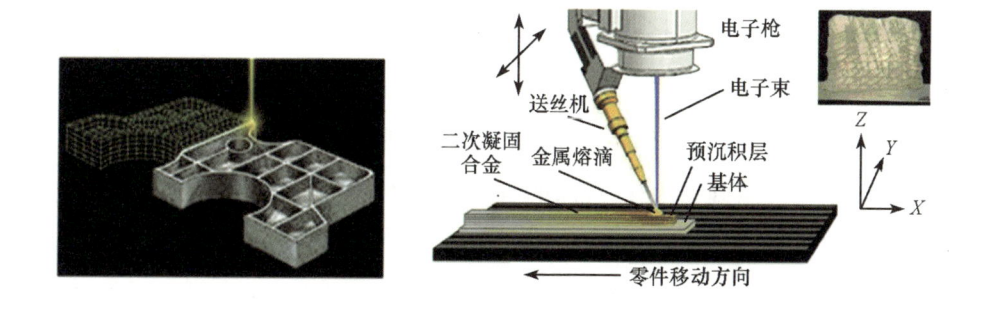

图 5-48　金属丝材材料选择性电子束熔化成形原理

3. 增材制造技术的颠覆性意义

近年来，3D 打印技术持续升温，特别是在军事和生物领域被寄予厚望，也取得了一系列令人振奋的应用技术重大突破，发展前景十分广阔。2012 年 4 月，英国《经济学人》刊文认为，3D 打印技术将与其他数字化生产模式一起推动第三次工业革命的实现。

3D 打印是推动制造创新的一项关键技术。如图 5-49 所示，3D 打印机、3D 扫描机、激光切割机、数控机床等数字化制造工具加上网络技术，是当今以概念创新和设计创新为特征的制造信息世界（比特世界）和实体经济的物质世界（原子世界）之间的桥梁，是制造业从劳动密集型和规模生产型模式向分布生产、个性化定制和在线制造服务型转变的桥梁。3D 打印不需要模具，输入设计模型就可以打印产品，很好地支撑了个性化定制的需求。

3D 打印开创"开源硬件"模式，这一模式最初源自软件，是一种源代码可以自由获取、使用、修改和传播的计算机软件，如 Linux 操作系统、Web 的 Apache 系统、手机的安卓系统。开源的本质是开放创新资源和创新过程，开

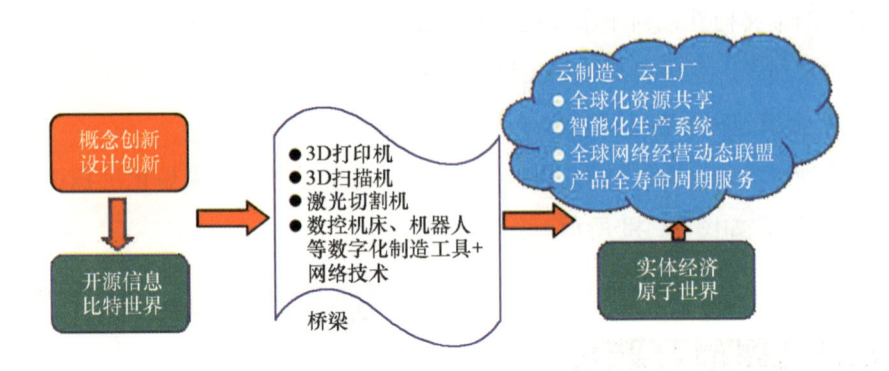

图 5-49 3D 打印推动制造创新

启更高效率的协同创新。3D 打印的哲学意义不仅在于制造出某个零件或产品，而且在于开创了一种"开源"硬件模式。创新资源的开放，能使创新群体从知识共享中受益，促进协同创新。图 5-50 所示为英国巴斯大学研制的快速复制原型机（replicating rapid prototype，RepRap），其软硬件都是开源的，引领了 3D 打印的开源运动。3D 打印使每个人都可能用开源硬件自由地制作研究设备，并且创意与现实的结合变得更容易，拓展了设计人员的想象空间。

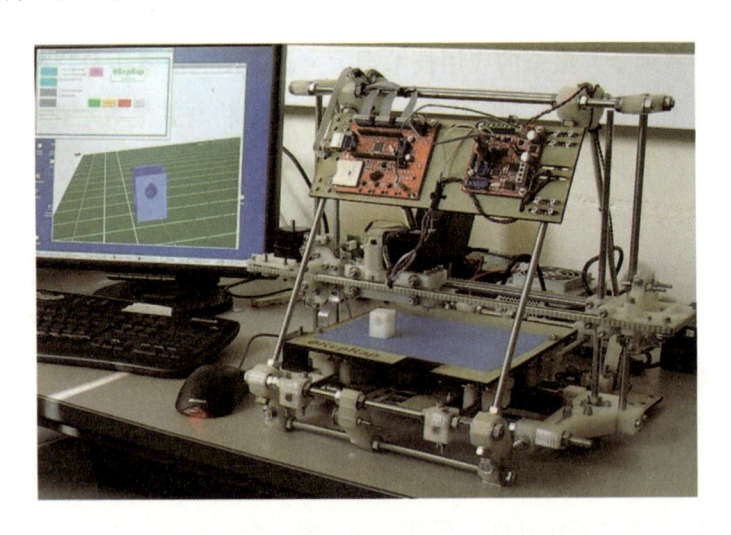

图 5-50 英国巴斯大学研制的快速复制原型机

5.4.2 增材制造关键技术

当前 3D 打印技术的关键性瓶颈是打印成本、打印精度与速度，以及原材料的多样性，需要解决的关键技术主要有精度控制技术、高效制造技术、复合材料 3D 打印技术。

1. 精度控制技术

3D 打印的精度取决于材料增加的厚度和增量单元的尺寸及控制。通过激光或电子束光斑直径、成型工艺如扫描速度和能量密度等，以及材料性能的协调，控制增量单元的尺寸，是提高制件精度的关键技术。预测未来重点发展的两个关键技术：一是激光光斑控制技术，采用逐点扫描方式使增量单元达到微纳米级；二是平面投影技术，投影控制单元随着液晶技术发展，分辨率提高，控制单元更小，可实现高精度和高效率制造。其目标是实现增量层厚和增量单元尺寸减小为原来的 1/100~1/10，从现有的 0.1 毫米级向 0.01~0.001 毫米级发展，制造精度达到微纳米级。

2. 高效制造技术

基于微滴喷挤的 3D 打印技术的生产速度受黏结剂喷射量的限制，典型的喷嘴流量是 1 立方米/分。麻省理工学院最近开发了连续式和点滴式两种喷射系统，多喷嘴连续式系统的生产速度为每层 0.025 秒，点滴式系统的生产速度为每层 5 秒。选择性激光烧结技术同样可以采用多激光束提高效率，未来预测将采用 4~6 个激光源同步加工。

2019 年 11 月，哈佛大学工程与应用科学学院路易斯教授团队在国际顶级期刊 *Nature* 在线发表"多材料多喷头 3D 打印制造出体素级柔性物体"的研究文章。如图 5-51（a）所示，通过在单个喷嘴喷出材料时的快速切换，实现了体素级的多材料功能结构的快速打印。也就是说，用一个喷头快速切换打印材料，来实现多材料的精准打印，这样就可以通过控制材料的精确切换来打印两种材料。喷头可以进一步增加为 4 个，同时打印 4 种材料的结构，最多甚至可以支持 8 种材料同步打印。据称最多可以并行排列 128 个喷头。该技术的关键在于多材料打印喷头内的流道结构设计以及不同材料之间的精准快速切换。该团队利用该技术一体化地制造出了折纸结构以及软体机器人。如图 5-51（b）所示，同时打印硬性材料和柔性材料，通过气体来控制其舒张，然后就成了 3D 打印软体机器人，甚至可以搬运两个烧瓶。

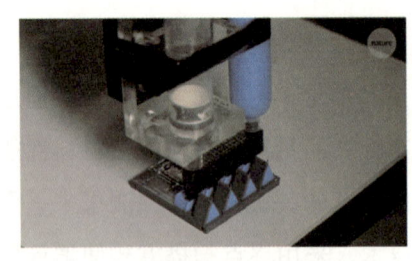

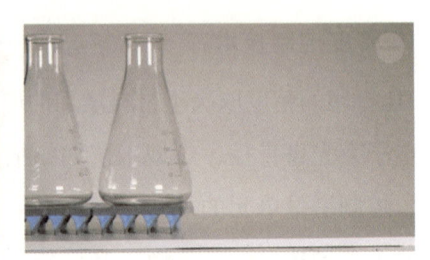

(a) 快速切换打印两种材料　　　　(b) 3D 打印软体机器人搬运烧瓶

图 5-51　多材料多喷头 3D 打印制造出体素级柔性物体

3. 复合材料 3D 打印技术

现阶段 3D 打印主要是制造单一材料的零件，如单一高分子材料和单一金属材料。目前正在发展陶瓷材料零件 3D 打印技术。复合材料或梯度材料零件成为迫切需要发展的产品，如未来人工关节需要具备钴铬钼合金和钛合金的复合结构，使其具有良好的耐磨性和生物相容性，成形过程中多材料组织之间的同步是关键。

功能梯度材料的构成要素（组成、结构）沿厚度方向由一侧向另一侧呈连续变化，从而使材料的性质和功能也呈梯度变化，其概念是日本科学家平井敏雄于 1984 年提出的。航天飞机发动机燃烧室壁燃烧气体一侧温度在 2000 ℃ 以上，而另一侧直接接触制冷材料液氢，两侧温差大于 1000 ℃，传统隔热性耐热材料由于存在明显的相界面，将产生很大的热应力，使涂层遭到破坏甚至引起重大事故，而功能梯度材料成分和结构的连续性梯度变化，能够消除金属、陶瓷复合材料之间的界面，达到缓和热应力和耐热隔热的目的。

由于采用逐层材料添加方式，3D 打印被认为是制造功能梯度材料零件最有效的技术之一。利用 3D 打印实现局部成分控制是麻省理工学院的一个 3D 打印技术研究项目，其目的是制作局部材料属性如折射率、导电性、磁性、硬度等可控的功能梯度材料。

5.4.3 增材制造技术应用与发展情况

2012 年美国国防部快速反应技术办公室启动下一代技术（Next Tech）项目，将增材制造列入其中。2012 年 9 月 27 日，国际著名智库新美国安全中心发表"改变游戏规则，颠覆性技术与美国国防战略"的报告，将增材制造列入其中。在后装保障领域，增材制造技术使部队能够就地利用材料打印特定的部件，将极大提高装备的战术适应性，为后装保障带来重大变革，将引领装备制造和保障模式的变革。

1. 应用情况

（1）移动远征实验室

2012 年，美国陆军快速装备部队将其第 1 个和第 2 个移动远征实验室分别部署到阿富汗南部和东部战区，第 3 个部署在美国本土，用于自然灾害支持。如图 5 - 52 所示，移动远征实验室是一个 20 英尺（约 6.10 米）长的标准集装箱，使用 3D 打印机、数控机床、等离子体切割机等将铝、塑料和钢材生产加工成所需零部件。此举可帮助设计人员利用计算机辅助设计软件在战区快速生产原型产品，其目的在于加速设计和生产的进程，同时减轻生产后

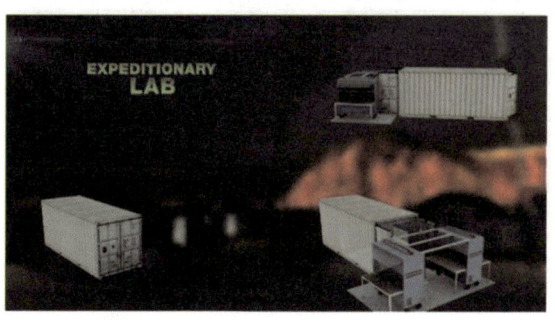

图 5 - 52 移动远征实验室

勤压力。前线的用户能够立即提供使用反馈。美国陆军计划通过这种做法增强单兵作战、战区巡逻以及小型前线作战基地的可持续能力。

(2) 装备快速维修

美国军方研制的3D打印机打印飞行器备件技术，主要是用于一些敏感仪器（如GPS接收机），这些易损件很多在海外生产，更换周期长，通过3D打印技术可解燃眉之急。尤其是在太空的空间站不可能携带很多零部件，太空任务旷日费时，太空船最好在能源、零件替换、食物上都能自给自足。NASA研制的太空3D打印机（图5-53），能够用粉末在太空随时构建急需的零件或维修工具。值得注意的是，太空3D打印机需要适应微重力环境，NASA分别在地面和模拟太空环境下完成了飞船典型零件的打印（图5-54），然后由"天龙号"太空船搭载3D打印机，历时近两个月，于2014年11月17日到达国际空间站，并在手套箱中完成了微重力状态下的3D打印测试。俄罗斯于2018年宣布制成太空3D打印样机并将其送入空间站测试。2020年5月5日晚，长征5号B运载火箭搭载中国新一代载人飞船试验船在海南文昌发射场成功首飞，新飞船上搭载了由中科院太空制造技术重点实验室研制的新一代立体光刻3D打印机——在轨精细成型装置。这是我国的首次太空3D打印实验，也是国际上第一次在太空中开展连续纤维增强复合材料的3D打印实验，此前NASA和欧洲航天局（European Space Agency，ESA）所采用的太空3D打印工艺为丝状材料选择性熔融堆积（fused deposition modeling，FDM）工艺。

图5-53 第一台被送上国际太空站的3D打印机

图 5-54　太空 3D 打印机适应微重力环境

（3）零部件快速修复

钛合金在先进飞机、高推重比航空发动机、飞船、卫星、运载火箭、船舶等国防装备中被广泛用作具有决定性影响的关键结构件，钛合金用量的高低已成为衡量飞机、发动机等许多国防装备先进性的重要标志之一。钛合金作为一种性能优良的结构材料，在飞机上的用量越来越大，例如 Su-27 钛合金用量达到整机结构质量的 15%，F-22 达到 41%。我国飞机上的钛合金用量也在不断增加，结构尺寸也在增大。

飞机上的钛合金多用于主承力结构中，因材料去除率大（材料利用率在 15% 左右，个别构件材料利用率小于 5%）、机械加工量巨大等各种不可避免的原因，经常会出现大量的加工超差，或在服役使用中出现裂纹、腐蚀、磨损等。出现加工超差或使用失效，现有的修复补救措施往往需要较高的经济成本和较长的修复周期，而且性能有不同程度的损失，严重时只能报废，造成巨大经济损失，并且严重影响进度。因此，在钛合金结构件的制造及使用过程中，高效、高性能的修复技术是亟待解决的关键问题。

激光快速修复技术具有高效、高性能的特点。前面提到的激光熔化沉积"生长制造"，利用激光束熔化金属材料，在基体上形成熔池的同时将金属粉末或丝材送入熔池沉积，就是一种适合零件局部修复的技术。美军在坦克涡轮发动机部件、核潜舱轴封件、直升机发动机叶片等的维修中均有成功实例。Aeromet 公司采用激光快速修复技术使 F15 战斗机中机翼梁的检修周期缩短为

1周；Optomec Design 公司在军方资助下将激光快速修复技术应用于海军飞机发动机零件的磨损修复，实现已失效零件的快速、低成本再生制造。

（4）战场医疗保障

3D 打印技术同样带来了战场医疗保障的改革。比如 3D 扫描士兵并制作修复假肢，是美军计划的一个项目，在士兵投入战场之前对其进行三维扫描，用于 3D 打印符合士兵个人特性的修复假肢，以备服役期间伤残治疗之需，如图 5-55 所示。此外，手术自体软骨移植是治疗外耳缺损的主要方法，通过快速反求、模型优化、模具打印和硅胶浇注，可以提供外耳缺损的高效、个性化解决方案。

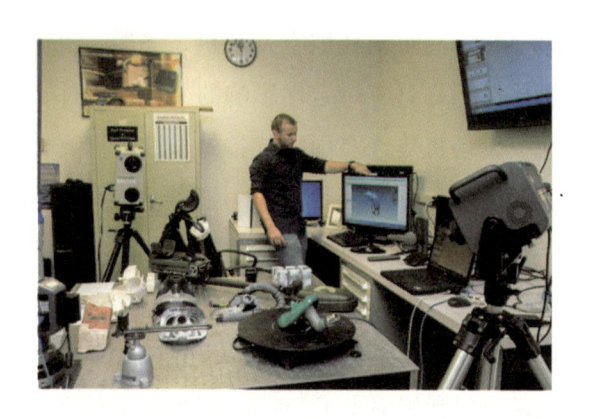

图 5-55　美军的 3D 打印实验室

（5）假目标快速打印

现有模具式、充气式等假目标制备方式难以满足野战环境假目标的多样性和实时性要求（图 5-56）。主流的 3D 打印技术从成型原理上限制了打印效率，而且打印机普遍采用框架式结构，成型范围较小，无法打印大型零件。此外，3D 打印材料种类单一、来源受限，无法在打印过程中调节材料性能，降低了加工柔性，限制了 3D 打印在假目标军事领域的推广应用。

基于热固材料 3D 打印技术高效率、大范围、低成本的特点，实现野战环境战役/战略级假目标快速搭建。热固材料是指在受热或其他条件下能固化或具有不溶（熔）特性的塑料，如酚醛塑料、环氧塑料等。热固性塑料第一次

图 5 – 56　模具式和充气式假目标

加热时可以软化流动，加热到一定温度，产生化学反应—交联反应而固化变硬，这种变化是不可逆的，此后，再次加热时，已不能再变软流动了。正是借助这种特性进行打印成型，利用第一次加热时的塑化流动，挤压成型后固化成为确定形状和尺寸的制品。由于这种材料具有"反重力"特性，打印时不需要辅助支撑，方便采用工业机械手（图 5 – 57）进行大范围打印作业，快速打印如图 5 – 58 所示的飞机假目标。

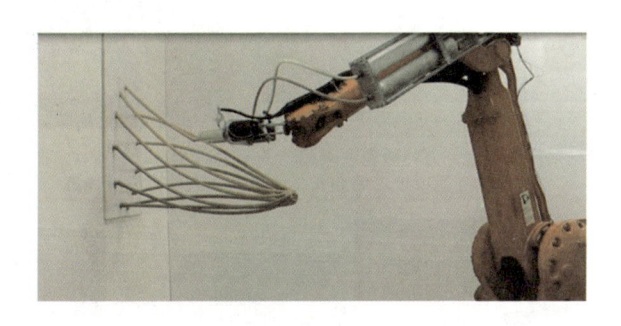

图 5 – 57　使用机械手的热固材料 3D 打印

（6）增材制造技术的其他军事应用

3D 打印技术能加速新装备研制，特别在军用飞机钛合金框、承力构件的打印上应用广泛。图 5 – 59 为美国 F – 22 的钛框，面积为 5.53 平方米，模锻件重 2980 千克，而最终零件重 143.8 千克，材料利用率只有 4.83%。传统方

图5-58 热固材料快速打印的飞机假目标

法是整体锻造，包括铸锭、制坯、锻造模具、模锻和机加工等过程。因为铸锭组织晶粒大，结构疏松，必须通过塑性变形变成细晶粒，才能确保力学性能良好，这也是打铁为什么要锤打的道理。但是这么大的零件，需要数万吨的重型锻造设备及成套模具，加工量大、材料利用率低、周期长、成本高。

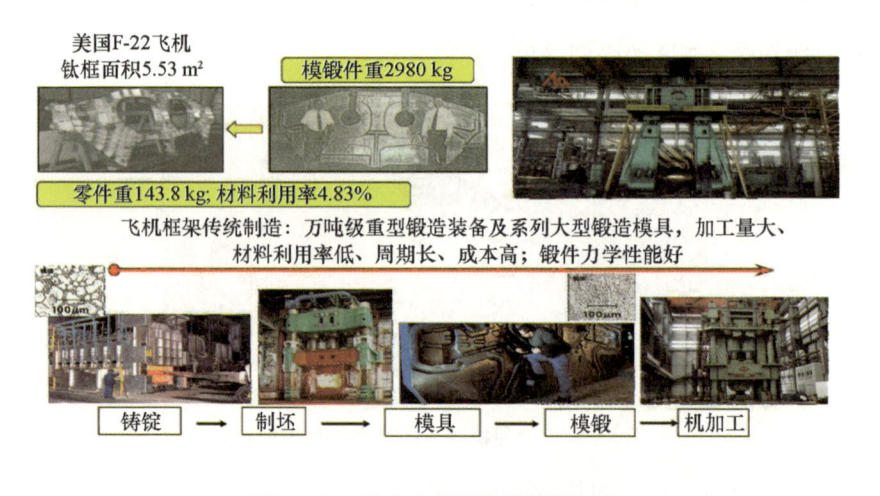

图5-59 钛合金框的传统铸锻工艺

而采用3D打印工艺，加工量小、材料利用率高、周期短、成本低。我国北京航空航天大学王华明团队的研究成果表明，面积超过5平方米的某重型战斗机后段加强框架，可以使用钛合金粉末烧结一次制成。

此外，增材制造技术还在开源打印枪支、打印优化的无人机装备以及打印功能梯度材料如电磁隐身超材料等很多方面得到应用，促进了武器装备研制的颠覆性创新。在生物打印领域，增材制造可以打印医学辅助快速原型、个性化定制的生物植入体、用于间接细胞组装的组织工程支架，或直接通过细胞打印的方式打印出组织器官，这对于军事医疗保障意义重大。

2. 发展趋势

3D打印技术发展非常迅速，目前多种3D打印工艺已臻成熟，3D打印制件也已进入工程化应用阶段；另外，作为3D打印的新兴前沿技术，4D打印迅速成为热点，并且在装备研制领域表现出巨大应用潜力。2013年，美国麻省理工学院的自组装实验室创始人斯凯拉·蒂比茨首次正式提出4D打印概念，在传统3D打印制件基础上增加了时间维度的变化。4D打印是基于智能材料的增材制造技术，其考虑时间和空间维度的技术特征与信息化、智能化武器装备多功能融合的需求高度契合，可能成为未来装备研制不可或缺的重要制造技术，特别可能在军事、航空航天领域占得先机，例如制造智能变体飞行器、高超声速飞行器热防护结构和智能隐身结构等，具有重大革命性意义。总体来看，3D打印的工艺与装备向着大型整体结构和复杂精细结构两个维度发展。4D打印构件的多数应用环境是基于性能、面向功能，所以更多偏向复杂精细这个维度。这要求4D打印的工艺精度和表面精度更高，几何偏差更小，也要求提升其制造效率。

增材制造技术带来了制造工艺和生产模式的变革，是信息技术与制造技术高度融合的产物，发展至今将近30年，已经在航空航天、生物医学、国防军工、工程教育和新产品开发等领域取得应用。在2016年Gartner的新兴技术成熟度曲线中，第一次进入的新兴技术有4D打印、区块链等，其中4D打印据估计10年后才会迎来高峰期；3D生物打印系统用于器官移植、消费者3D打印、企业3D打印则从曲线上消失。

总的来说，与传统的材料去除方法制造不同，增材制造技术采用分层添加的制造方法，开创了一种新的"开源"制造模式，在复杂、难加工材料的高效、减重加工，复合材料和梯度材料特殊功能的制造，装备快速维修和保障等方面具有广泛军事应用前景。然而也必须认识到，增材制造技术并不是要取代传统的减材制造，增/减材复合才是未来先进制造技术发展的主要模式。

第 6 章

后装综合保障方案生成及应用系统

> 凡事豫则立，不豫则废。言前定则不跲，事前定则不困，行前定则不疚，道前定则不穷。
>
> ——《礼记·中庸》

一体化联合作战的突出特点是体系对抗，构建符合体系对抗要求的后装综合保障系统是决定战争胜负的重要因素，是实现保障转型的关键，更是实现保障决策科学化、保障实施实时化、保障目标精确化的重要手段。综合保障系统在设计时首先要明确保障系统的要素及特点，建立保障系统模型并进行仿真分析，在此基础上科学制定保障方案并对其进行优化调控，实现"活动可控"，从而保证综合保障系统的有效运转。为此，本章重点介绍保障系统建模与仿真技术、保障方案生成与评估优化技术，并详细介绍装备自主保障系统和智能军事物流系统两种综合保障应用系统。

- **名词解释**

-综合保障系统-

综合保障系统是在寿命周期内用于使用和维修装备的所有保障资源及其管理的有机组合，是为达到既定目标使所需的保障资源相互关联、相互协调而形成的一个系统。综合保障系统在综合保障技术的基础上，通过集成保障全过程、全方位信息流，给用户提供实时、完整、准确的信息，为保障指挥管理和有效实施提供服务。

6.1 保障系统建模与仿真技术

综合保障系统涵盖了保障规划、物资储运、保障设备、保障设施、技术资料等诸多保障要素，这些保障要素之间紧密联系、交叉耦合，使保障系统表现出非常复杂的动态特性。为了构建科学合理、要素配套、整体协调的综合保障系统，急需开展保障体系运行规律建模与仿真分析技术研究。

6.1.1 保障系统模型

按照建模方法，综合保障系统模型可分为解析模型和仿真模型。解析模型主要运用各种数学方法，结合保障研究对象，寻求输入与输出的解析关系。其特点是对于任意一个变量输入，输出的最终结果都是唯一的，且该结果的计算量一般较小，使用比较方便。而当系统很复杂或数据很多时，解析模型常常无能为力，这时一般采用计算机仿真模型。仿真模型可以在一组约束条件下，跟踪系统运行状态，如设计参数、目标状况及内部结构参数随时间的变化情况，其规模通常比解析模型大，调试起来比较困难，运行时间较长。

以下对几个典型的综合保障系统模型做简要介绍。

1. LCOM

后勤复合模型（logistics composite model，LCOM）是一个基于蒙特卡洛、资源排队论、系统工程的仿真工具，创建于20世纪60年代末，是由美国空军后勤司令部航空系统中心发起，美国兰德公司与空军后勤司令部共同合作开发的装备评估与分析仿真系统。

LCOM最早主要用于空军维修人力资源与飞机出勤率的研究，目前被作为一个策略分析工具使用。其特点在于能够将基地级的维修保障资源相互联系起来，并分析它们对飞机出勤率等与装备的可靠性、维修性、保障性关系很密切的性能参数的影响。其用途主要包括：

● 确定最优的保障资源组合，这些资源主要包括人力、备件、保障装备和保障设施；

● 评估维修需求、工作负荷、维修策略、保障方案等因素的变化对装备使用效能带来的影响；

● 评估备选设计方案的保障性；

● 用来实施灵敏度分析，分析的因素包括飞机固有性能、零件/子系统可靠性、维修策略/规程、基地管线时间、备件数量、保障装备、设施、人力资源、涂层/密封修复时间、飞机周转时间、出勤率、出动时间、已部署飞机的数量、分散的工作位置、磨损、改良诊断/可达性、任务综合、关键与非关键维修等；

● LCOM的输出可以输入费用模型进行寿命周期费用分析。

LCOM被广泛用于后勤，可靠性、维修性、保障性的权衡分析等领域，主要用于飞机，但也适用于各种武器系统。美国国防部采办部门将其广泛用于各项武器系统的采办，如F-16、F-22、C-17、CV-22、F-35等项目。20世纪90年代中期，LCOM经历了用F-15E在"沙漠风暴行动"中的数据进行的检验，结果证明LCOM是一个非常准确而有效的仿真模型。

2. OPUS10

OPUS10 是由瑞典系统与后勤工程公司（SYSTECON）开发的一个多功能计算机仿真模型，它可以用来解决与保障相关的各种问题，如保障方案、保障费用、系统可用度等。它是能够在备选的保障机构、系统设计参数、维修策略、库存策略、商业利益等问题之间进行权衡的研究与决策工具。

OPUS10 是一个经历了 30 年开发的优化的软件模型，该模型可以帮助用户实现：

- 降低维修费用；
- 降低备件费用；
- 在给定预算的条件下实现更高的系统可用度；
- 降低与大量备件库存有关的其他费用（储存、登记、员工工资等）；
- 最小化参数（价格、故障率、周转时间等）变化带来的风险，其确定的最优结果具有很低的敏感性；
- 模拟非常灵活的供应保障活动；
- 比较不同的备选方案；
- 确定优化的备件配置/分类；
- 确定最优的维修位置；
- 选择最具效费比的解决方案。

OPUS10 可用于装备寿命周期的所有阶段，特别是在装备的早期设计阶段，效益更加显著。OPUS10 已经被成功地应用在许多不同的、积极寻求降低保障费用的、保持或提高装备可用度的领域，例如飞机、铁路、雷达、电信和钻井平台等。OPUS10 在全球有 500 多个用户，其中包括 10 个国家的空军、6 个国家的陆军和 3 个国家的海军，以及大量的大型公司和机构，如 BAE 系统公司、波音、洛克希德·马丁、SAAB、DASA、CASA、Alenia、Alvis、Agusta、Celsius 等。

3. SCOPE

供应链运行性能评估器（supply chain operation performance evaluation，

SCOPE）是美国空军建模中心开发的一个保障系统仿真工具。它是一个用 SIMSCRIPT II.5 仿真语言开发的随机事件仿真模型，提供了因保障策略和规程变更对武器系统的可用度产生的影响进行量化分析的功能，能够模拟从部队级到基地级的整个保障机构。该模型可用于处理现场可更换单元（line replaceable unit，LRU）和车间可更换单元（shop replaceable unit，SRU）两个装备结构层次，以及部队级、基地级两个修理级别的备件数据。

该仿真模型可以监视多达 20 种不同武器系统在有限数量的部队级站点，具有多种零散供应和批量供应策略时的装备可用度。

SCOPE 的主要输入类型包括：运输时间、武器系统特性、零散供应与批量供应特性、单个器件特性和一些用户指定的选项。

SCOPE 的主要输出是武器系统的可用度。仿真模型监视每天不可用武器系统的数量，并计算整个武器系统中可用武器的百分比。其他的输出结果包括零散供应和批量供应级保障单位之间的出货类型（标准的或加快的）和数量，以及零散供应单位之间的横向出货量。SCOPE 还能统计许多第二层次的参数，如零散供应级和批量供应级修理活动的数量等，也统计许多第二层次的供应变量，如供应可用度、报废系统的可重复利用率、修理车间利用率，以及在基地级等待维修的可修备件（awaiting parts，AWP）的数量。

SCOPE 已经被用于以下方面：

- 设置零散供应级与批量供应级的供应水平；
- 为基地级的可修件编制修理计划；
- 管理横向补给；
- 当批量供应级单位缺货时为备件确定分配的优先性。

SCOPE 可以支持工程项目管理、后勤管理、供应链管理、工程管理等部门的决策制定和评估等工作。

此外，国外较为著名的综合保障系统模型还有 SALOMO 模型、LOGAM 模型、LOGSIM 模型和 TOPSAM 模型等。

6.1.2 保障系统建模方法

保障过程中涉及因素多（如保障流程、保障资源等）、保障过程复杂，为合理配置保障资源、改进保障流程、提高保障效率，需要对保障过程进行权衡优化，而建立保障过程模型是权衡优化的前提，常用的建模方法有计划评审技术（program evaluation and review technique，PERT）、图解评审技术（graph evaluation and review technique，GERT）、工作流模型，以及佩特里网（Petri net，PN）等。

1. PERT

PERT 是一种由美国学者马尔科姆等提出来的项目关键路径分析和进度完成风险分析方法，现已成功地运用到流程的完工能力分析、进度控制、时间和费用计算上。与传统的关键路径分析法中各工作时间均为唯一固定常量不同的是，PERT 假设每项活动的工作时间服从正态分布。一般地，PERT 采用三点估计法确定每项工作的时间：最好时间、最可能时间和最差时间。此外，PERT 也是一种图像化建模方法，表达直观、易于理解，该技术多用于一些难于控制、缺乏经验、不确定性因素多且复杂的项目。

2. GERT

GERT 是在 PERT 和流线图理论的基础上发展的一种解决随机网络问题的建模分析方法。GERT 不仅具有完善的图形化建模框架（定义了多种典型的逻辑符号），而且具有包括梅森公式、矩母函数和条件矩母函数在内的一套完备的数学工具。与 PERT 不同的是，GERT 允许模型中有回路和自由环的存在，极大地扩展了应用范围，在很多领域都有应用成果。随着建模的实际需要变化，GERT 网络节点的功能得到扩展，形成了随机网络仿真技术（graphical evaluation review technique simulation，GERTS）。GERTS 把网络理论、概率论和仿真技术结合起来，能够很好地描述流程中活动之间的关系及状态的转移，并能有效地反映流程的随机性。

3. 工作流模型

工作流模型是对实际业务处理过程的抽象描述，是实现工作流管理的基础。工作流模型能够提供一套完整有效的、描述业务过程的建模语言，如活动、控制流、数据流、角色以及执行者等。工作流的建模方法可以分为两类：第一类是基于活动的建模方法，如活动网络建模、状态图建模等；第二类是基于通信的建模方法，如 Action Technology 公司的工作流产品 ActionFlow。

工作流模型一般具有形式化的表达方式，比如使用包含节点和变迁的图形符号来描述业务过程；通过定义信息控制网（information control net，ICN）来描述业务过程，在 ICN 中，"位置"表示控制节点、"变迁"表示活动；采用扩展事件–条件–活动（event-condition-action，ECA）来描述业务过程，一条 ECA 规则就表示一个业务规则，也就是当事件发生时，如果满足条件就执行一个活动；使用拓展自经典谓词逻辑的并发事物逻辑描述业务过程；等等。

4. Petri net

Petri net 是德国人卡尔·亚当·佩特里提出的一种用于描述物理进程和物理系统组合的网状模型，是一种适用于多种系统的图形化、数字化工具。Petri net 中的资源、库所、变迁等概念可以较好地描述流程中的各种资源、位置、行为，以及它们的动态协作关系，能较好地用于描述复杂系统中常见的同步、并发、分布、冲突、资源共享等现象。作为一种图形化工具，可以把 Petri net 看作与数据流图和网络相似的方法来描述系统模型，而且其构成元素与装备维修保障过程的要素有很好的对应关系。作为一种数学化工具，Petri net 可以建立各种状态方程、代数方程和其他描述系统行为的数学模型。

Petri net 自提出以来就受到众多学者的重视，在基本 Petri net 的基础上先后发展了多种高级 Petri net，如着色 Petri net（colour Petri nets，CPN）、时间 Petri net（time Petri nets，TPN）、随机 Petri net（stochastic Petri nets，SPN）、广义随机 Petri net（general stochastic Petri nets，GSPN）、着色时间 Petri net（colour time Petri nets，CTPN）、层次 Petri net（hierarchy Petri nets，HPN）和

谓词/变迁 Petri net 等。Petri net 的分析方法一般可分为两类：一类是定性分析方法，如可达图分析法和不变量分析法；另一类是定量分析方法，如排队论法、马尔科夫分析法和仿真分析法等。

6.1.3 保障系统仿真方法

用常规分析方法建立武器装备的分析模型很复杂、很困难，甚至是不可能的，而仿真作为一种简化问题、间接求解问题的方法，更适用于复杂系统的建模分析。

根据装备使用与维修保障的特点，保障系统仿真属于典型的离散事件系统仿真。装备在使用与保障过程中执行任务、发生故障、使用维修、资源周转等的所有事件和活动都体现着离散事件系统的本质特征，其任务、装备、资源的状态或活动的变化仅在离散的时间点上发生，因此可以将装备系统作为离散事件系统来分析。利用离散事件驱动的仿真引擎，可以模拟执行保障系统中装备使用、维修过程的各项活动，自动推进任务，经过多次仿真运行，能够得到一系列关于保障系统模型运行的统计数据，如故障时间、维修时间、维修成本和资源利用率等。

1. 离散事件系统

若系统中状态的变化是在某些离散点上或者量化区间上发生的，这样的模型称为离散事件模型，对应的系统称之为离散事件系统。客观现实中，这样的系统是大量存在的，它不仅存在于工程系统中，而且还大量出现在非工程领域，例如市场贸易、库存管理、装备维修、人口控制和交通管理等系统。保障系统的仿真过程总体上是系统的状态在离散时刻发生变化的过程，因此也属于离散事件系统。

在各种各样的离散事件系统中，离散事件虽然有多种类型，但是它们的主要组成要素是相同的，这些要素如下。

实体：一般指系统研究的对象。用系统的术语说，它是系统边界内的对象，系统中流动的或活动的元素可以称为实体。在保障系统中，实体包括武器装备、维修人员、备件、维修装备、设施等。

属性：实体由其属性来描述，属性反映实体的某些性质。

时刻：在系统的某个事件数值上，至少有一个实体的属性被改变，则称此时数值为时刻。

间隔：相邻两个时刻之间的持续时间。

状态：在某一个确定时刻，对系统实体、属性的描述。

事件：在某一个时间点上，系统状态变化的产生。事件是改变系统状态的实体的瞬间行为。例如在装备的维修过程中，备件的到达，维修活动的开始、结束，装备恢复战备完好等都是事件。

活动：实体的一个持续期间。活动的开始或结束的瞬间则是一个事件。

2. 保障系统仿真一般过程

保障系统仿真作为一类离散事件仿真，涉及实体、属性、活动、过程、状态、事件等概念，其中，事件是极其重要的概念，是引起系统状态发生离散性变化的事实。

建立一个离散事件仿真过程，主要应规定可能引起系统状态发生改变的事件，以及按一定时间顺序确定每类事件相关的逻辑关系。在离散事件仿真中，系统的状态是通过变量，以及具有参数并且属于一定文件的实体来表述的。在仿真之初，要对系统状态进行初始化，其中包含对仿真变量赋初值、产生初始实体、安排初始事件等。仿真运行时，随着实体的运动，系统由一个状态变化为另一个状态，并且系统的状态变化只发生在事件开始或结束的时间点。仿真程序的主要功能在于随着仿真过程向前推移，系统按照模型规定的逻辑关系，安排和处理相应的事件，直至仿真过程终止。

3. 保障系统基本仿真策略

对于保障系统这类离散事件系统的基本仿真策略一般有事件调度法、活动扫描法、进程交互法三种。

（1）事件调度法

事件调度是一种以事件发生的时间为主线的仿真策略。每一事件都有相应的处理程序，称为事件例程，事件例程给出了在该事件发生时刻所需完成的相关操作。仿真运行时，根据下一事件发生时刻不断推进仿真时钟，每当时钟推进一步，就执行当前仿真时刻的事件例程并完成相关处理。当系统中不再有事件发生或仿真时钟到达预定结束时刻时，仿真终止。

（2）活动扫描法

活动扫描是以活动发生的状态条件为主线的仿真策略。每一活动都有一个发生的状态条件及相应的处理程序，称为活动例程，活动例程给出了当条件满足时应当完成的一组操作。仿真运行时，根据下一状态变化时刻不断推进仿真时钟，每当时钟推进一步，就对所有活动的发生条件进行循环扫描，并执行被激活的活动例程，当系统中不再有活动发生或仿真时钟到达预定结束时刻时，仿真终止。

（3）进程交互法

进程交互是以实体的行为过程为主线的仿真策略。每一动态实体都有一个进程处理程序，它将该实体从进入系统到离开系统期间所经历的事件和活动按照时间顺序进行组合。仿真运行时，根据下一事件发生时间不断推进仿真时钟，每当时钟推进一步，就对各个进程能否启动（或恢复）执行的条件进行判断，当所有进程都结束或仿真时钟到达预定结束时刻时，仿真终止。

比较以上三种基本的仿真策略，事件调度法建模最为灵活、运行效率最高、应用范围最为广泛，但一般要求采用通用编程语言编写事件处理子例程，建模工作量比较大，而且对于具有很多条件事件的系统而言，建模逻辑流比较复杂。活动扫描法处理条件事件比较方便，而且程序结构非常简单，比较适合各实体相关性很强的系统，但是反复扫描导致其运行效率低。进程交互法最大的优点是直观，但是流程控制较复杂，建模灵活性较差，而且程序实现较困难，其运行效率很大程度上取决于程序实现水平。

4. 仿真时钟推进机制

仿真时钟是随仿真的进程而不断更新的时间推进机制，它描述了系统内部的时间变化，是仿真过程的时序控制。通常，离散事件仿真有两种基本的时间推进机制，即固定步长时间推进机制（即面向时间间隔的仿真时钟推进）和下次事件时间推进机制（即面向事件的仿真时钟推进）。

固定步长时间推进机制就是在仿真过程中仿真时钟每次递增一个固定的步长。步长在仿真开始之前根据模型特点确定，在整个仿真过程中维持不变，如图 6-1 所示，固定的推进步长时间为 Δt。每次推进都需要扫描所有的活动，以检查在此时间区间内是否有事件发生，若有事件发生则记录此时间区间，从而可以得到相关事件的时间参数。

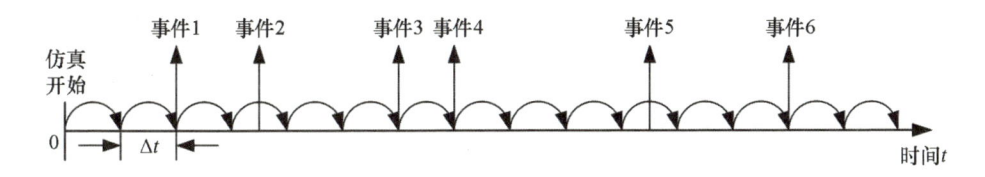

图 6-1　固定步长时间推进机制

下次事件时间推进机制的仿真时钟不是连续推进的，而是根据下一个事件预计将要发生的时刻而定，以不等距的时间间隔向前推进，即仿真时钟每次都跳跃性地推进到下一事件发生的时刻上去。仿真时钟的步长可长可短，这完全取决于被仿真系统事件的间隔，如图 6-2 所示。这种推进方式要求将各事件按发生的先后次序进行排列，系统时钟时间则按事件顺序发生的时刻推进，这样可对有关事件的发生时间进行计算和统计。

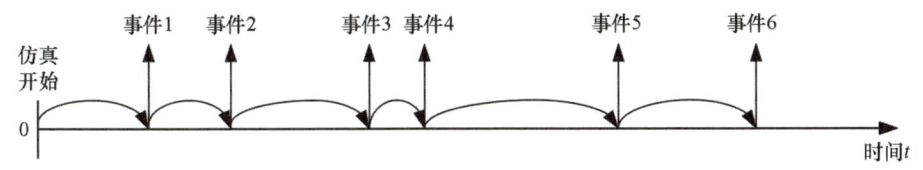

图 6-2　下次事件时间推进机制

5. 系统仿真中的随机变量

系统发生的事件，一般分为必然事件、不可能事件和随机事件三类。系统的正常行为和功能一般为必然事件，属于确定性事件范畴。不可能事件是指系统在其使用过程中必然不发生的事件。随机事件是可能发生、也可能不发生的事件，是必然性和偶然性的辩证统一，是复杂系统的一个重要特性——随机性。

保障系统中包含多种随机因素的交互作用和影响，本质上属于复杂随机过程。例如故障是系统的固有特性，装备系统必然会发生故障，但何时、以何种模式发生，造成何种程度的影响却是不确定的，是一个随机事件。有了故障就需要维修，但维修时间的长短、维修效果的好坏等也是不确定的。

在离散事件系统仿真过程中，无论是各种随机离散事件的发生时刻，还是产生流动实体的到达流与流动实体在固定实体中的逗留时间等，都是不同概率分布的随机变量，每次仿真运行都要从这些概率分布中进行随机抽样，以便获得该次仿真运行的实际参数。当进入系统的流动实体数量较多，每个流动实体流经的环节也比较多时，仿真过程就需要成千上万次地进行随机抽样，使每个流动实体在每个环节上触发的离散事件都能得到规定概率分布的抽样时间，从而使原系统在运行中的随机因素和相互关系得以复现，并得到所需的随机结果。在离散事件仿真过程中，应该存在能产生多种概率分布的随机变量的随机数发生器。

常用的随机概率分布有指数分布、正态分布、对数正态分布、威布尔分布等。目前，在装备综合保障建模与仿真中，很多文献中零部件的失效时间、维修间隔时间、维修时长等均服从指数分布，而实际中很多部件寿命或维修时间不服从指数分布的系统，例如继电器、开关等部件寿命服从威布尔分布，而维修时间服从对数正态分布，变压器等部件服从正态分布。

6.2 保障方案的制定、建模与评价

• 名词解释

— 保障方案 —

保障方案由满足功能的保障要求，以及与设计方案、使用方案相协调的各综合保障要素组成，是保障工作的概要性说明，是落实装备保障性要求和实现保障性目标的总体规划，是综合保障工程中的关键性工作。保障方案一般包括使用保障方案和维修保障方案，其中，维修保障方案又可分为预防性维修保障方案和修复性维修保障方案。

6.2.1 保障方案的制定

保障方案的制定是一个动态过程，在装备论证阶段提出初始保障方案，它是研究保障问题如何影响装备设计的基础；在装备方案制定阶段和研制阶段，经过评价优化的保障方案则是制定保障计划和研制保障资源的基本依据，只有从优化的保障方案中才可以得到最佳的保障资源要求；在装备使用阶段，保障方案规定保障级别和各级别的主要工作，是建立保障系统的基础。制定保障方案实质上是在装备的论证、方案制定、研制和使用阶段规划保障工作，使保障工作简单有效、费用低廉，从而低费用、高效率地实现战备完好性目标。

制定保障方案的主要方法有经验法和系统法。经验法是人们在决策实践中普遍使用的方案搜寻方法，但工作效率低，难以迅速确定有效方案。系统法通过全面系统地寻找所有可能达成任务目标的方案，采用基于规则的技术，通过严密的逻辑分析以及大量的定量计算来设计方案。但基于规则的系统存

在知识获取的瓶颈问题，难以利用已处理案例进行规则调整，处理例外情况能力差。

1. 制定使用保障方案的一般流程

制定使用保障方案应分析装备功能，通过明确装备的作战任务、运输方式、部署情况、使用要求和储存使用环境，以及装备的特点，制定初始的使用保障方案，而后为充分使用新装备的功能，加强细化使用保障工作，修订使用保障方案。其一般流程如图 6-3 所示。

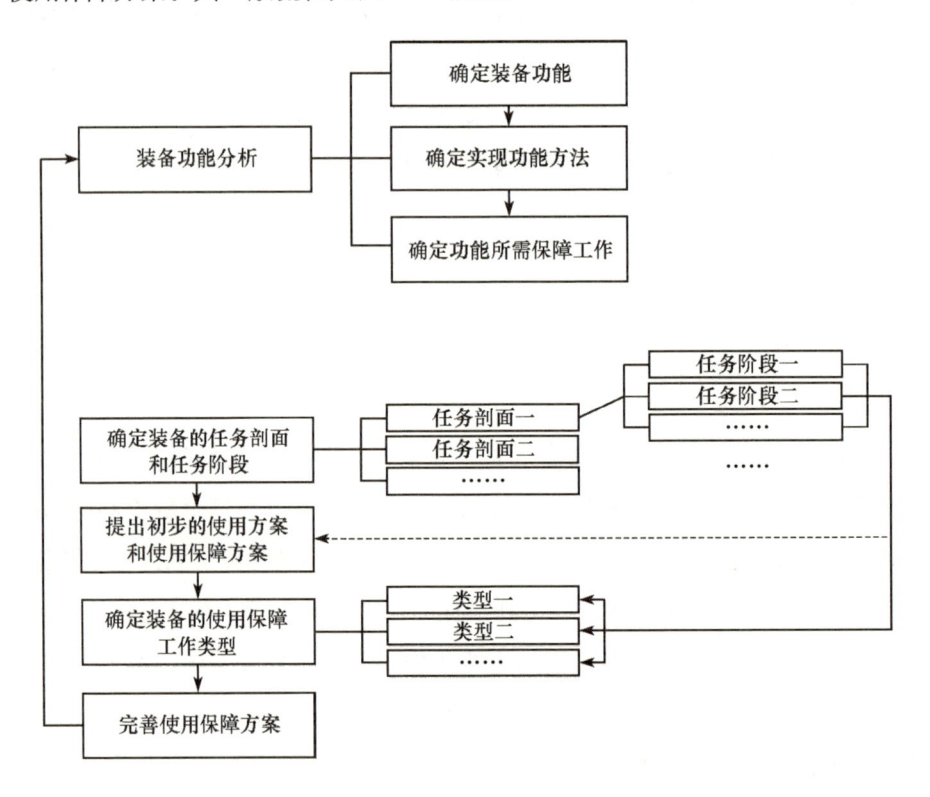

图 6-3　制定使用保障方案的一般流程

（1）装备功能分析

装备功能分析是在装备的论证、方案和研制过程中采用逻辑与系统的分析方法，将装备的有关功能逐项分析，确定装备的使用与维修功能。功能分析的流程有：确定装备功能；确定实现功能方法；确定功能所需保障工作。

(2) 确定装备的任务剖面和任务阶段

任务剖面是对某特定任务从开始到完成这段时间内发生的事件和所处环境的描述。确定任务剖面，进行任务剖面的任务阶段分析，明确任务剖面以及各种任务之间的转换性，汇总各任务剖面或所处状态下的使用保障工作形成初步的使用方案和使用保障方案。

(3) 确定装备的使用保障工作类型

根据使用方案中确定的各项使用任务、使用保障方案中提出的各种保障约束条件及设计方案中的有关输入，确定使用保障工作类型。

(4) 完善使用保障方案

使用保障方案的制定是一个反复迭代的过程，在全寿命周期内，根据需要不断修订完善。

2. 制定预防性维修保障方案的一般流程

预防性维修保障方案主要通过故障模式影响分析（failure mode and effect analysis，FMEA）和以可靠性为中心的维修分析（reliability centered maintenance analysis，RCMA）来确定。其一般流程如图6-4所示。

(1) 确定需要进行预防性维修的装备

会导致严重故障后果的装备必然需要预防性维修，这些装备被称为重要功能产品，其具有的特点是：可能影响安全，可能影响任务完成，可能造成重大经济损失，可能破坏环境。装备的隐蔽功能故障与有关或备用装备的故障共同导致上述 n（$1 \leqslant n \leqslant 3$）项后果；可能引起从属故障导致上述 n（$1 \leqslant n \leqslant 4$）项后果。

(2) 进行故障模式影响分析

确定每个重要功能产品的全部功能故障、故障模式和故障原因，并对重要功能产品进行故障模式影响分析，找出潜在的故障模式，分析其影响和原因，针对具体的故障模式和原因确定应采取的预防性维修工作类型。

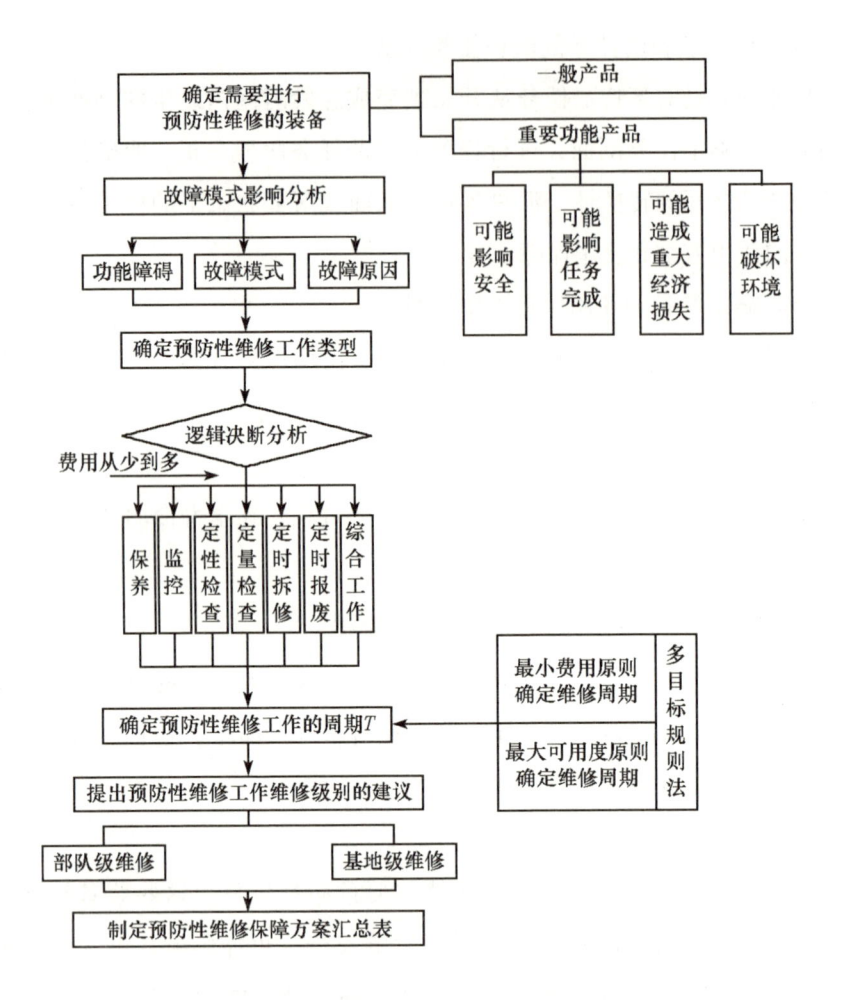

图 6-4 制定预防性维修保障方案的一般流程

（3）确定预防性维修工作类型

预防性维修工作类型在保证可靠性、安全性的前提下，按费用从少到多的顺序排列如下：保养、监控、定性检查、定量检查、定时拆修、定时报废、上述 n（$2 \leqslant n \leqslant 6$）种类型组合。采取何种工作类型，可以应用逻辑决断分析的方法来确定，并参考工作的有效性决定是否更改设计或进行其他处置。

(4) 确定预防性维修工作的周期 T

预防性维修是恢复、保持、控制装备可靠性、安全性和经济性的有效措施。进行预防性维修工作周期决策既能减少修复性维修的费用，又能减少故障停机造成的损失。

(5) 提出预防性维修工作维修级别的建议

维修级别一般分为部队级和基地级两级。维修级别的选择主要取决于任务要求、技术条件、维修费用和部队的编制体制。一般预防性维修工作应确定在耗费最低的部队级。

(6) 制定预防性维修保障方案汇总表

制定汇总表汇总上述工作，形成装备的预防性维修保障方案及其汇总。

3. 制定修复性维修保障方案的一般流程

修复性维修保障方案主要通过故障模式影响与危害性分析（failure mode effect and criticality analysis, FMECA）和维修级别分析（level of repair analysis, LORA）来确定。其一般流程如图 6-5 所示。

(1) 确定修复性维修装备

不是所有的装备都可以进行修复性维修，应根据经济性、时效性原则，确定待修复装备。修复性维修保障方案中的修复性维修装备是具有功能层次的，可分为现场可更换单元（LRU）、车间可更换单元（SRU）、车间可更换子单元（sub-SRU, SSRU）及零部件或元器件（part replaceable unit, PRU）四个层次。

(2) 进行故障模式影响与危害性分析

故障模式影响与危害性分析确定了修复性维修的要求，它为修复性维修工作提供了以下输入信息：故障诊断与判明；故障隔离与定位；拆卸和分解；更换故障部件；部件修复；组合与安装调试；故障查找等。

在方案阶段进行故障模式影响与危害性分析，主要流程为：了解系统的全部情况；根据装备的功能方框图绘制可靠性方框图；确定故障模式及原因；分析各故障模式的影响；研究故障模式及其影响的检测方法；确定预防和纠

```
┌─────┐  ┌──────────────────────┐
│确   │  │  现场可更换单元(LRU) │
│定   │  ├──────────────────────┤
│修   │  │  车间可更换单元(SRU) │
│复   │  ├──────────────────────┤
│性   │  │车间可更换子单元(SSRU)│
│维   │  ├──────────────────────┤
│修   │  │  零部件或元器件(PRU) │
│装备 │  └──────────────────────┘
└─────┘
            ↓
   ┌─────────────────────────────┐
   │ 故障模式影响与危害性分析(FMECA)│
   └─────────────────────────────┘
            ↓
         填写FMECA表格
            ↓
   ┌─────────────────────────────┐ 修
   │       修理恢复 ─否→ 报废更新  │ 复
   │         ↓是                 │ 性
   │     维修级别分析(LORA)       │ 维修
   └─────────────────────────────┘ 决策
            ↓
       确定修复性维修保障方案
```

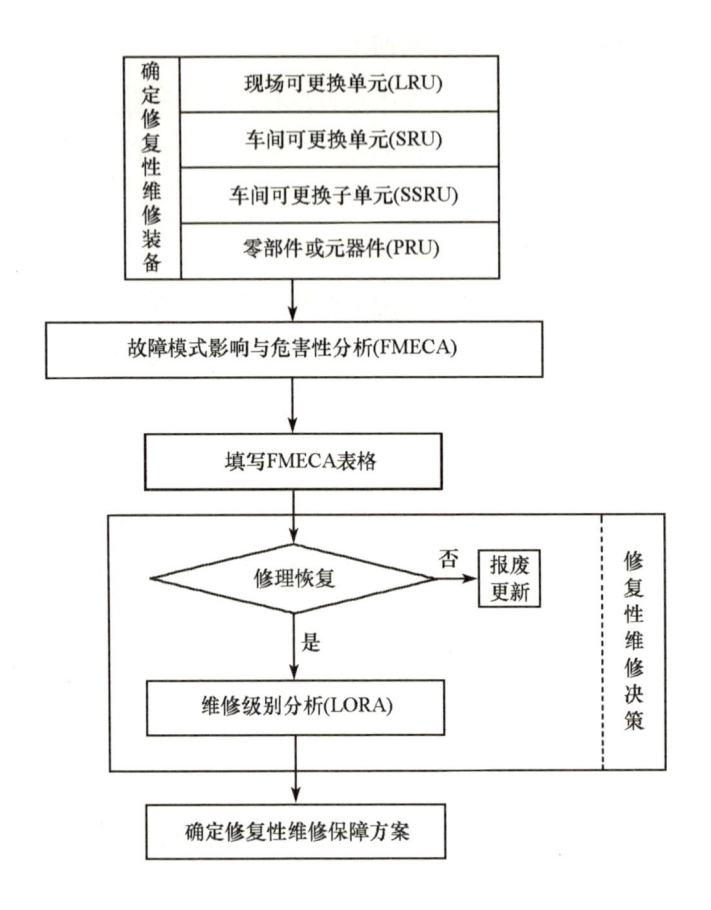

图 6-5 制定修复性维修保障方案的一般流程

正措施；确定故障影响的严酷度类别；确定各种故障模式的发生概率；估计危害度；填写故障模式影响与危害性分析表格。

（3）进行修复性维修决策，确定修复性维修保障方案

修复性维修决策是在装备出现故障后，对故障件进行合理决策，确定故障件是修理恢复还是报废换新，若修理恢复，应在哪个维修级别进行。解决此问题的主要方法就是维修级别分析，而其结果直接决定了修复性维修保障方案的制定。在实际分析过程中，维修级别分析一般采用两种分析策略，即非经济性分析和经济性分析。在非经济性分析中，通过分析比较各种非经济性因素，归纳总结，可唯一确定分析装备的维修级别。在经济性分析中，定

量计算装备在所有可行的维修级别上的修理费用，并进行比较，以选择费用最低的可行的最佳维修级别。

- **知识延伸**

– 修复性维修保障方案的作用 –

修复性维修保障方案在装备的论证、方案和研制阶段，充分考虑了装备的保障性要求，完善了装备的设计方案；在装备的使用阶段，为减少部队的维修保障负担，综合运用各种分析方法，反复权衡，为保障资源的规划提供了依据。

6.2.2 保障方案建模方法

1. 保障方案模型

传统意义上的后装保障方案有以下问题需要解决。

● 保障方案的粗犷性与作战方案的缜密性相矛盾。特别是战术级作战要求制定较精确的作战行动方案，可是后装保障方案虽然是用来保障作战行动的，但内容相对比较概括、粗犷，战时如果出现保障任务繁重的情况，就会使行动局面出现混乱。

● 传统的保障方案没有清晰地规定任务区分、保障物资分配，实施要求难以满足。

● 保障方案缺乏自动化，应变能力不高。传统的保障方案内容呆板，弹性不足，制定以后再改变非常困难，重新制定对人力、财力的消耗又很大，所以很多时候会出现在战场上随机应变的状况。因此，非常有必要建立一种语义明确、规范易懂、简洁实用的后装综合保障方案规范化建模方法。

（1）保障方案功能模型

实施后装综合保障行动要按照保障方案进行，如图 6-6 所示，方案的外部特征在用例模型中得到了详细描述，说明了为指导和调节保障行动用户

（参与者）对方案的要素和功能所提出的要求。

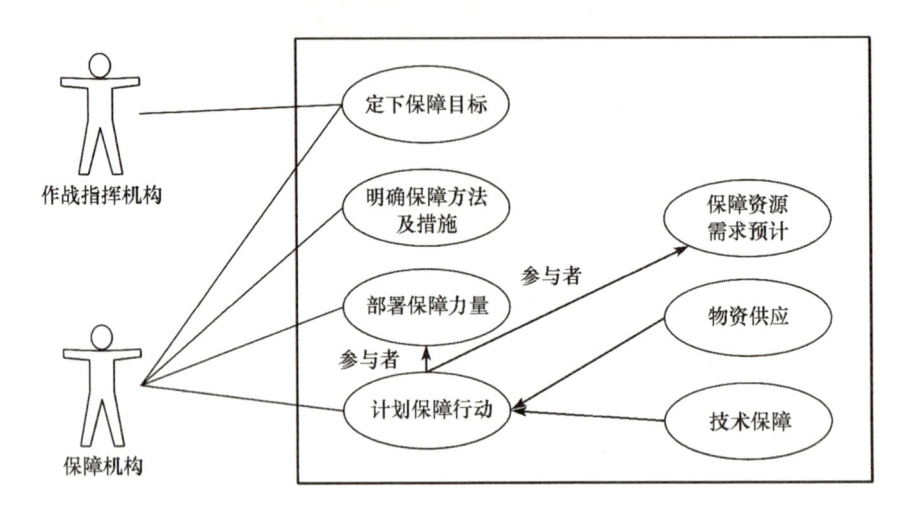

图 6-6 保障方案用例模型

(2) 保障方案静态建模

从层次上来分，后装综合保障有战略、战役、战术级等方案；从保障任务来看，有维修、弹药、维修器材等保障方案。保障方案主要由以下内容构成：①保障力量部署，主要是指与保障力量相关的配置位置、区分编组以及部署形式等，实施保障的主要部分便是保障力量，后装保障的完成情况直接受其安排状况的影响；②保障物资的区分，实施保障要建立在保障物资的基础上，主要有弹药、维修器材等物资；③保障的实施步骤，即保障部门为达到保障的要求和目标所执行的一系列任务和行动。分析研究发现，任务和行动是保障方案最核心的两个元素，其他元素都与这两个元素关联。一系列的行动和子任务共同组成了保障任务，可以这样形容保障行动：保障单位在某时某地运用某种物资对某个保障目标采取某种行动，于某时结束。

保障方案通用框架如图6-7所示。保障任务可以分成多个子任务，保障方案通用模型中的保障任务类独立形成递归关联，通过将子任务引入保障任务中来表现，任务类和行动类通过任务类的行动集合属性构成聚合关系。具体行动不应出现在可分解的任务中,因此,子任务和行动集合是两个存在互斥关系的属性,任务类的其他属性主要包括作战阶段、任务名称、执行实体、任务时限、任务对象、保障方法、防卫措施、通信措施等。

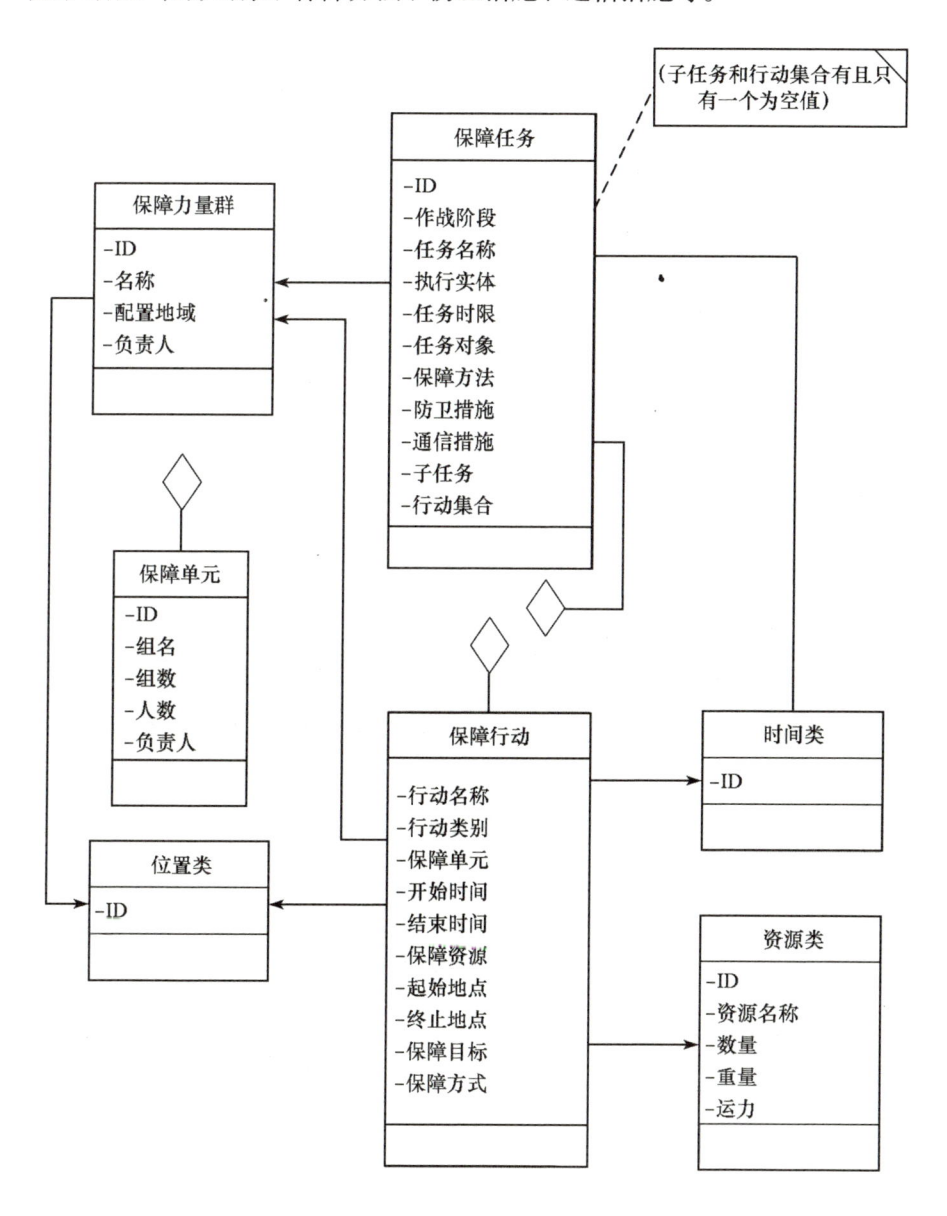

图 6-7　保障方案通用框架

保障行动包含以下主要属性：行动名称、行动类别、保障单元、开始时间、结束时间、保障资源、起始地点、终止地点、保障目标以及保障方式。保障力量群的属性主要有群名称、配制地域、负责人。保障力量群的编成参照保障任务和保障对象由各个保障单元组成，与保障单元构成聚合关系，保障任务由保障力量群担负，而保障行动的实施由保障力量群编成的各个保障单元完成。

（3）保障方案辅助模型

时间类用于封装时间类型，绝对时间和相对时间共同构成了保障方案中的时间，属于纯虚类，如图 6-8 所示，保障方案的时区用绝对时间类的时区属性定义，引用时间类对象时则使用相对时间类的参考时间属性，用 T 表示某一参考时间，T 时刻之前和之后分别用 $T-$ 和 $T+$ 表示。

位置类用于封装位置类型，绝对和相对两种情况也存在于位置中，所以位置类由绝对位置类和相对位置类组合而成。如图 6-8 所示，可以用经度和纬度来描述绝对位置，用参照位置经度和纬度偏移量表示某一位置的相对偏移程度。

2. 基于案例推理的保障方案建模

案例表示是实现基于案例推理（case-based reasoning，CBR）的保障方案建模的基础和核心。案例表示涉及的问题有：选择在一个案例中存放的信息、选择描述案例内容的适当结构、案例库的组织和索引。在 CBR 中一个案例表示的内容有两个方面：一是问题的状态描述，用于说明问题的特征、方案的适用情况；二是其求解策略。通常采取特征向量＜问题表现，特征属性，解决方法＞的形式，对案例进行描述。

（1）案例选择的影响因素

案例选择的影响因素用来明确新问题与案例的相似程度。新问题与原有案例的相似程度是案例检索的依据。为了使检索出来的案例尽可能少，且尽可能与当前问题相关和相似，必须合理分析、有效描述这些因素。

案例选择的影响因素由描述问题状态的要素构成，可以将其分解为问题

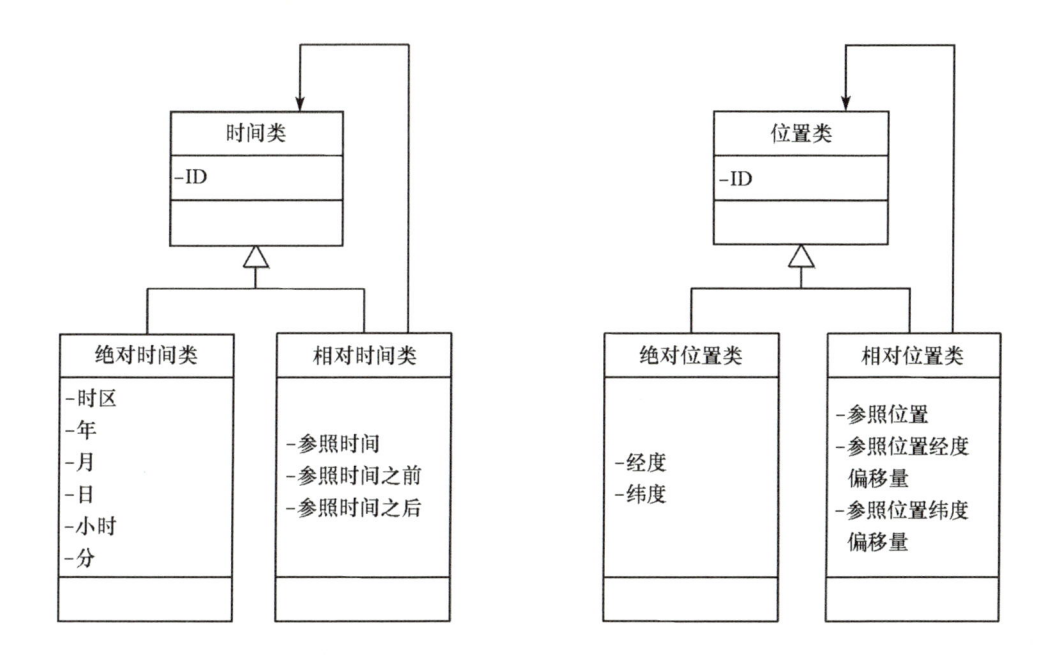

图 6-8　时间类和位置类模型

的外在表现和本身性质两个部分。

例如，在机动工程保障方案模型中，机动工程保障方案生成时既要考虑战术因素，又要考虑技术因素。为此，影响方案生成的战术因素，如保障对象、作战样式等问题的外在表现，用以符号值度量的特征向量"问题表现"来描述；机动工程保障过程中的技术因素，如各种机动工程措施的作业条件、作业量等问题本身的性质，经分解和细化后用可量化的特征向量"特征属性"来描述，由于作战样式、保障对象、作战环境等不同，特征属性的重要性存在差异，用其权重来描述。机动工程保障方案的特征属性及权重见表 6-1。

表6-1 机动工程保障方案的特征属性及权重

特征类型		特征属性	说　明
机动工程保障措施	构筑急造军路	作业条件 ω_1	1. 作业条件包含敌情、地形、气象三个元素；
		作业工程量 ω_2	
		作业力量 ω_3	2. 作业工程量通过工程侦察进行估算，由一个区间确定；
		作业时限 ω_4	
	抢修原有道路	同上	3. 作业力量包含作业兵力、工程装备、保障器材、人员素质、装备完好率五个元素；
	架设军用桥梁	同上	
	开辟坦克通路	同上	
	开辟步兵通路	同上	4. 完成时限由一个区间确定。
	构筑直升机起降坪	同上	

（2）案例的组织

案例的组织策略决定了案例检索策略，直接影响求解的效率，为此采取最临近法和模板检索综合组织策略。结合关系数据库技术，对案例进行组织，其特点是用特征空间结构映射案例库结构：一个特征分量对应一个字段，一个案例对应一条记录。以记录的形式把详细案例存储在关系数据库中。在案例库中，对不同类型的子案例库用多个数据库文件分类存储，以提高检索的速度。

一个案例表示机动工程保障方案使用条件及方案内容，案例库则是由若干个案例所组成，主要负责对事先准备的预案进行存储。案例库中的数据包括两个方面：一是选择机动工程保障方案的影响因素，作为运用案例推理技术进行检索的依据；二是机动工程保障方案内容，作为检索后输出的内容。案例库采用表6-2、表6-3和表6-4所示的数据库形式进行组织。表6-2是问题的"特征属性"，即指标（特征属性的相似度）；表6-3是对权重进行存储，其内容主要通过模型计算在检索时临时存储于表中，通过其可以实现相似案例的检索与匹配；表6-4主要存储方案的具体内容，即问题的"解决方法"，本模型中主要描述机动工程保障方案的具体内容。每个表之间通过共同的项——案例号进行链接。

表6-2 案例名称表

案例号	案例名称	作战单位	作战地点	作战类型	……
001	××地区防御作战机动工程保障方案	合成旅	××地区	防御作战	……
002	××地区反击作战机动工程保障方案	合成旅	××地区	进攻作战	……
……	……	……	……	……	……

表6-3 案例参数表

案例号	指标1	权重1	指标2	权重2	指标3	权重3	……
001	15.7%	0.3	85%	0.24	96%	0.16	……
002	9.3%	0.15	65%	0.45	79%	0.27	……
……	……	……	……	……	……	……	……

表6-4 案例信息表

案例号	002
案例名称	××地区反击作战机动工程保障方案
机动工程保障任务	1. 道路保障 (1)【道路保障任务1】。××经××、××至××段,共××km。 …… 2. 桥梁保障 (1)【桥梁保障任务1】。对××(××、××)段的原有桥梁进行加固抢修。 …… 3. 开辟道路 (1)【开辟通路任务1】。××经××至××段开辟坦克道路1条,共××m。 ……

续表

案例号	002
保障重点	综合考虑机动工程保障任务的作业工程量以及对旅通道反击作战行动的影响，下列任务重点保障： （1）【道路保障任务1】 ……
任务区分及作业方法	1. 旅工兵营道路连1排与加强道路排1、2班完成以下任务： （1）××经××至××段构筑急造军路，完成【道路保障任务1】…… 2. 旅工兵营桥梁连担负以下任务： （1）架设84式机械化克服××（××、××）段的河流障碍，完成【桥梁保障任务2】 ……
指挥协同及完成时限	（1）【道路保障任务1】最迟于×月×日××时××分开始，于×月×日××时××分结束……
注意事项	（1）通信联络按旅2号预案实施……

（3）案例的检索

案例检索是 CBR 的中心环节，其目标是以最短时间在案例库中找到与问题描述最相似的案例。它根据相似性原理来搜索一个与当前问题相似的案例。常用的案例检索方法有最临近法、引用法、知识引导法和模板检索等。本模型采用最临近法和模板检索法的混合检索策略，这样既可以解决前者检索时间长的问题，又可以解决后者匹配灵活性差的问题。具体的检索流程如图 6-9 所示。

● 以关键词的方式对案例进行模板检索

模板检索与一般的数据库查询相似，采用数据库提供的结构化查询语言（structured query language，SQL）来完成。SQL 语句遍历整个案例库，以案例的"问题表现"，如"作战单位""作战地点""作战类型"等为关键词从案

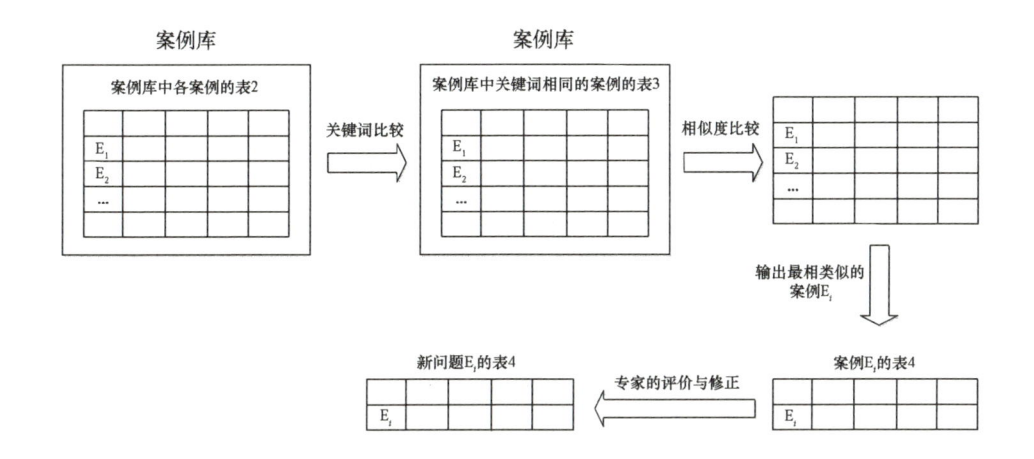

图 6-9 案例检索流程示意图

例库中检索出与其完全匹配的案例。并准备下一步的检查，而其他的案例则被忽略。在检索过程的初始阶段使用模板检索可以缩小下一步的检索范围。当取得选定的案例后，使用最临近法来计算输入问题与已存储案例的相似性。

● 以多维加权相似度比较进行最临近检索

通过模板检索，找出与问题模板相匹配的"案例集"。在此基础上，首先，计算出新问题与"案例集"中每个案例各个特征属性的相似度，确定各特征属性的权重，并将计算结果存入针对新问题进行案例检索的案例评价指标，其中指标值为新问题与案例就指定特征属性的相似度，权重为该特征属性的权重。其次，利用多维加权相似度计算公式计算出新问题与案例集中案例的相似度。最后，将与新问题相似度最大的案例作为案例集输出，以供决策者进行评价及修正。

多维加权相似度计算中，隶属度函数选择的恰当与否，将直接影响相似度计算的正确性与准确性，最终将影响检索结果。机动工程保障方案的特征属性有的是由几个元素描述的，如作业条件和作业力量；有的是由一个区间描述的，如作业工程量和作业时限。因此，要将这些元素分别量化，用多个数值描述，并构建多个隶属度函数。隶属度函数主要有以下两类：

类型 1：特征属性值由一个数值描述；

类型2：特征属性值由一个区间描述。

（4）方案的修正、生成与存储

有效的匹配、修正与评价机制会影响问题求解的准确性。由案例库中检索出与新问题"最相似"的案例或案例组后，当案例相似度为1时，表明检索出的案例完全适合当前新问题，则将其作为新问题的方案直接生成；当案例不完全适合当前新问题时，则需要结合新问题的实际情况，对"最相似"案例方案的具体内容与实际情况进行逐一比较，对原有案例按照拟制方案流程进行部分修正后生成机动工程保障方案。

对于修正后的案例，与原"最相似"案例进行比较，并给定一个阈值 α，如果两案例间的差异大于给定的阈值 α，则按照前面给出的案例库组织的形式将修正后的案例存入案例库中，供决策者下次使用参考。

6.2.3 保障系统整体特性及其评价参数

1. 保障系统主要特性及特征

信息化条件下联合作战的全域性、精确性、实时性等特点，以及信息化战场环境的复杂性、装备的信息化，要求建立信息化智能化综合保障系统。综合保障系统应以信息化条件下作战需求为牵引，以信息系统为支撑，运用综合集成的方法，实现各种保障力量的整体运用、各种保障资源的优化配置和各种保障行动的精确实施。

（1）信息化条件下后装综合保障系统的主要特性

● 及时性

及时性是保障系统完成保障目标的时间特性。保障目标是指保障过程要达到的保障效果的定性或者定量要求。及时性包含两部分：保障系统在装备需要保障时，能否马上提供服务，即及时开始；保障系统一旦开始执行任务，能否快速完成，即及时完成。

● 有效性

有效性是保障系统完成保障目标的效率特性。有效性包含两部分：对保障资源满足保障需求的效率高低的描述，即满足效率；对保障资源被使用的效率高低的描述，即利用效率。

● 部署性

部署性是保障系统满足部署要求的能力，与所部署的保障资源的包装要求、装卸要求、运输要求、安装和操作设备所需人员数量以及补给的数量等因素密切相关。

（2）信息化条件下综合保障系统的主要特征

● 复杂化

复杂化是综合保障系统的基本特征。综合保障是由人力、物力、财力等诸多要素构成的复杂系统，不仅受到军事战略、社会经济、科学技术、社会形态等系统外部因素，以及装备质量性能、故障机理、人员素质、设施设备、供应保障等内部因素的影响，而且受到内外部因素的交互影响，这进一步增强了保障系统的复杂性。如科技进步推动军事变革和装备发展，从而促进综合保障发展。

● 网络化

网络化是综合保障系统的结构特征。保障系统通过集成综合保障信息网络，使得保障指挥机构和保障部队共享保障信息，实现人员流、物质流、能源流、信息流等的快速流动，保证综合保障行动的高效、顺畅。

● 可视化

可视化是综合保障系统的功能特征。可视化保障是指利用自动化的保障跟踪与监视网络，实现综合保障过程的全程监控。利用可视化系统，可以准确掌握作战态势，实时监控保障需求变化，从而为保障指挥机构制定高效的保障方案、灵活调遣和精确投放综合保障力量提供技术支撑。

● 精确化

精确化是综合保障系统的运用特征。精确化保障是指根据保障方案，利用网络化、可视化、智能化保障系统，实现信息、物资、器材的快速调遣和精确使用，对装备实施及时、精确的保障，满足信息化条件下装备高强度、高速度、高消耗、快速机动的保障要求。

2. 保障系统特性评价参数

在保障系统特性研究的基础上，针对每种特性提炼出若干个参数加以表征，以此作为保障系统特性的评价参数。

（1）及时性参数

表征保障系统及时性的参数主要有平均保障时间和平均等待时间。

平均保障时间。在规定的期间内，保障系统从开始保障到完成保障目标要求所需时间的平均值。其度量方法是：在规定的期间内，保障系统使用维修保障的总时间与使用维修保障事件总数之比。平均保障时间＝使用维修保障总时间/使用维修保障事件总数。

平均等待时间。在规定的期间内，保障系统从接到保障任务到开始保障所需等待时间的平均值。其度量方法是：在规定的期间内，保障系统使用维修保障等待的总时间与使用维修保障事件总数之比。平均等待时间＝使用维修保障等待总时间/使用维修保障事件总数。

（2）有效性参数

表征保障系统有效性的参数主要有保障系统满足率和保障系统利用率。

保障系统满足率。在规定的期间内，当保障任务需求产生时，保障系统可立即执行该保障任务的概率。保障系统满足率＝零等待的使用维修保障事件数/使用维修保障事件总数。

保障系统利用率。在规定的期间内，保障系统的实际使用时间占总拥有时间的比率。保障系统利用率＝保障系统使用时间/保障系统总拥有时间。

（3）部署性参数

表征保障系统部署性的参数主要有保障规模、转场时间和部署时间。

保障规模。部署保障资源所需的运输工具的数量。主要考虑保障资源的包装体积和包装重量，同时需结合具体资源的运输要求，如易碎、防湿、勿颠倒、勿挤压等。在选定某种运输工具后，可以初步计算部署保障资源所需要的运输工具的数量。

转场时间。将部署的保障资源全部运送到指定区域所需的时间。转场时间 = 装资源的总时间 + 卸资源的总时间 + 往返运输的总时间。

部署时间。部署的保障系统从抵达新战场到形成保障能力所需的时间。

上述评价参数，在研制阶段初期，可通过相似系统数据或解析计算方法得到；在研制阶段后期，可通过构建保障活动的仿真模型分析计算得到。

6.2.4 研制阶段保障方案评价方法

在研制阶段对保障方案进行评价，能够确认保障系统是否满足装备使用要求和任务需求，为保障系统持续改进提出建议，进而确定最优的保障方案，使装备和保障系统能够良好地协调与匹配，充分发挥装备系统的效能。因此，如何评价保障方案是一个至关重要的决策问题。

1. 基于数据包络分析的研制阶段保障方案评价模型

数据包络分析（data envelopment analysis，DEA）是由著名运筹学家查恩斯、库伯及罗兹首先提出的，在相对效率评价概念的基础上建立起来的一种新的系统分析方法。基于数据包络分析的评价模型的基本思路是计算保障方案的相对效率指数，评价保障方案是否有效，其本质上是判断方案是否位于保障方案可能集的"前沿面上"。保障方案前沿面是由保障可能集中有效的保障方案构成的支撑超平面。基于 DEA 的保障方案评价流程如图 6-10 所示。

（1）确定输入和输出指标

每个保障方案都有若干个输入和输出。确定输入指标和输出指标的原则是：输入指标越小越好，而输出指标越大越好。对保障系统的三个特性评价参数进行分析，可以较容易地确定出平均保障时间、平均等待时间、保障规模、转场时间和部署时间越小越好，应为输入指标，保障系统满足率和保障系统利用率越大越好，应为输出指标。

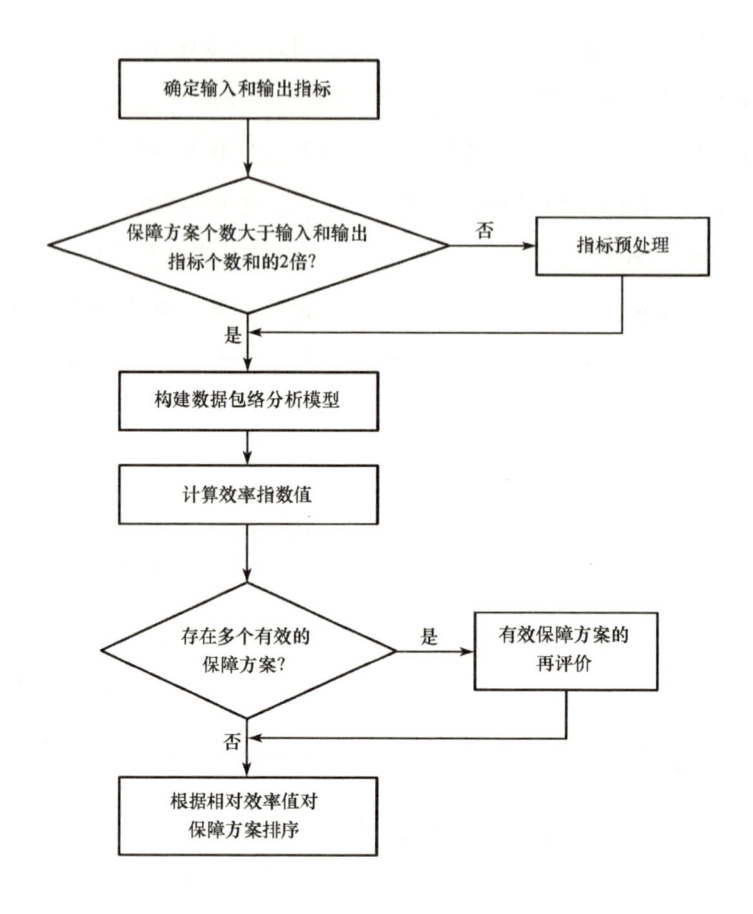

图 6-10 基于 DEA 的保障方案评价流程图

(2) 指标预处理

研制阶段评价保障方案时，实际工程中的保障方案个数不会很多，当保障方案的个数小于输入和输出指标个数和的 2 倍时，会导致评价结果中有效的保障方案个数增大，不能很好地反映保障方案间的差异性。为了减少这种情况的发生，先采用主成分分析法分别对输入指标和输出指标进行处理，将原来数量较多且存在相关关系的指标转化为由原来指标的线性组合构成的新指标，新指标数量较少、相互无关，且保持了原指标的主要信息量。若经主成分分析后得到的输入和输出指标值为负值，不能满足数据包络分析模型要求的输入输出指标为非负的要求，根据数据包络分析模型的"/"变换不变性，对各保障方案的输入、输出的数据做"/"加值处理变换。这样可使所有输入、输出数据均取正值，其保障方案前沿面只发生平移，形状不变，即保障方案的有效性不变。

（3）建立数据包络分析模型

由于保障方案可能集满足凸性公理；以较多的输入和较少的输出进行保障是可能的，即保障方案可能集满足无效性公理；保障方案可能集是满足凸性和无效性公理的集合的交，即满足最小性公理，因此，采用数据包络分析的模型。并根据线性规划的对偶理论，得到包络分析模型的对偶规划模型。

（4）计算相对效率指数对方案进行评价

求解对偶规划模型，得到保障方案的相对效率指数，存在：保障方案为弱有效的充分必要条件是相对效率指数为1；保障方案非有效则相对效率指数小于1。当有多个保障方案的相对效率指数值为1，即有多个有效保障方案时，通过构造劣势前沿面的方法进一步评价。基本思路是将所有有效的保障方案从保障方案可能集中去掉，以非有效保障方案组成的新保障方案可能集为基础构造新的有效前沿面，以新前沿面为基准判断原有效的保障方案的有效性，进一步评价原有效的保障方案。

（5）保障方案排序

根据相对效率指数对保障方案进行排序，相对效率指数越大，说明保障方案越好。首先根据相对效率指数对保障方案进行排序，当存在多个有效的保障方案时，在进一步评价保障方案的基础上采用相对效率指数对原（弱）有效的保障方案进行排序。

2. 基于保障力分析的研制阶段保障方案评价模型

保障力分析（support force analysis，SFA）是由米奥森和布鲁克，爱格纳、洛弗尔和施密特，巴蒂斯和科拉等提出并应用于实践中的理论框架和计量方法，是在相对效率评价概念的基础上建立起来的一种新的系统分析方法。基于 SFA 评价模型的基本思想是先估计一个保障函数，且考虑该保障函数中误差项目的复合结构及其分布形式，采用相应的技术来估计保障函数中的各个参数，计算保障方案的效率指数，判断保障方案是否位于保障方案"前沿面上"。保障方案前沿面是由保障方案可能集中有效的保障方案构成的支撑超平面，如图 6–11 所示。

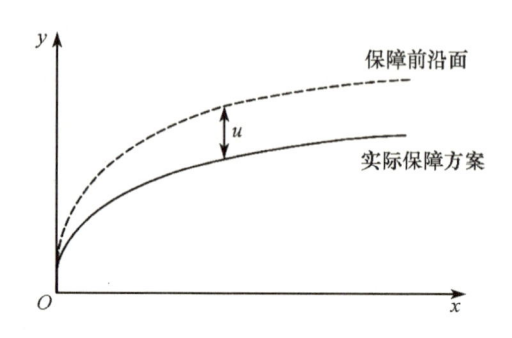

图 6–11　基于 SFA 的评价模型示意图

（1）确定输入与输出指标

每个保障方案都有若干个输入指标和输出指标。确定输入指标和输出指标的原则是：输入指标越小越好，而输出指标越大越好。对前面提出的保障系统及时性、有效性和部署性评价参数进行分析，可以很容易地确定及时性参数和部署性参数都是越小越好，应为输入指标，有效性参数是越大越好，应为输出指标。

（2）输入和输出指标的预处理

由于保障方案的多个评价指标之间相互影响，反映的信息有所重叠，采用主成分分析法对输入指标和输出指标分别进行简化，使评价指标降维，用几个综合指标代替原始多个指标。

（3）建立评价模型

在巴蒂斯和科拉提出的评价模型的基础上，运用柯布－道格拉斯函数作为保障函数，建立研制阶段保障方案评价模型。

（4）灵敏度分析

由于保障系统特性指标之间相互影响，根据评价结果，可以分析各输入指标对有效性综合值的灵敏度，为今后保障方案的改进优化提供辅助决策。

3. 基于专家评分法的研制阶段保障方案评价模型

专家评分法采用匿名方式征求专家对保障方案中的系统特性设计的意见，经反复信息交流和反馈修正，使专家的评价意见趋于一致，最终根据专家的综合意见，得到保障方案的评价结果。其适用于评价不具备或缺乏量化信息而定性描述的保障方案。实施专家评分法首先要成立评价小组、编制专家评价表。其中，专家评价表包括前言、专家评分表和附录。

（1）选择专家

选择专家的基本原则是突出广泛性、代表性和权威性，重点选择综合保障领域的专家，兼顾系统分析评价等领域；既要考虑有丰富理论基础的专家，还要考虑工程实践经验丰富的专家。专家人数的确定要根据保障方案的细化程度和评价要求的精度而定。一般情况下，评价精度越高，需要的专家人数越多。通常来说，选择 5~50 名专家为宜。

（2）实施第 1 轮调研

向专家分发评价表，要求专家"背对背"填写。

（3）分析第 1 轮调查资料

第 1 轮问卷回收后，由评价组织小组对专家填写后寄回的问卷进行汇总和整理，分析数据的集中趋势、离散趋势和分布特征。集中趋势的度量指标常采用均值，也称算术平均值；离散趋势的度量指标常采用标准差，表征各评审专家评分分布的离散程度；分布特征的度量指标用偏态系数和峰度系数。偏态系数用于描述各专家的评分值是否对称分布在中心的两侧，或者某侧的观察值是否比另一侧的观察值对中心偏离得更远些。峰态系数用于描述各专家的评分值是较为均匀地分布，还是侧重出现在中心附近。

统计分析每项评价内容得分，将分析结果形成统计分析报告，应包括评价项目、评价内容、均值、标准差、偏态系数、峰度系数等。

（4）实施第 2 轮调查

将第 1 轮统计分析报告附在评分表上寄给第 1 轮征询的专家，并将各专家上轮回答的复印件作为参考。专家在回答第 2 轮问卷时仍应该"背对背"。

（5）统计整理第 2 轮调查资料

回收第 2 轮问卷并整理结果。包括新评价结果及部分专家不同意第 1 轮问卷结果的意见。

（6）实施第 3 轮调查

将第 2 轮各位专家回答问卷的统计分析报告，以及第 3 轮评分表分发各位评审专家。

（7）综合分析前轮调查结果

回收、整理第 3 轮调查材料。若经过 3 轮调查后，绝大多数评价满足均值、标准差、偏态系数和峰态系数要求时，则无须再做下一轮调查；若评价的离差程度很大，则有必要做第 4 轮甚至第 5 轮问卷调查。计算保障方案各评价项目的综合得分。

6.2.5 使用阶段保障方案评价方法

1. 基于层次分析法的保障方案权衡分析

层次分析法（analytic hierarchy process，AHP）是一种用于解决无结构决策问题的定性与定量相结合的建模方法，其核心思想是将抽象的问题具体化，采用分解综合的方式来分析系统中各因素的重要性，使人们的思维过程层次化，逐层比较多种关联因素，为分析、决策、预测或控制事物的发展提供定量的依据。

在保障方案权衡分析中运用 AHP，就是将半定性、半定量的问题转化为定量计算，在后装保障实施过程中对备选的方案进行评价，以便选出更好的保障方案。评价的准则是保障方案对保障资源需求的复杂程度，通过所需要的保障资源来评价保障方案的优劣，从而提高保障的可靠性、经济性和时效性。

AHP 方法通过分析建立分层递阶结构模型。首先，把研究对象分成 3 层，即目标层（G）、准则层（C）和方案层（P），在模型的每个层次，按某一上层准则对该层各要素逐一进行比较，形成判断矩阵；其次，计算判断矩阵的最大特征值和相对应的特征向量，将特征向量标准化后作为该层次对该准则的权重；最后，将权重在研究目标的递阶层次结构中合成，获得决策因素相对于目标的重要性的总顺序，为决策提供确定性的判据。

2. 模糊综合评价法

模糊综合评价将决策问题转化为在多判据情况下对给定的备选方案进行排序择优的问题。它是一种模糊定量评价方法，在评价备选方案时，对方案中所需评价的对象及整个方案的优劣程度用优、良、差等模糊概念来表达，主要处理用其他方法无法处理的模糊信息，用模糊数学理论对受到多种因素制约的对象做出一个总体评价，通过对评价因素、权重系数、判断标准、模糊关系进行合成运算，最终达到将模糊的评价对象相对清晰化的目的。它是求解非确定型多属性系统综合评价问题的经典方法，对于处理定性信息较多的评价问题而言是一种有效、成熟的方法。其主要优点在于评价过程与评价人对评价对象的认识过程相一致，能较好地解决评价中评价因素和评价标准模糊性的问题，从而克服了人的心理影响带来的主观臆断，增强了评价结果的说服力和准确性。其中比较典型的方法有模糊关系法、模糊评价法等。目前，在系统综合保障方案评价与决策支持中模糊综合评价法较为常用。

3. 神经网络评价法

目前神经网络及其变形在系统设计方案评价领域已有广泛的应用。在国内，吴群波等将遗传算法与 BP 神经网络相结合，并利用模糊数学建立了语言评价标尺，使专家评价知识的获取手段简化且易于表达，提高了机械传动设计方案评价的正确性。

由于包含输入层、中间层、输出层的 3 层 BP 神经网络可以实现任意精度 n 维向 m 维的近似映射，且 3 层 BP 神经网络构建相对容易，通常基于 3 层 BP 神经网络构建保障方案评估模型，如图 6－12 所示。在模型构建时，以评估指标体系中的评估指标为输入，以保障方案优劣度为输出，设定保障方案优劣程度分为优、良、中、差四个等级，并选择合适的激励函数和学习算法进行模型训练。

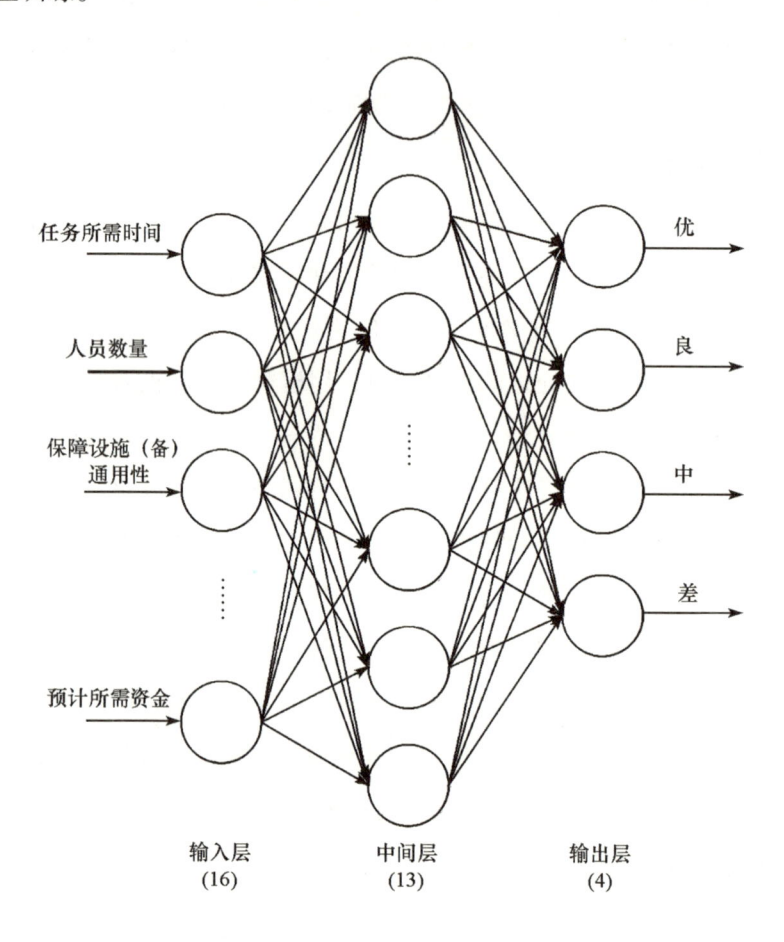

图 6 – 12　保障方案评估模型

6.3 装备自主保障系统

- **名词解释**

― 装备自主保障 ―

装备自主保障（autonomic logistics，AL）是一种能够模拟人的自治性神经系统。它具有有效的状态监控、预警和健康管理机制，能够自己思考和行动，在决策和调配保障资源时，能获得一致的保障解和最佳的协调性，无须技术人员在每个级别上频繁地决策和调度。

6.3.1 装备自主保障系统概述

1. 装备自主保障系统产生背景

联合作战需要多方面互相配合、协调一致，而当今的保障系统仍主要是按各方的需求，独立确定保障物资种类及数量，这些物资又必须在实际作战之前或者作战期间被运送到联合作战战区内。这种庞大的前线物资运送方法效率太低，包含许多重叠冗余，还可能带来不必要的时间滞后，限制了作战方案的选择并给战斗部队造成累赘。

目前的保障系统是预定式的、反应式的，而非先导式的，这种类型的系统不能预期即将来临的对保障物资、人员或训练的需求。为达到可接受的能执行任务率并降低行进中失效的风险，要求准备额外的零备件、保障设备和人员，并要求在作战期间连续不断地提供这些保障物资。这种保障系统本身不能思考，不能自主行动，并且在作出决策和订购保障物资时需要各层面和各方面大量的劳动力，很难将作战和保障数据转变成决策或行动，因此，在每个约定层次上都需要强有力的人员交互作用来作出决策。

海湾战争和科索沃战争中，美军在保障方面取得较大成功的同时，也暴露出诸多问题，如：保障与整个信息链脱节；保障体系缺乏有效的预警和健康管理机制，不能主动将装备维修态势转换为维修活动；各种诊断、维修要素和信息源之间缺乏协调性和一致性；作战行动和保障行动之间缺乏有效、统一的协调性和一致性；等等，给指挥决策者带来了诸多不便，不利于联合作战的开展。美军平时的保障同样也存在类似的问题，尤其是在信息化装备、信息化战争模式的转型过程中，存在着计划决策和备件的盲目性，测试诊断准确性差和周期长，以及保障的协调性和一致性差等问题。为此，美军在进行F-35联合攻击战斗机研制时，针对综合诊断维修保障实施情况和海湾战争、科索沃战争中暴露出的维修保障问题，结合精确保障、聚焦后勤等新理念，为实现装备智能与预知维修，提出了"自主保障"概念和系统，目标是设计一种先导式、预知式、主动式而非反应式的保障系统。

2. 装备自主保障概念与内涵

自主保障系统的内涵是一种能够模拟人的自治性神经系统，自主激发和指挥身体而无需被告知去做什么的智能保障系统。它具有有效的状态监控、预警和健康管理机制，能够自己思考和行动，在决策和调配保障资源时，能获得一致的保障解和最佳的协调性，无须技术人员在每个级别上频繁地决策和调度。自主保障体系是一种智能保障体系。装备自身的故障监测和健康管理系统是"触觉器官和激励源"，具有保障自主决策与调度能力的联合分布式信息系统是"大脑中枢"，通信系统（包括装备和保障服务体系及保障服务体系各组成部分之间的通信联络）是"神经网络"，保障基地设施、保障资源、各维修工作单元、部门、设备、工具等是"执行器官和工具"，它们形成一个有机统一的整体，构成系统的基本核心要素。

自主保障概念与系统的提出，一是针对传统的维修体制中存在的明显的维修过剩或者维修不足的问题，提出了适时、适度维修的构想；二是针对传统保障体制中存在的保障规模过大，保障组织机动性差、柔性低、协调性不好等问题，提出了联合分布式的智能协同的保障体制。其目的体现在以下三个方面：

● 将主动维修、状态基维修和美军整个信息链系统相结合，达到维修保障的快捷化、预知化和信息一体化；

● 进一步规范和强化装备自诊断与维修能力，使装备不仅仅是维修的客体，也是维修保障主体的重要组成，将维修主体前伸到从装备自身开始；

● 能准确地预测未来的需要并做出合适的准备，进一步缩减装备维修保障环节，优化维修保障体系和资源，达到及时、精确、智能保障的目的。

为达到上述目的，自主保障系统应具有有效的状态监控、预测和健康管理机制，能够自己感觉、思考和行动，在决策和调配保障资源时，能自主获得保障方案和最佳的协调性，无需技术人员在每个级别上频繁地决策和调度。

3. 自主保障系统要素

为了能够切实有效地实现自主保障的理念，必须从设备端到系统端进行有效的集成。自主保障系统主要包含四个关键要素：

● 具有综合的故障预测与健康管理能力、可靠性高、容易维修，以增强安全性、减少虚警，改进保障链的效率并便于保障事件的推进；

● 具有综合训练能力，能借助创新的自动化工具和技术出版物，经过较少专门训练，培训出高效率的、有效的维修装备人员；

● 具有联合分布式信息系统（JDIS）提供的决策与调度能力，运用先进的信息技术来提供决策支持工具并提供一种将装备与维修保障基础设施相衔接的有效通信网络，以实现先导式保障；

● 具有可重组的保障基础设施，能够对保障要求作出充分响应和重组的保障基础设施和基地，可以使装备满足有效可用度和最低费用要求。

自主保障系统各要素间的相互支撑关系如图 6-13 所示，由此可以衍生出自主保障系统涉及以下四个主要的方面。

智能化的可保障装备。确保武器装备自身的保障性，使生产出的武器装备自身是容易保障的。主要包括可靠性设计、维修性设计、测试性设计和 PHM 系统。

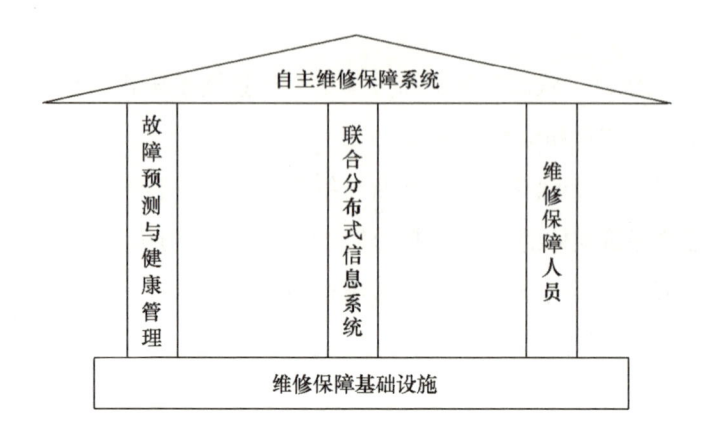

图 6-13　自主保障系统各要素间的相互支撑关系

保障作业支持系统。为维修、保障等作业人员提供强大的技术、设备、工具支持，以高效完成保障任务，保障参与人员是技术使能的。主要包括维修设备、敏捷保障供应链管理、保障设备、联合技术支持数据服务、面向保障任务的工程设施和维修助手。

训练系统。为维修保障人员提供有效的训练手段。主要包括嵌入式训练、响应式训练和集成式训练。

联合分布式信息系统。通过信息网络为维修保障人员有效传递维修、保障信息，保证网络与数据的安全性和鲁棒性。主要包括作战支持能力、制定保障计划、机动任务分配、装备状态监控与预报、维修管理、维修工单规划、保障资源自主触发与调配，以及资源定位、补给、跟踪。

4. 自主保障系统技术特点

自主保障系统是一种通用的实时、智能化的全空域保障网络系统，是一种借助先进技术的全新的维修与供应保障方案。根据这一方案，装备的全部维修活动都将实现自动化，从而最大程度地消除人力和人为差错。装备的运行数据将自动下载到一个数据库中，在这里发掘出异常数据，以便检测出现有的或迫近的故障。大多数任务和运行关键故障将在装备上实时检测和隔离出来，以提高任务可靠性和安全性，另外，还能自动进行备件的订购和跟踪。

自主保障还负责根据某一特定任务的实际特点来制定任务计划、选拔操作人员、选择保障单位等。这种革命性的保障方案将使军方用户在未来的战场中高效率、有效地保障武器装备实现成功的作战部署。

从自主保障的概念与内涵考虑，自主保障系统与传统的保障系统的主要区别在于响应方式、启动时机、协调性、效率等方面，如表6-5所示。

表6-5 自主保障系统与传统保障系统的对比

保障方式	响应方式	启动时机	协调性	效率
传统保障系统	反应式	故障发生后	不易协调	较低
自主保障系统	先导式	故障发生前	统一调度	较高

自主保障系统以精确化、快捷化、信息化、自主化为重要技术特点。

精确化。其是指系统能够充分利用来自装备的综合报告与保障系统的各种信息、资源，做到对故障的准确定位，并且精确筹划和使用保障力量，制定最优化的保障方案，避免维修工作的盲目性，使不合适的维修行为最小化。

快捷化。其是指系统能够敏捷地观察、分析、判断问题，及时、快速地提出有效的维修对策和任务决策，灵活使用保障力量和维修方法。对装备的维修请求具有高速度、高质量的响应能力，从而确保装备的安全性和较高的"再出动率"。

信息化。以信息技术为主导，以计算机网络技术和通信技术为基础，将各级保障部门、各种保障单元，甚至地方保障力量都置于统一的信息化网络中，实现纵横结合、多边协作，信息与资源共享和可视化。

自主化。是更高程度的智能化，指装备能自主感知装备状态，自主激发维修活动，保障系统自主根据装备状态和维修需求自主响应，利用各种保障资源，自主生成最佳的保障方案。

6.3.2 装备自主保障系统构成

依托现代信息与通信技术,美军为 F-35 联合攻击机研制了自主保障系统(autonomic logistics system,ALS)。ALS 工作的基本原理为:当飞机在空中飞行时,机内诊断预测系统检测到飞机故障自动下传;通过联合分布式信息系统传输到地面各保障要素;ALS 自主进行保障任务规划,准备好维修人员、备件和设备等着飞机。

美军 F-35 联合攻击机的 ALS 总体框架如图 6-14 所示。在 ALS 当中,各个要素运行如同人体,形成了一定程度的自主特性。故障预测和健康管理系统如同人体感知器官;联合分布式信息系统如同人体神经网络;维修保障决策支持系统如同人体大脑;维修工作单元和部门如同人体执行器官。通过建立 ALS,大大缩短了飞机维修、供应保障过程,提高了飞机出动率(出动强度)。该 ALS 的两个重要组成部分为故障预测与健康管理(PHM)系统和

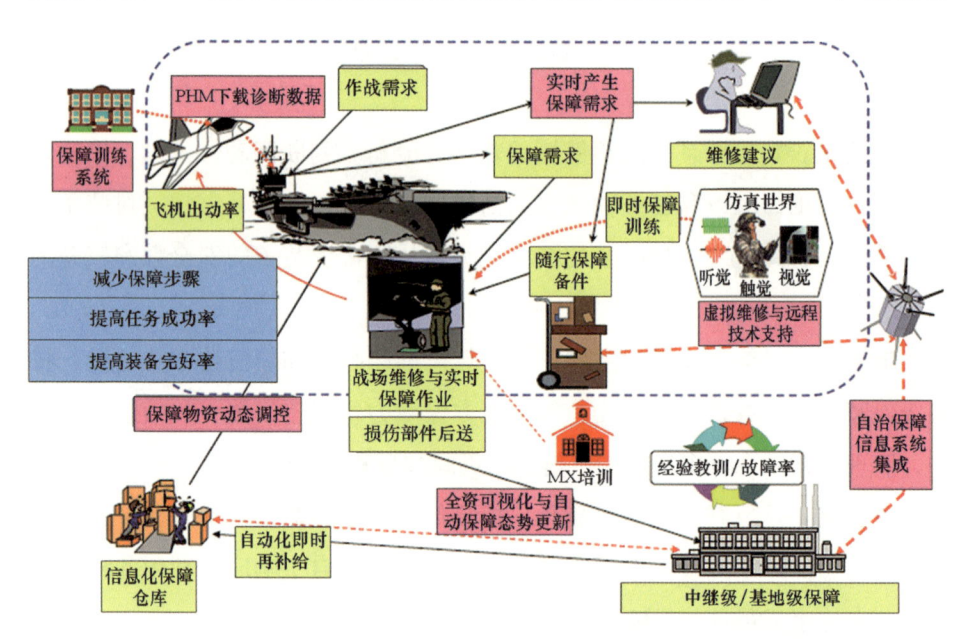

图 6-14 美军 F-35 联合攻击机自主保障系统示意图

联合分布式信息系统（JDIS）。其中，非常重要的一环是飞机的 PHM 系统，通过自保障性（可靠性、维修性、测试性）设计构建集成化的 PHM 系统，其结构示意图如图 6-15 所示。

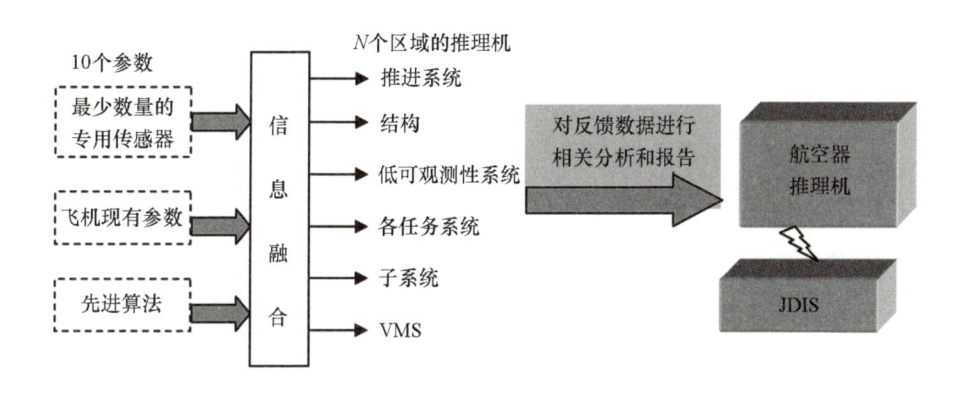

图 6-15　PHM 系统结构示意图

PHM 系统结构必须便于从部件级到整个系统级综合应用故障诊断和预测技术，PHM 采用先进的传感器来感应和采集与系统异常属性有关的特征参数，然后将这些特征与有用的信息相关联，借助各种算法和智能模型来分析、预测、监控和管理飞机的工作状态，整个飞机的 PHM 系统由各个区域的不同智能化实时监控系统构成。

● 推进系统的实时监控系统：包括发动机吸入碎屑监控系统、滑油状况监控系统、发动机应力监控系统、静电式轴承监控系统、静电式滑油碎屑监控系统、先进寿命算法和部件状况监控系统等；

● 航空电子系统的实时监控系统：采用电子射频的预测性诊断系统；

● 结构实时监控系统、飞行器管理系统（vehicle management system，VMS），以及其他任务分系统和低可观测性（low observability，LO）特征的实时监控系统。

飞机的航空器区域管理系统（vehicle zone management，VZM）将上述各监控系统的信息综合后，传给地面的 JDIS，据此来判断飞机的安全性，安排飞行任务，实施技术状态管理，更新飞机的状态记录，调整使用计划，生成维修工作项目，以及分析整个机群的状况。它的研制一般采用先进的诊断设计，用推理补充诊断，以增强故障检测和隔离的能力，并有选择地采集设备的性能数据来预计残余寿命。

· 知识延伸

- PHM 系统的主要功能 -

● 测试性和机内测试能力；

● 传感器、部件和分系统有关数据的采集能力；

● 增强的诊断功能，借助系统模型、相关信息融合技术，精确地检测和隔离系统、部件或子单元的故障和（或）失效状态，超越传统测试性和机内测试能力；

● 预测即将发生的故障，并估计部件剩余寿命；

● 状态管理，在飞机出现功能降级的情况下，保证最大程度地完成飞行系统的任务。具体包括根据飞行器实际的和预计的材料状况进行维修、供应和其他后勤保障活动。

F-35 的 PHM 系统包括了机载和地面两个部分。图 6-16 直观地展现了 F-35 的机载 PHM 结构，包括人机接口（pilot-vehicle interface，PVI）、便携式维修装置（portable maintenance device，PMD）、便携式维修辅助设备（portable maintenance assistant，PMA）、自动化后勤信息系统（autonomic logistics informatica system，ALIS）。从图 6-16 可以看出 F-35 的机载 PHM 采用分层推理结构，便于从部件级到整个系统级综合应用故障诊断和预测技术。F-35 的机载 PHM 系统分为三个层次：最底层是分布在飞机各分系统部件（称作成员系统）中的软、硬件监控程序（传感器或机内测试/机内测试设备，built-in test/built-in test equipment，BIT/BITE）；中间层为区域管理器；顶层为飞机平台管理器。最底层作为识别故障的信息源，借助传感器、BIT/BITE、模型等检测故障，将有关信息直接提交给中间层的区域管理器。各区域管理器具有信号处理、信息融合和区域推理机的功能，是连续监控飞机相应分系统运行状况的实时执行机构。

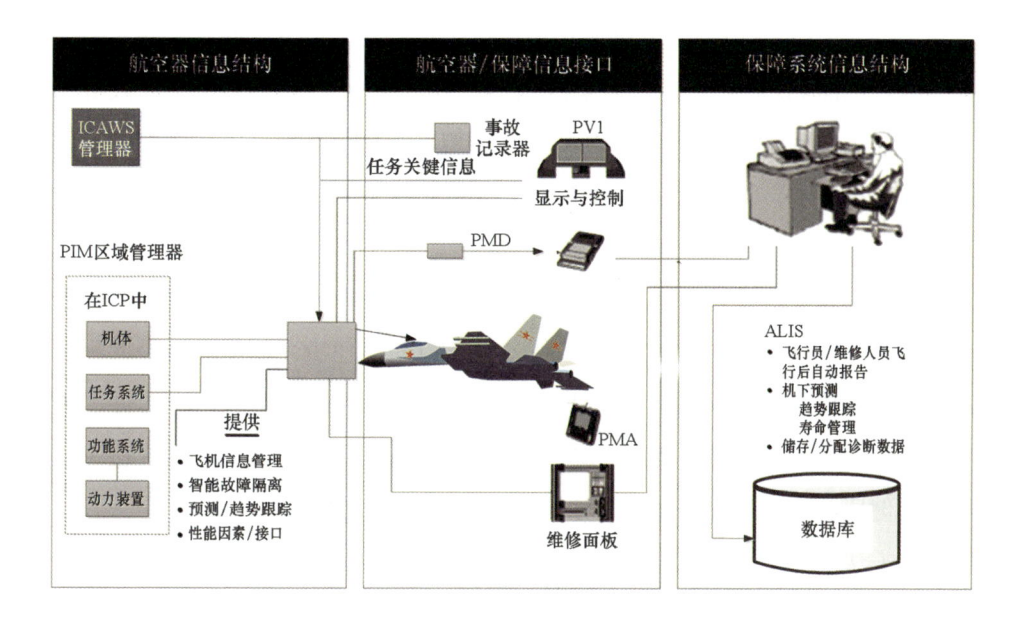

图 6-16　F-35 的机载 PHM 系统结构

各区域管理器将区域故障信息整理后传送给更高层的飞机管理器软件模块。飞机管理器也宿驻在综合核心处理机（integrated core processor，ICP）中，通过对所有系统的故障信息的相互关联，确认并隔离故障，最终形成维修信息和供飞行员使用的知识信息，传给地面的 ALIS，ALIS 据此来判断飞机的安全性，安排飞行任务，实施技术状态管理，更新飞机的状态记录，调整使用计划，生成维修工作项目，以及分析整个机群的状况。上述区域管理器和飞机管理器利用基于模型的推理、神经网络和模糊逻辑等人工智能（artificial intelligent，AI）技术，能够更好地消除虚警，并正确隔离故障。

地面 PHM 软件宿驻在 ALIS 中，它是一种综合 PHM 系统，负责完成对机载状态管理结论的综合、判别和决策。其功能包括飞行重演模块（flight recreation module，FRM）、预测、诊断和寿命管理。FRM 向用户提供飞行数据播放器、飞行阅读器和图表阅读器，可以重现问题发生期间飞机的飞行（或地面功率循环）状态，从而为保障工程师和维修人员深入调查飞机发生的问题提供支持。飞行数据播放器使用户可以操纵和播放一组信号数据（来自飞机上传感器的记录数据），其输出结果可导入一个或多个飞行阅读器和图表阅读器中。地面 PHM 结构中还集成了一种智能辅助环境，帮助辅助维修人员发现并修理飞机难于诊断的复杂故障。地面 PHM 程序可将航空电子系统的故障隔离至板级水平，将机械故障隔离至外场可更换部件，如液压制动装置和变速箱。

由于采用了电子控制器来观察机械系统中的故障，F-35 对机械故障的隔离水平更高。PHM 在多个层次上采用多种类型的推理机，以便通过最大程度减少对单个传感器和算法的依赖来减少虚警，通过利用更多证据查明原因来提高故障隔离的准确性。实施 PHM 推理的一种方法是可扩展的三推理机飞行器综合健康状态管理系统方案，如图 6-17 所示。

该方法实际上是在飞机的每个分系统（区域级）采用三种独立的推理机，在飞机平台级采用三种独立的推理机和一种综合推理机。在区域级和飞机平台级，机载和地面 PHM 都可完成以下三种类型的推理：

诊断推理。对监控的结果和其他输入进行评估，确定所报告故障的原因和影响。诊断推理机由一套算法组成，采用模型对故障的输入信息进行评估。这些模型可确定失效模式、监控信息和故障影响之间的关系。

预测推理。确定飞机正朝某种已知的故障状态发展及相关的潜在影响。在许多情况下，机上预测处理主要由收集数据组成。机下处理则是根据机队信息和趋势情况完成预测推理。

异常推理。通过识别原来未预料到的情况，帮助改进飞机设计。机上处理主要是检测异常情况和收集相关数据。机下处理则是判断发现的异常是已知的故障状态还是需要研究的新情况。

推理机综合管理器综合上述三种推理机的结果，形成报告，确定已检测出和预测出的故障及其对任务的影响。PHM 是一种软件密集型系统，它在一

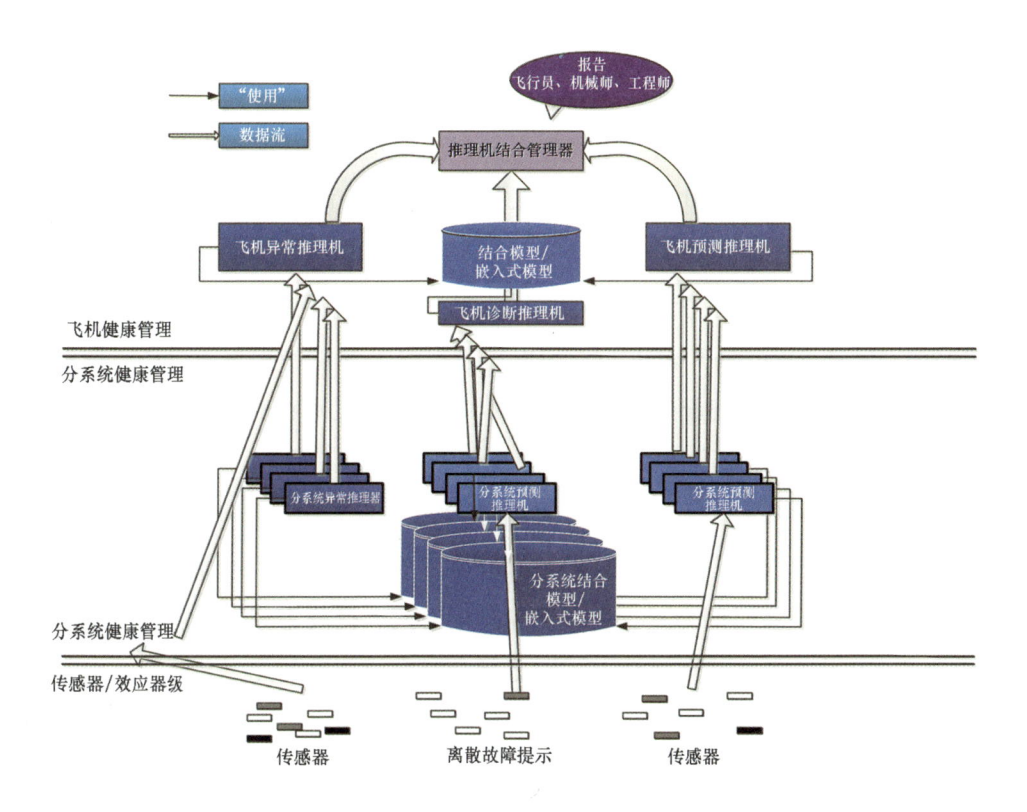

图 6-17 F-35 的 PHM 系统的三推理机综合健康状态管理系统方案

定程度上涉及飞机的每一要素。PHM 研制方法采用先进的诊断设计，用推理补充诊断以增强故障检测和隔离的能力，并有选择地采集设备的性能数据来预计残余寿命。PHM 与 JDIS 综合设计，将在提高飞机的任务可靠性和出动架次率的同时，减少维修工时和缩短后装补给线。

6.3.3 装备自主保障系统效能分析

以 F-35 为例，自主保障系统可以带来下列收益。

（1）改变维修原理

F-35 的 PHM 系统故障检测覆盖飞机各重要系统，包括航电系统、重要功能系统、飞机结构和动力装置，可实现 I、II 类故障模式监控和故障告警，提高飞机的安全性。可实现对故障的精确诊断和定位，减少故障检测和隔离时间，提高维修性，降低对保障设备的依赖性。可实现飞机故障预测和关键部件剩余使用寿命预计功能。不是根据故障，也不是按照计划，而是采取视情维修和适时维修，因而减少了对任务计划的干扰，并显著减少甚至取消预防性维修，有助于实现基于状态的维修和两级维修体制。

（2）减少测试设备

F-35 的 PHM 系统可减少起飞线测试设备，减少系统研制和验证（system development and validation，SDV）过程中 35% 的专用保障设备。取消 O 级测试设备：对常规起降型减少 81 件；对短距起飞垂直着陆型减少 77 件；对舰载型减少 61 件。

（3）对 F-35 用户和维修人员的益处

F-35 的 PHM 系统可将故障信息和故障症状实时传输给地面，增加地面维护人员维修准备时间，减少后勤保障延误时间，提高维修效率。同时实现总资产可视化，即在状态屏幕上可浏览所有资产或部件的完好状态。系统采用持续改进的商业运作方式，关键性能指标将获得改进，停机将减少甚至消除。由于掌握更详细的零备件消耗情况，可以减少库存水平，改进维修进度安排。在出现薄弱环节前就能预计到故障的发生，便于事先提出解决办法，可以缩短供应链、维修进度安排和其他过程的时间间隔。

（4）简化使用和维修训练

据估计，通过采用预测与状态管理技术等各种先进技术措施可使故障不能复现（can not duplicate，CND）率减少 82%，使维修人力减少 20%~40%，后勤规模减小 50%，出动架次率提高 25%，使飞机的使用与保障费用比过去的机种减少了 50% 以上而且使用寿命达 8000 飞行小时。

F-35 联合攻击机综合保障体系在飞机的系统研制与验证过程中完成开发和验证，到正式服役时系统建立完成，先进的综合保障理论与方法帮助建成了一个全球范围级别的综合性保障、训练与信息环境，减少了使用与保障费用并提高了战备完好性。

6.4 智能军事物流系统

智能军事物流系统是一个典型后装综合保障应用系统，采用信息化手段感知生成保障态势，在此基础上进行智能决策，实现装备物质精确保障。本节主要阐述军事物流及其信息化特征，分析智能军事物流系统的系统框架和物流信息平台的构建方法，给出基于物联网技术的军事物流系统应用。

6.4.1 军事物流及其信息化概述

完善、科学的现代军事物流体系形成于第二次世界大战期间，以此为基础，逐步发展出了"后勤管理"学科，并广泛应用于流通领域和生产经营管理全过程中所有与物品获取、运送、存储、分销有关的活动。运输方式的多样化和综合运输体系的快速发展，为现代军事物流的快速发展奠定了良好的基础。同时，现代科技进步推动着军事仓储的快速发展，仓储作业自动化，仓储管理体制高效化，仓储管理方法科学化，仓储管理人才专业化，逐步形成了适应现代战争要求的军事仓储体系。

• 名词解释

― 军事物流 ―

军事物流是满足军队平时与战时需要的物流活动，包括军事物资的采购、储存、运输、分配、保养、疏散及废弃，军事人员的运输、疏散和安置，军事服务的采购或提供等，是军事后勤体系的重要基石。

1. 军事物流的主要特征

军事物流的特征决定了军事物流活动存在多样化的外部联系、多层次的内部结构和多渠道的发展变化规律。军事物流在获得物资空间位移的合理化，产需时差效用的最优化，保持物资使用价值手段的科学化，加快物流信息处理的高效化等方面，与地方物流有着共同的目标，但又具有鲜明的自身特征。

(1) 军事性

军事物流产生于战争而又服务于战争，其主要活动都是为军队作战和建设提供可靠的物资支援保障。因此，军事物流活动属于军事活动的范畴，这是它区别于其他物流活动的显著特征，也是军事物流的本质属性。主要体现在以下方面。

与军事活动联系密切。军事物流作为军队后装保障体系的重要组成部分，其主要目的和任务就是满足军事活动的需要。军事物流活动直接影响着军队作战和建设，甚至影响到战争的结局。同时，军事活动的发展变化也对军事物流提出了更高的要求。随着高技术武器装备的发展和运用，部队作战的机动性、快速性显著增强，要求军事物流活动必须提出与作战行动相适应的手段和方法，提高装备物资的快速支援保障能力。

军用物资管理严格。军用物资既包括通用物资，如普通油料、车材、药材、军需品等，也包括专用物资，如坦克、飞机、舰艇、弹药、军械等。军用物资不同于其他物资，在管理手段和方法上，表现出较强的军事化特征，尤其是弹药、军械等武器装备，其管理有严格的要求。这些物资的采购、调拨、运输、入库、出库、装卸、搬运及维护保养工作，都要在严密的军事组织指挥下进行。

军事物流组织体制特殊。从业务管理上看，军事物流的业务费用、人员费用和行政费用由主管部门按军队标准统一支付，军事物流不完全以盈利为目的；从运行机制上看，军事物流的机构、部门要适应军事行动的需要，并不完全按照市场经济运行机制设置。

(2) 经济性

军事物流不仅是一项军事活动，而且也是一项负责的经济活动，与多种经济要素发生联系，具有军事和经济的双重属性，受军事规律和经济规律的双重约束。

(3) 复杂性

随着社会生产力的发展，作战手段日益现代化，作战行动日益快速化，作战力量日益联合化，作战规模日益大型化，作战地域日益全球化，军事物流活动日益复杂。主要体现在以下方面。

军用物资技术含量显著提高。随着部队武器装备日益现代化，军用物资结构发生了巨大变化，库存物资品种多、数量大、性质各异，对收、发、储、运的要求各异，军事物流管理难度显著增加；同时，由于各种高新技术装备的存储管理和检查维护需要专门的仪器设备、专业的技术人才和严格的技术标准，使得军事物流管理越来越复杂。

军事物流手段的机械化、自动化、智能化程度明显提高。科学技术的发展和应用，不仅提高了军事物资技术含量，而且也加速了军事物流手段的现代化。各种大型运输装备、先进装卸搬运机械、精确计量检测器具、仓库安全监控系统、仓库多媒体管理信息系统、条形码技术等的推广应用，特别是计算机在军事物流中的应用，以及自动化立体仓库的建立，都促进了军事物流管理方法和手段的全面变革。

军事物流组织的协调性要求提高。军事物流规模的扩大，机械化、自动化水平的提高，以及物流功能的增多，必然要求物流管理组织体制高度协调，在提高劳动生产率的同时，确保物流作业安全高效。

(4) 服务性

为部队服务、为作战服务是军事物流管理的根本出发点和归宿，军事物流管理的一切活动均服务于全面提高部队战斗力这一根本目标。

(5) 不均衡性

和平时期，部队处于正常训练和工作状态，除一些特殊情况，如救灾、大型演习、重点战备建设等，需要局部范围有相对集中的物流外，平时条件下军事物流活动相对稳定，遵循一定的活动规律，并且总体物流量较小，物流方向相对确定，物流速度要求较缓。但是在战争时期，军事物流行动受作战规模、作战强度、战场环境、气候条件、作战对象等诸多因素的影响，并随着战争规模、战场方向的变化而急剧变化。随着军事物资的消耗量增大，物流量猛增，物流朝着战场方向高度集中，物流速度急剧加快，这种急剧的变化，必然造成军事物流的不均衡性。

军事物流在平时和战时的流量、流向和流速的这种反差，使得军事物流总体规划必须从保障战时需要出发，按照平时、战时结合的要求进行统筹。

2. 军事物流信息化特点

军事物流信息化利用现代信息技术、平台、装备和手段，围绕物资生产、采购、运输、存储、保管、分发、服务等物流全过程进行信息采集、交换、传输和处理，实现物资供应方、需求方、配送方、存储方之间有效协调和无缝连接，构造出高效率、高速度、低成本的军事物流供应链，从而实现军事物资保障能力的整体提高。

军事物流信息化的目标，就是要把货物"运动"的信息准确地传递给战场的各级指挥员，使各级指挥员随时了解物资的使用、运输、储存等情况，并通过一系列信息化的手段和方法，提高物流速度，缩短物流时间，降低物流成本，实现军事物流目标的系统化、要素的集成化、组织的网络化、服务的系列化、接口的无缝化、反应的快速化、数据的标准化、运作的规范化，提高军事物流系统的效率，满足信息化战争需要。

军事物流的信息化特点主要体现在：

（1）物资管理数字化

按照物资信息管理规范，将物资管理工作所需的各种数据（包括物资筹措、库存、供应等数据）转换或直接生成为电子数据表格与文件，并进行存储、传递与交换。数字化是信息化管理的基础。

（2）信息处理自动化

在电子数据环境下，利用各种管理系统实现物资的存储、调配与供应的管理与决策；利用电子商务、物资快速采办、敏捷制造等系统，实现物资的快速采购和精确保障；利用自动识别技术（条形码、射频标签等），进行物资管理信息的收集和存储，实现信息的快速采集和汇总。

（3）数据交换网络化

利用网络技术进行数据传输、存储和联机服务，使各级物资管理部门快速、及时、准确掌握部队和仓库物资情况，随时下达各种物资保障的指令。

（4）管理系统集成化

通过数据集成为物资保障提供综合数据环境，即将物资网络管理系统与物资资源管理系统及各种数据集成为一体，建立开放分布式的物资综合保障数据库，做到数据统一集成、信息资源共享。

（5）资源分布与流动可视化

应用全球定位系统、地理信息、自动识别、网络通信等技术，建立灵活、快速、准确、高效的物资管理系统，战区、军种、联勤部队可以实时动态查询权属范围内的物资分布与流动情况，可以方便快捷地使用、调配、订购、储备保障物资，可以快速、准确、科学地制定物资应急保障方案，从而满足平时物资管理和战时物资保障的需要。

（6）电子商务

通过建立统一的电子商务平台，引入电子订货、货物跟踪、网上仓库、网上采购等系统，全方位发展物流电子商务。在线跟踪发出的货物，联机实现投递路线的规划、物流调度及货品检查，提高对部队用户的服务质量，实现以用户（部队）为中心的现代物流作业体系。

6.4.2 智能军事物流系统框架

现代军事物流是根据军事环境、社会经济环境和空间自然环境，及其变化的具体需要，对物流人员、物资、物流装备、物流设施、信息和资金六类要素进行的有效组合，组合的方式包括属性组合、数量组合、空间组合和时间组合等，从而构建起四个层次的系统结构。第一层次是上述六类基本要素；第二层次是仓库、汽车营、配送中心等保障实体；第三层次是采购、存储、运输等军事物流职能域或环节；第四层次是职能域之间、各层次之间相互联系、相互作用形成的一体化物流指挥与保障体系。从以上分析来看，在信息化军事物流中，涉及的要素和关系极其复杂，活动非常多，"前方需求可知、后方资源可视、保障过程可控"是物流信息系统的基本出发点。

为实现这一目标，军事物流信息系统有许多的关键技术有待于解决或提高。在前方需求可知方面，包括需求精确预测、需求动态采集、需求分类统计、战场分发管理、保障对象定位和环境分析等；在后方资源可视方面，包括物流规划、物资预计、物资采购、物资储备、仓储管理、物资包装等环节，涉及的关键技术更多，如供应商管理、网络化采购、保障实力统计、保障能力评估、物流网络规划、仓库/货场/供应站/物流中心布局、出入库管理、可视化管理、账目平衡、调拨管理、经费管理、作业装备调配、车辆器材管理等；在保障过程可控方面，包括物资配送、路径优化、仓库动态选址、机动通信定位、物资装卸、交通管控、送货集货等。

在军事物流领域大力发展和应用 RFID、机动定位、目标跟踪等技术，并实现物流单元或物资与核心网"最后一公里"的连接，可以解决物流全过程的可视化问题，为军事物流指挥或管理人员的决策提供充分支持。

基于物联网的智能军事物流系统架构由共用信息基础设施和应用服务系统组成，包括感知层、网络层、服务层、应用层四个层次。基于物联网的智能军事物流系统的总体架构如图 6-18 所示。

1. 感知层

感知层采用条码识别、RFID、有线/无线传感器、智能图像识别等多种技术对各类军事物流对象信息进行实时自动采集，同时将采集的数据进行处理提取出有用的物流特征。感知层主要包括数据采集系统和数据预处理系统。

数据采集系统包括分散于各个地理位置的各类传感器、射频标签、条码和采集终端，利用现场网络技术将各终端连接成一个有机整体，实时获取各种物流数据并发送给数据预处理系统。数据预处理系统主要完成传感器数据预处理、目标/事件探测、目标特征提取优化、数据聚合、协同处理等功能，

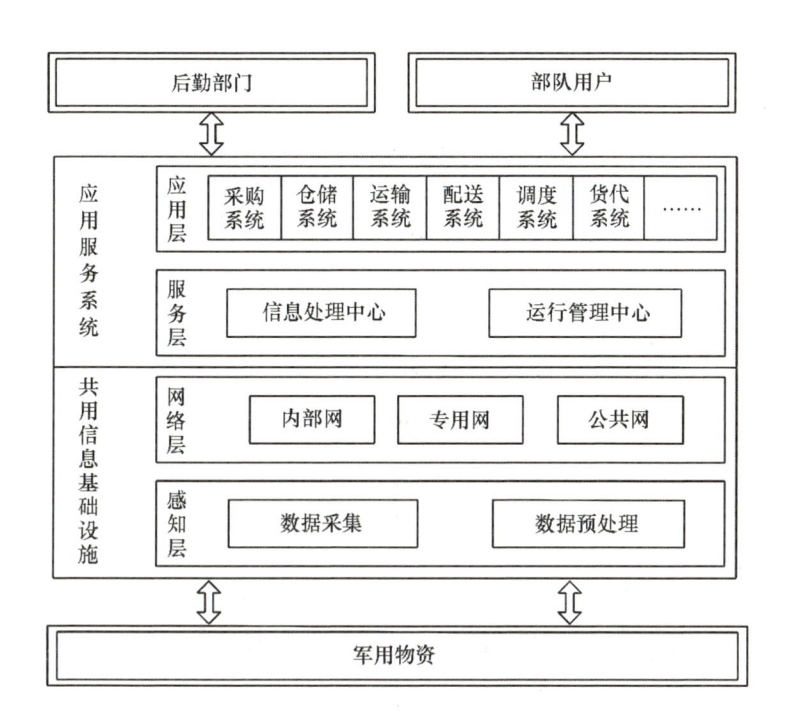

图 6-18　基于物联网的智能军事物流系统的总体架构

初步完成目标属性的判断及目标状态的简单预测。

2. 网络层

对于军事物流而言，网络层可以划分为内部网、专用网、公共网三级网络，如图 6-19 所示。基于物联网的智能军事物流系统的网络以公共网为基础，以内部网为核心，实现物流系统内部工作流的电子化、自动化，并通过专用网允许其他部门或人员对内部应用的授权访问和实现相互间授权的信息交换，从而达到信息资源的共享、信息交换和合作。

公共网主要由全国性通信网和物流业务领域或信息网构成，并且依托军队有线网、军事卫星通信网等主干网络，为军事物流系统提供畅通、可靠的基础信道。专用网主要用来允许其他业务部门或职能部门使用特定的权限穿越防火墙，从公共网访问内部网指定的数据或启动指定进程，为内部人员协作、信息共享提供了支持链路。内部网是物流管理部门或单位内

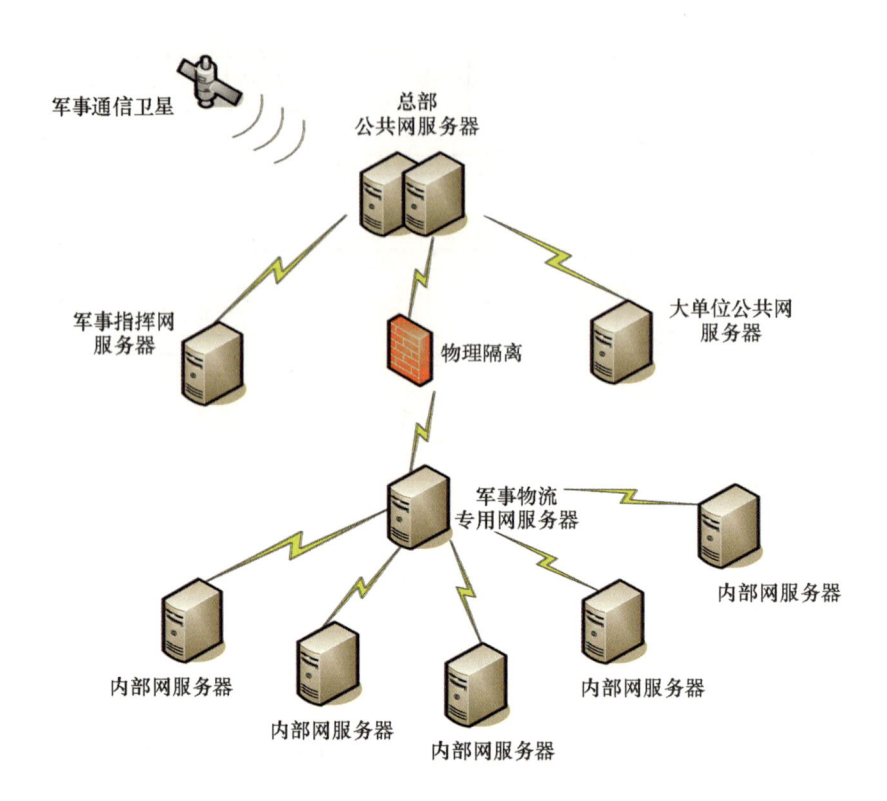

图 6-19 网络层的三级网络结构

部的安全网，其应用受到内部安全"防火墙"的保护，同时与公共网进行物理隔离。

3. **服务层**

基于物联网的智能军事物流系统在一个相对开放的计算机和网络支撑环境下实现，服务层为军事物流系统各种数据、过程等多种对象的协同运作提供各种服务及运行的支撑环境，降低系统集成的复杂度，提高应用间集成的有效性，将信息系统实施中确定的各种应用系统、服务、人员、信息资源及数字化设备的协调关系，映射汇聚到集成化运行的可执行系统中去。服务层主要由信息处理中心和运行管理中心构成。

信息处理中心由网络应用平台、应用集成平台、信息门户平台和安全基础平台组成。网络应用平台为系统提供可靠、高速和可控的网络环境，传输各类数据资源，实现整个军事物资信息的全面共享。同时，为授权用户提供丰富便捷的网络应用（如实时多媒体视频/音频、网络远程通信、网络会议等）和各种网络服务（电子邮件、文件共享、信息查询），使用户可通过多种形式的访问获取所需要的军事物资信息。应用集成平台为各个具体应用系统的无缝接入与集成提供基础支持。信息门户平台为不同层次的决策者或用户访问军事物流系统提供简捷的途径，使系统提供的信息用于多方位的决策。安全基础平台为基于物联网的智能军事物流系统提供基本的安全保证。

运行管理中心由数据资源中心、网络管理中心和安全保障中心组成。数据资源中心主要由数据资源模块（中心数据库）和数据开采、信息融合模块组成，它为整个系统提供数据和信息支持，还为智能军事物流系统提供跨平台、跨系统、跨部门的消息通信、事件管理和流程控制等服务，支持完成各保障部门内部、保障部门之间、保障部门与保障对象之间的信息交互和数据交换。网络管理中心负责系统的统一管理控制和统一标准的制定、发布和实施，同时负责整个系统的异地备份和灾难恢复等。另外，网络管理中心还保障系统硬件网络基础设施的正常运行，并提供对访问用户的物理接入安全控制。安全保障中心负责制定系统的总体安全策略，通过系统安全漏洞扫描、系统入侵和系统安全审计等安全运行监管机制提供全网的安全运行管理和机密信息保护。

4. 应用层

基于物联网的智能军事物流系统的应用面向物流保障机构、人员及保障对象，给用户带来的最大好处是能够充分利用已有的资源，为各类保障实体提供个性化服务，因此建立合理的信息系统非常必要。

采购系统。基于规范化的企业采购模式和管理流程，采用开放式或供应链采购方式，包括网上招标、供应商管理、采购计划管理、需求管理、报价管理、审批管理、合同管理、订货管理、补货管理、结算管理、信用管理、风险管理等，从降低成本、提高效率和控制流程等各方面为军事物流系统创造价值。

仓储系统。可以对不同地域、不同属性、不同规格、不同成本的仓库资源实现集中管理。采用条码、射频等先进的物流装置和设备，对出入仓货物实现联机登录、存量检索、容积计算、仓位分配、损毁登记、简单加工、盘点报告、存期报告和自动仓储费用计算等仓储信息管理。支持整储、散储等各种储存计划，支持平仓和立体仓库等不同的仓库格局，并可向用户提供远程的仓库状态查询、账单查询和图形化的储存状态查询。

运输系统。对所有运输工具，包括自有车辆、协作车辆和临时车辆，实行实时调度管理，提供货物分析、配载计算，以及最佳运输路线选择等功能。支持全球定位和地理信息实时查询，实现车辆的运行监控、车辆调度、成本控制和单车核算，并提供网上车辆及货物的跟踪。

配送系统。按照即时配送原则，满足后期零库存管理的原材料配送管理，满足小批量多品种的连锁配送管理，满足共同配送和多级配送管理。支持在多供应商和多购买商之间精确、快捷、高效的配送模式。支持以箱为单位和以部件为单位的灵活配送方式。支持多达数万种配送单位的大容量并发配送模式；支持多种运输方式、跨区域配送模式。结合先进的条码技术、GPS/GIS技术、电子商务技术，实现智能化配送。

调度系统。用于战役以上层次作战需求的物流业务集中管理，适用于网状物流、多址仓库、多式联运、共同配送、车队管理等时效性强、机动性强、需要快速反应的物流作业管理，以应对被保障部队的柔性需求，减少沟通环节，保证物流作业的运行效率。

货代系统。满足国内一级货运代理的要求，完成代理货物托运、接取送达、订舱配载、多式联运等多项业务需求，支持航空、铁路、公路和船务运输代理业务。配合物流的其他环节，实现物流的全程化管理。

6.4.3 智能军事物流系统应用分析

按照基本流程，军事物流包括军事物资采购、军事物资仓储、军事物资运输、军事物资包装、军事物资装卸搬运和军事物资配送等作业环节。在智能军事物流系统中，物联网技术作为一个重要的应用支撑技术，带来了大量的、形式多样的、独特的应用服务，下面从军事物资仓储、油料供应和军交运输三个方面介绍物联网技术在智能军事物流系统中的应用。

1. 物联网技术的军事物资仓储应用

随着计算机技术和通信技术的发展，信息技术不仅用于处理军事仓储的具体业务，而且用于控制各种储运设备，用于装备物资保障的分析与预测，制定装备物资储备计划和保障方案，使军事仓储信息化上升到一个新的高度。

（1）RFID 技术在仓储应用中快速发展

随着物联网技术的发展，在军事仓储领域，RFID 的应用将会逐步拓展到更广的领域，与智能军事物流系统融合，产生更大的效益。

（2）传感技术集成应用成为主流

物联网技术的发展，以及人们对物资物理性能关注度的提高，必将推动军事仓储中各类传感技术的集成应用。在特殊品仓储中，传感技术可用于仓储环境的智能化监控，满足温度、湿度、空气成分等环境参数的分布式监控的需求；在危险品的物流管理中，传感器网络可实时监测危险品及其容器的状态，一旦超过警戒线可以及时报警，从而为危险品物流过程的跟踪、监控、管理等提供安全保障；在冷链物流系统中，可以全程监控冷冻环境下物资的温度及湿度并及时调控，以保证物资的质量。

（3）无线网络与通信技术将得到逐步推广

无线通信技术的发展为仓储配送中心建立无线网络创造了条件。可在军事仓储系统中应用无线技术，如无线电子标签辅助拣选系统可以大大方便系统建设；拣选车等移动设备终端，采用无线通信技术可实现通信和移动计算，便于实现仓储智能作业等。

（4）无人搬运车将融入仓储物联网

随着传感技术和信息技术的发展，搬运车也向着智能化方向发展。随着物联网技术的应用，在全自动化智能物流中心，无人搬运车作为物联网的一个重要组成部分,成为一个智能的物流终端。

(5) 仓储物联网将出现互联互通的大趋势

目前,智能仓储系统仅限于在独立的仓储配送中心内部联网应用,借助物联网技术,将这些独立的智能仓储系统联网,可打破信息孤岛,实现互联互通。

2. 物联网技术的油料供应应用

军队油料供应保障是一个将油料从炼油厂运输到油库,再从油库加注到装备形成保障力的过程,主要包括筹措调拨、日常供应和统计核算三个环节。

油料从炼油厂到装备并不是一个复杂的物流过程,但其供应的及时高效是形成机械化部队战斗力的基本条件。同时,油料作为一种典型的危险物品,若管理不当容易引发火灾、爆炸等。目前以手工和单机作业系统为主的油料管理方法中还存在诸多缺陷,主要是不能及时掌握油料动态情况,如飞机、舰艇、战车的实际加油情况,油库存油的品种、数量、质量情况,炼油厂油料发出和油库收油情况等,油料业务数据不能够及时有效采集和传输是制约油料供应效率提高的瓶颈。油料供应点多面广,涉及每一个部队和所有耗油装备,迫切需要一套能够快速部署、稳定传输、可移动便携的数据自动化采集和传输技术手段,而物联网技术正好满足了这一需求。

物联网技术的油料供应应用主要涉及以下方面。

(1) 输油管线铺设

输油管线一般铺设于野外,如图 6-20 所示,恶劣的自然环境给输油管线的铺设和监控带来很大的困难。输油管线上的一些固定标志经过长期暴露后往往难以辨识。此外,管线中的水和化学试剂也会腐蚀一些自动识别标志(如条码),造成识读困难。

在国外一些先进的输油管线的铺设和维护过程中,广泛采用了集射频识别、全球卫星定位系统、地理信息系统及移动通信技术于一体的物联网综合平台,实现对管线全程实时监控及状态参数的无线采集,从而支持对输油管线的集中、高效、统一管理。

图 6 – 20　铺设输油管线

在管线的铺设过程中,如果管线组装不正确,会导致油气泄漏。过去,管线的连接处往往采用书写、金属标志等来标记,依靠人工识别。现在,为了提高输油管线铺设的效率和准确性,管线在出厂的时候就会用射频标签标志耐压管线的连接处(螺栓、垫片等),如图 6 – 21 所示,从而保证管线的正确组装和铺设。

图 6 – 21　管线连接处螺栓上附着的特制无源 RFID 标签

分布于输油管线各处的 RFID 标签还可以安装各种类型的传感器和卫星定位芯片,用于实时监测并报告管线的环境状态、设备操作、位置信息等,结合无线通信技术,从而构成基于物联网的输油管线监测追踪系统。

(2) 军用油库及加油站监控管理

军队油料仓库具有数量多、分布地域广、油料储量大、油料品种多样、设备设施标准化水平高、油库的管理模式高度集中、各项规章制度严密、业务工作执行力强等特点，这些特点为应用 RFID 技术提供了可行性。

库区实时监控及管理。油料的储存条件要求非常严格，需要对油库周围的环境进行实时监控，充分利用无线传感器网，将液位、气体浓度、温度、湿度等传感器及数字摄像头采集到的数据，传送至监控中心处理分析后加以显示，同时也把处理结果发送给移动监测器，实时收到油库的各种参数信息。

在油库储油区中，对每个油罐设置 RFID 标签，通过手持扫描仪，可以在查库过程中及时地获取油罐内油料的型号、时间等详细数据，以及油罐的安全容量、安全高度等油罐的详细指标。在库区的日常管理中，可以为重点油罐及重点位置设置 RFID 读写器，当佩戴 RFID 标签的保管员巡查到接收器处，接收器接收来自保管员佩戴的标签的信号，并将数据发送到油库管理系统中，这样通过查看油库管理系统便可对保管员是否检查到该油罐、重点部位是否检查等情况进行监督。

移动设备管理。RFID 技术可有效地管理油料仓库中的移动设备（如车辆、加油器材、泵等），显著降低人工劳动强度、提高工作效率。这些设备需要实时查询确切位置，以确保后续操作流程的快速实现。同时，还可以建立对这些移动设备的监管系统，以便对这些移动设备进行安全管理。

库区访问控制。RFID 技术可用于在油料仓库中进行人员的身份验证。在库区出入口安装射频读写器，并将工作人员佩戴的 RFID 标签设置成不同的安全级别以对应进入不同的授权安全区域。访问控制系统通过读取 RFID 标签的数据，可以识别进入库区的人员是否符合规定。

作业流程管理。基于 RFID 技术的油库库房管理是在现有油料装备库房、附属油料库房中引入 RFID 技术，对检验、入库、出库、调拨、移库移位、库存盘点等各个作业环节的数据进行自动化数据采集，保证仓库管理各个环节数据采集的速度和准确性，确保油库管理人员及时准确地掌握库存的真实数据。通过科学的编码，便捷地对装备的批次、附属油料的保质期等进行管理，还可以及时掌握所有库存物资当前所在位置，有利于提高库房管理的工作效率。

通过 RFID 技术可以监控油料仓库的作业流程，提高油料仓库作业效率。在收油操作中，可以在进行现场作业、验收、计量等操作的同时，将数据实时传输到油库管理系统中，直接录入数据库，提高作业效率。在发油操作中，可以在发油的同时，将发油数、接收单位等信息传输到油库管理系统中，存入数据库，自动打印发油单等票据。此外，还可以通过 RFID 技术监控油罐阀门的开启及关闭时间等数据，从而估算发油数量，监督油料发出情况。在发油过程中可以通过 RFID 技术的铅封保证油料数量和质量，还可实时监控发出油料的去向。

（3）军用油料设施安全防护

油库、加油站等场所存储有大量的易燃易爆物品，一旦遭受攻击，破坏性巨大。一些军用油料设施，如输油管线、加油场站等均为固定目标，容易成为敌方打击的目标。油料运输工具本身缺乏自卫手段，容易遭受攻击，如提供后勤补给的油船就经常成为敌方舰船和舰载机的攻击对象。军用输油管线往往沿着铁路或公路铺设，而且通常经过野外，有些甚至位于地上，容易遭人为破坏，难以防护，一旦被破坏，难以及时发现并做出响应。因此，对各种危险的提前预警、事后快速定位及响应就成为军用油料设施安全防护的重点。

目前，国外纷纷采用传感器、RFID、移动通信等技术实现油料行业重大危险源的识别与监测，建设和完善安全监测网络系统，提升油料运输、存储和供应过程的监控和应急响应水平。

基于物联网的远程输油管线监控系统，在野外的输油管线沿线安装大量具有射频功能的标签，通过标签携带的传感器和定位芯片，可以实时监控管线的运行状态并准确快速定位。标签采用太阳能供电，并通过无线网络进行通信，如果传感器检测到输油管线发生振动、泄漏及输油管线附近的挖掘行为，就会通过无线通信方式发出警报。远程输油管线监控系统的控制中心收到警报后，可以进行快速定位，及时采取防范补救措施。

为了减少人为破坏，军用油库和加油站基于物联网技术进行严格的区域访问控制，有效防止未授权的人员和车辆进入。工作防范区域分布大量的射频读写器和摄像头，监控移动的人、车辆和设备。工作人员携带射频标签，其位置和身份信息实时显示在控制中心的屏幕上。

3. 物联网技术的军交运输应用

军交运输系统覆盖了储存、装载、运输、卸载、转运、分发等各个环节，完成从工厂、后方仓库、物资装运站点（火车站、港口、机场等）、物资卸载站点、野战仓库直至单兵的物资运送。军交运输涉及飞机、车、船，水路、航空、铁路等各个环节，作业范围大，中转过程复杂，为保证运输安全和时效性，迫切需要实现运输的全程可视化。

（1）基于物联网技术的公路运输车辆动态跟踪

为了适应未来信息化战争快速保障、应急保障、精确保障的要求，通过现代传感、网络通信及人工智能等信息自动采集和数据传输技术，可对公路军事运输过程中涉及的运输车辆状态、运输物资种类与数量实现实时的全程动态监控和指挥控制。解决汽车运输单位"动中通"问题，已成为军事公路运输指挥管理信息化发展的必然趋势。

公路运输车辆动态跟踪的意义主要表现在以下三个方面：一是可以实现各级军事交通运输部门对执行运输任务的运输车辆的实时定位跟踪、运输指挥，极大提高运输车辆指挥调度的时效性和效率；二是可以实时查询运输车辆状态、运输环境、运输保障力量等信息，为各级军事交通运输部门的决策提供实时有效的信息；三是通过与军事物流系统中的物资识别技术相结合，可以实现在运物资可视化，提高物资供应精确性，极大地推动后装保障信息化建设。

● 公路运输车辆动态跟踪系统的体系结构

图6-22给出了多层架构的公路运输车辆监控体系结构，图中所示每一层均包含各自相应的软、硬件，且相互之间在物理层面上通过军用通信网连接。

图6-23给出了公路运输车辆动态监控系统中所涉及的指挥中心或指挥所描述性结构图。卫星地面总站通过光纤为指挥中心提供足够的信息，以满足用户群的监控需要，指挥型用户机保证在卫星地面总站线路出现故障时应急使用，多个监控终端保证满足多区域监控的需要。

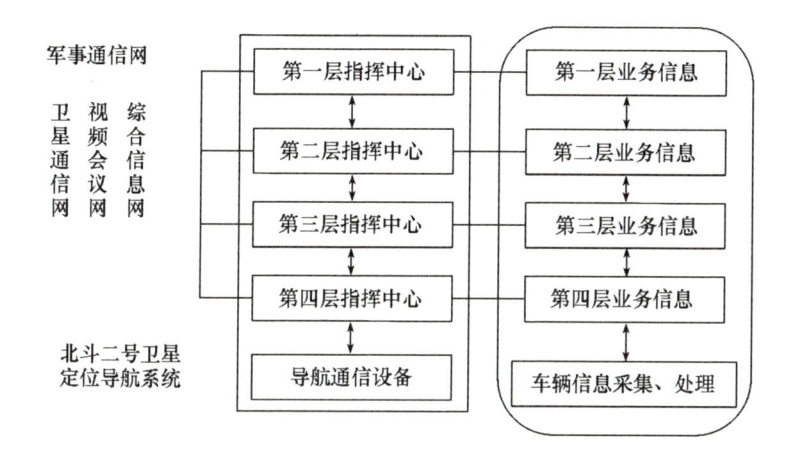

图 6-22 公路运输车辆监控体系结构

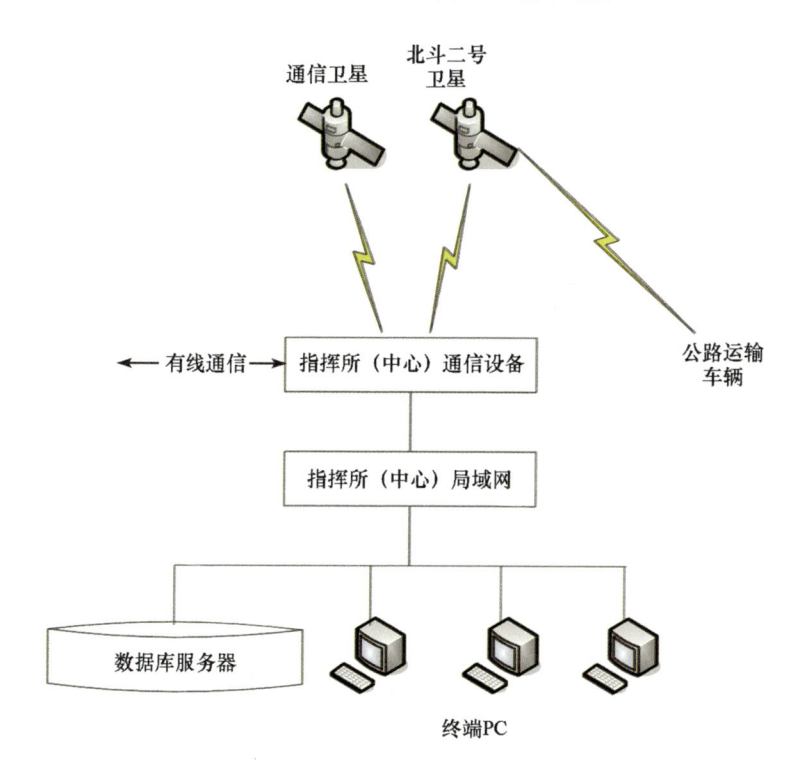

图 6-23 指挥中心或指挥所描述性结构图

● 公路运输车辆动态跟踪系统的典型应用场景

在某时刻，承担公路军事运输的某汽车运输单位接到一个任务，上级单位要求将某种军用或抢险救灾物资从 A 地运输到 B 地。接到这个任务后，汽车运输单位指挥员依据任务工作量和时间要求，安排相应数量的运输车辆和驾驶人员，进行任务的具体执行。

执行该运输任务的临时组建车队在接到具体运输任务后，驶出营区停车场大门，向存放货物的 A 地出发。由于每一辆运输汽车上安装有车载信息采集监测装置、北斗定位设备和无线数据传输设备等，汽车驾驶员能够实时地了解到反映车辆本身运行状况的各种数据和地理位置。同时，通过北斗全球定位功能和短消息收发功能，与车辆运输状态相关的主要数据也被实时传送到运输车辆所属单位的指挥控制中心。指挥员可以通过其单位指挥所（中心）的大显示屏幕实时地了解运输车辆车队所处地理位置和车辆状况，并借助北斗系统的短消息收发功能或无线移动网络的短信收发功能，及时向执行运输任务的车队发送指令，以便运输车队及时应对出现的紧急情况。

运输车辆到达指定的装货地点 A 后，依据指派的任务将需要运输的物资装车，并按照上级相关指示运送到指定位置 B。在物资运输过程中，可以通过数据传输方式或语音通信方式随时根据上级领导指示来改变物资运输路线。如果条件成熟且能够和军事物流系统对接，就可以对在运物资进行实时监控，实现真正意义上的物资运输调度指挥自动化，在指定地理范围内对军事运输单元进行跟踪和指挥。

（2）基于物联网技术的军用车辆使用智能化监控

随着互联网、物联网技术的迅猛发展，具备网络信息传输和交换能力的智能化车辆是所有汽车发展的必然趋势。从技术层面而言，车辆管理智能化主要体现在两个方面：一方面是车辆本身智能化，即要求车载系统能收集并处理车辆本身的状态信息；另一方面是车辆管理网络化，即远程中心可对车辆状态信息进行实时交换、管理和干预。

● 军用车辆智能化监控系统的功能

图 6-24 给出了军用车辆使用智能化监控体系结构的主要功能结构。停车场信息采集模块主要用于采集车辆停车位置、车辆启动时间、车辆出库时间、车辆回归车库时间、停车场视频影像等信息，并通过通信模块将上述信息传输至本地车辆使用管理软件平台。车载信息采集模块可以将现有车辆内采集和监测到的各种数据（如记录车辆行驶状态的行驶记录仪、车身设备控制器、发动机控制器、底盘悬挂控制器等车内控制系统采集到的信息），通过 ZigBee 协议、蓝牙技术或其他短距离无线数据传输技术传输至车载通信网关，这些控制器连同车辆内其他带有信息采集功能的设备，如地理位置定位终端等，彼此之间构成一个车联网。车载通信网关通过诸如卫星通信、无线移动网络或无线短波技术等无线通信技术将由车联网自动采集到的信息发送到车辆使用智能化管理软件平台。

车辆使用的智能化管理软件平台一般来说位于负责军用车辆管理业务单位的指挥控制室内，用于对接收到的车辆数据进行显示、查询等。考虑到我国幅员辽阔，军队管理分布具有较强地域性特点，车辆使用智能化管理软件平台可以借助 SaaS 运营模式，即以战区为地域范围建立一个智能化管理软件平台，而下属单位则可以通过申请来获得软件使用许可。

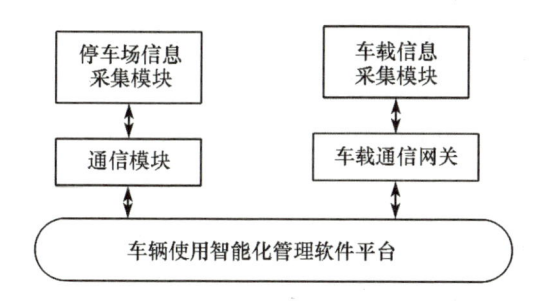

图 6-24　军用车辆使用智能化监控体系结构的主要功能结构图

● 军用车辆智能化监控系统的模拟应用场景

军用车辆智能化监控包括三个主要部分：一是用于停放军用车辆的专用停车场或车库；二是用于停放在停车场或正在道路上行驶的车辆；三是用于

接收车辆状态等信息的车辆智能化管理软件平台。

军用车辆使用的智能化监控模拟过程描述如下：根据工作需要，车辆使用管理人员通过计算机管理终端，录入车辆出行任务单，如选派指定驾驶证为×××的驾驶员 A 驾驶车号牌为××的军车去 B 地执行运输任务，装货后将货物送达指定地点 C，并要求该驾驶员在该运输任务完成后及时将车辆返回停车场。上述任务单信息通过计算机网络传输到指定停车场（车库）信息网关，并将相关数据进行本地存储。驾驶员 A 受领出车任务后，手持带有 RFID 电子标签的车门钥匙，进入停车场，打开车门，落座驾驶位，启动汽车发动机。一旦汽车发动机启动，车载信息装置就将通过诸如行驶记录仪等设备自动采集数据信息，如发动机起启时间、驾驶员身份等信息，通过无线数据传输方式将这些信息发送到停车场信息网关，同时通过预先部署于停车场的各类传感器将被启动车辆位置信息也及时地传输到停车场信息网关，之后停车场信息网关将这类信息通过有线方式同时传送到停车场控制室和车辆使用管理平台中心，以便在需要时供相关人员进行实时监控和查询等。

当驾驶员驾驶该车辆到达停车场出口时，部署在停车场出口两侧的 RFID 读写器将分别读取带有 RFID 电子标签的车门钥匙、军车号牌和驾驶证等信息，并将这些信息与从停车场信息网关获取的派车单信息进行比对。通过信息比对，确认到达停车场出口车辆是任务单中指定的车辆，且驾驶车辆者确为执行该出车任务的驾驶员，则予以放行，否则出口栏杆不做任何响应，处于禁止放行状态，并将相关报警信息发送至车辆使用管理中心。

一旦该车辆驶出停车场出口，则依据任务单要求开往指定地点 B 处进行装货，在行驶途中，车载信息模块自动收集来自车联网各个节点采集到的信息，如车辆行驶时间、地理位置等，并通过卫星通信或无线通信实时地将数据发送至车辆使用管理中心，以便车辆使用管理中心可以随时了解外派车辆的实际情况。

当该车辆行驶到指定装货地点 B，并顺利地将货物运送到指定地点 C 后，按计划返回原先的车辆停车场。当该车辆到达停车场进口处时，安装在进口处两侧的 RIFD 读写器读取带有 RFID 电子标签的车门钥匙、军车号牌和驾驶证等信息，并将这些信息与从停车场信息网关获取的派车单信息进行比对。如果信息匹配，则栏杆提升，允许车辆进入停车场；如果信息不匹配，则栏杆无任何响应，并向停车场控制室和车辆使用管理平台发送报警信息。

  车辆在通过进口栏杆时，车载信息网关接收到来自停车场信息网关发送过来的数据，从中获知预期停车车位，并按照停车长指示在指定位置停车。当驾驶员将车停好，发动机熄火，关闭车门后，车载信息网关将相应行驶数据发送至车辆使用管理中心。至此，车辆外出执行任务全部完成。

第 7 章
后装保障实战化演练

> 知之愈明，则行之愈笃；行之愈笃，则知之益明。
>
> ——《朱子语类》

后装保障实战化演练是提高部队后装综合保障能力的有效途径，是加快转变保障能力生成模式的关键环节，是实现强军目标的重要内容。本章重点介绍后装保障实战化演练的组织结构、计划管理，以及效果评价，为优化综合保障演练管理方式方法提供理论和指导。

• 名词解释

- 实战化演练 -

实战化演练是以实战需求为准则，以使命课题为牵引，在近似实战的条件下，针对对手作战规律、原则及可能发生的变化，提出作战实际需求，进行针对性训练。

7.1 演练组织结构

演练组织结构的模式是多种多样的,传统的有直线式、职能式、直线职能式、直线职能参谋式;现代的有项目式、矩阵式、多维立体式、控股型组织结构等。在这么多模式中,最基本、最普遍的是职能式、项目式和矩阵式三种。

7.1.1 职能式组织结构模式

职能式组织结构模式,即不组建新的导演机构,而是充分发挥现有机构的职能,在机关各部门明确相应的人员,对演习活动实施管理,这些人员既负责演习管理工作,又负责本职日常工作。该模式下,演习的总导演通常由演习首长担任,演习管理工作按照机关各部门正常的工作职能和关系实施,导演机构通过各部门来协调参加演练相关人员的工作。在这种组织结构中,各部门要平衡好本部门的工作与演习管理工作。当演习管理组织中的某一成员因故不能参加时,其所在的部门可以马上安排其他人员接替工作,因而演习不会因为组织中的某一名成员的流失而受到过大的影响,有利于演习管理工作的连续性。但这种组织结构模式中各成员分散于各部门,不利于互相之间的协调和交流,且这些成员受本部门与导演机构的双重领导,同时要完成两个方面的工作,不可避免地会影响演习工作的效率和质量。另外,这些成员所做的演习管理工作都是临时的、本职外的工作,本部门直接领导并不一定能看到或者认可,所以不易产生事业感与成就感。

7.1.2 项目式组织结构模式

项目式组织结构模式,其实质就是将"战役后装保障实兵演习导演机构"独立于各部门之外,对演习工作实施管理的一种组织结构模式。在项目式组织结构模式中，通过成立独立的演习导演机构，对演习活动进行管理，该机构的负责人即总导演，通常由演习首长担任，负责协调导演机构和机关各部门以及相关单位的工作。导演机构包括总导演、副总导演，下辖综合计划组、导调组、保障组等。

这种组织结构模式的典型特点在于导演机构独立于机关各部门之外，由抽调人员脱离原单位集中独立办公，导演机构可以专注于演习工作，其工作目标比较单一、组织内部沟通顺畅，管理层次简单、决策响应速度快，对于演习各项指标的控制能力相应较强。但是导演机构成员完全脱离原部门的工作，对原部门工作有一定的影响。同样，这种模式下导演机构人员在演习结束后要回归原机关部门或单位，他们在演习工作期间的表现，原单位领导是不能直接看到的，影响其工作积极性。同时导演机构和机关各部门之间的协调关系比较复杂，会影响工作效率。

7.1.3 矩阵式组织结构模式

矩阵式组织结构模式是把职能式和项目式组织结构模式结合起来组成一个矩阵，由演习总导演协调各部门以及所属单位抽调相关人员，组成演习导演机构，开展演习管理的组织工作。人员临时抽调到演习导演机构工作，又同原机关部门或单位保持组织业务上的联系，即导演机构人员受双重领导，既可以负责导演机构的工作，也可完成原单位的其他工作。演习导演机构是临时组织，演习任务完成之后机构成员归建。矩阵式战役后装保障实兵演习管理组织结构模式主要有三种：

弱（职能）矩阵式组织结构模式。该模式可能会提高演习的整合度，减少内部冲突，但缺点是对演习控制力较弱。

强（项目）矩阵式组织结构模式。该模式虽然能提供一个更好的框架来管理演习实施过程中的冲突，但是却以整个系统的低效作为整合的代价。

平衡矩阵式组织结构模式。该模式虽能够更好地实现项目与职能之间的平衡，但平衡点的建立与维持是一个十分微妙的过程，在具体实践中存在与矩阵组织有关的很多问题。

7.1.4 组织结构模式对比分析

上述几种组织结构模式依其组织方式、对资源的调度协调能力、资源的使用效率以及演习目标实现程度等不同，各有优缺点，见表7-1。

表7-1 后装保障实战化演练组织结构模式的特点

组织结构模式	优点	缺点
职能式 组织结构模式	• 不单独成立导演机构，利用现有机关架构和职能开展工作，简便节省 • 机关各部门负责督促组织成员完成总导演赋予的工作 • 按照原机关架构机制运行，关系较顺畅	• 人员在原单位办公，组织凝聚力相对较弱 • 组织成员面临多头指挥的困扰 • 机关非牵头部门积极性受限 • 机关部门间协调难，决策慢
项目式 组织结构模式	• 单独成立导演机构，成员脱离原单位集中办公，效率高 • 导演机构由总导演统一指挥，整体凝聚力较强，决策快	• 导演机构成员有临时思想，工作标准受影响，缺乏整体观 • 导演机构与机关部门间协调难度增加
矩阵式 组织结构模式	• 总导演具有调动、协调导演机构内资源的能力 • 工作效率较高 • 充分发挥人力资源的作用	• 导演机构成员仍旧从属于原单位，面临多头管理的弊端 • 总导演的决策力、对资源的调动能力受到一定的限制

7.2 演练计划管理

科学合理的演练计划是演练活动顺利开展的前提。需要分析战役后装保障实战化演练各个阶段的主要活动以及各活动的排序，然后运用数学模型估算演练的进度和费用，在此基础上，编制演练计划，提出演练计划控制方法。

7.2.1 后装保障实战化演练计划管理过程

后装保障实战化演练计划管理，是指根据演练的工作内容和先后顺序，运用相关技术和方法分析演练所包含的活动及其之间的相互关系，在综合权衡各种约束条件的情况下，运用相关方法估计各项活动所需要的时间和费用，并根据确定的活动时间和费用，合理安排和控制演练过程的一系列管理活动和过程。后装保障实战化演练计划管理步骤如图 7 - 1 所示。

7.2.2 后装保障实战化演练进度估计

后装保障实战化演练进度估计，是在分析演练各活动进度的基础上，运用仿真的方法对演练各阶段以及全过程的进度进行综合计算，得到演练各阶段和全过程的最佳完成时间，以及完成时间的概率分布和累积概率分布。

1. 方法选择

常用甘特图方法、关键路线法（critical path method，CPM）、计划评审技术（program evaluation and review technique，PERT）等进度估计方法，其中 PERT 最常用。

● 甘特图方法适用于活动较少的项目。由于后装保障实战化演练的活动事项多且复杂，因此不宜采用此方法进行演练进度估计。

● CPM 适用于项目每项活动持续时间为确定值的情况。由于后装保障实战化演练各项活动的持续时间难以精确估计，因此不宜采用此方法进行演练

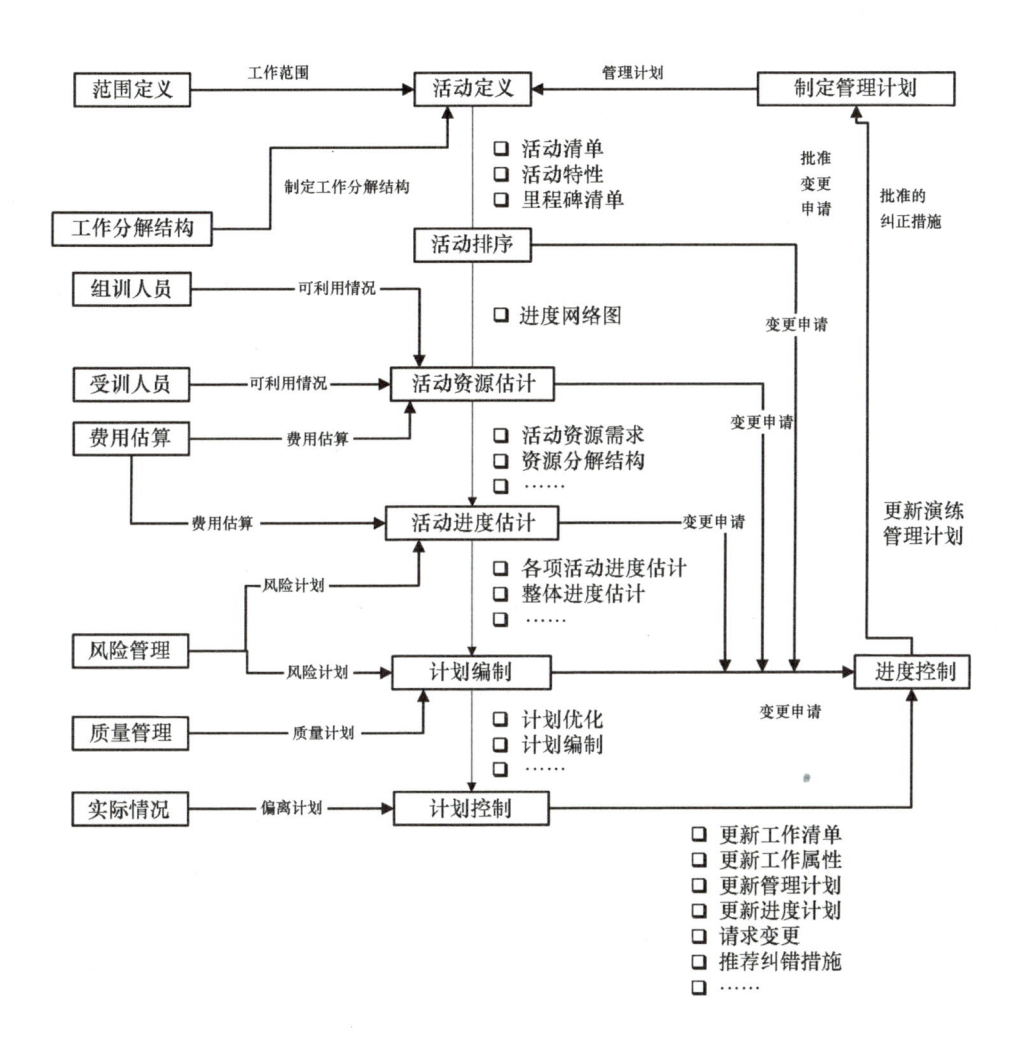

图 7-1 后装保障实战化演练计划管理步骤

进度估计。

● PERT 适用于项目活动逻辑关系明确，但活动持续时间不确定的情况。由于后装保障实战化演练各项活动的持续时间具有高度不确定的特点，因此，运用 PERT 能够更加科学地估计演练进度。

2. 演练进度估计步骤

后装保障实战化演练进度估计的步骤分为三步：一是估计第 i 项活动的进

度；二是估计每条路径的进度；三是得到总进度。

（1）第 i 项活动的进度

运用"三点估计法"得到后装保障实战化演练 i 项活动的进度期望值和方差。三点估计分别是乐观估计、最有可能估计和悲观估计。

乐观估计：在最顺利的情况下，完成活动的时间；

最有可能估计：在正常的情况下，完成活动的时间；

悲观估计：在最不顺利的情况下，完成活动的时间。

乐观估计、最有可能估计和悲观估计的数据，由总导演或演练方面的专家根据后装保障实战化演练的实际情况给出，然后根据这些数据可算出第 i 项活动进度的期望值和方差。

（2）路径的进度

根据后装保障实战化演练网络计划图和每项活动进度的期望值和方差，对后装保障实战化演练各条路径的进度进行估算，得到各条路径进度的期望值和方差。

（3）总进度

根据后装保障实战化演练每条路径进度的期望值，计算所有路径中进度期望值的最大值，从而得到关键路径，关键路径对应进度的期望值和方差即为演练总的进度期望值和方差。

7.2.3 后装保障实战化演练计划编制

后装保障实战化演练计划是指以演练目标、演练内容和上级指示为依据，根据演练活动列表、演练网络计划图、演练费用和进度估计结果，对演练活动进行统筹安排和时间规划。战役后装保障实战化演练计划通常包括：演练的指导思想、演练的编组、演练的起止时间等。计划编制可拟采用文字或表格的形式，要力求计划内容完整，描述准确简明，且具有很强的操作性。

在编制演练计划之前，要科学分析演练各执行机构在演练全过程的参与程度和范围。后装保障实战化演练各组的参与程度和范围如图 7-2 所示，综合计划组参与了演练的全过程;导调组在建立完导演机构后开始参与演练,并全程参与了演练实施阶段和结束阶段;信息采集组、评估组参与了演练实施阶段全过程和结束阶段的前部分;技术保障组、后勤保障组、通信保障组、安全警卫组和政工组参与了演练准备阶段的中后部分、实施阶段和结束阶段的全过程;场地设置组参与了演练准备阶段的中后部分。

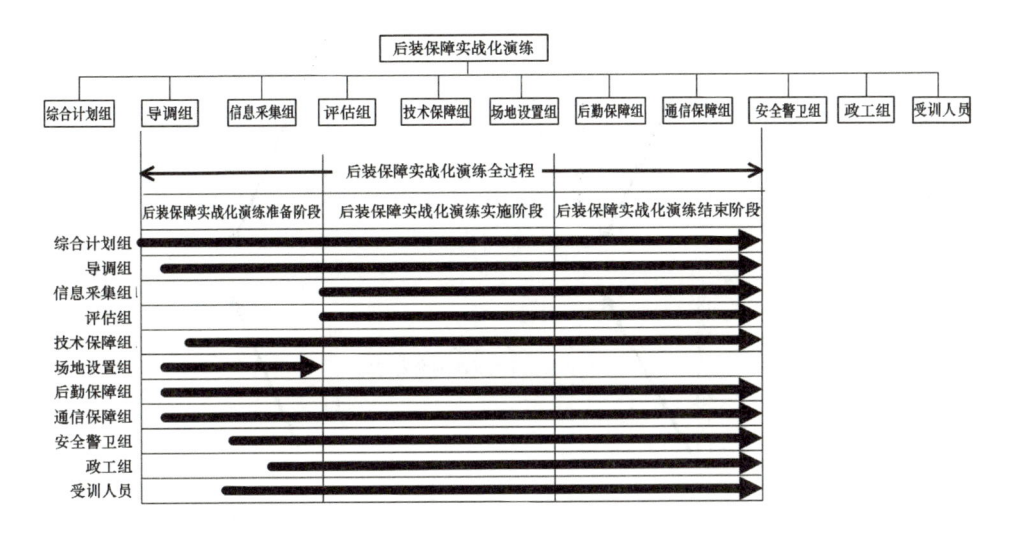

图7-2 后装保障实战化演练各组的参与程度和范围

7.2.4 后装保障实战化演练计划控制

后装保障实战化演练计划控制,是指在演练执行过程中,根据演练目标、内容和进度的调整,以及受到各种不确定因素的影响,对演练计划进行科学的控制和调整,确保演练总目标的实现。演练计划控制的首要任务是根据演练执行过程中遇到的新事件、新情况、新问题和突发事件,找出偏离原有计划的原因。后装保障实战化演练计划控制的方式主要有两种,首选方式是通过强有力的举措和科学的方法,解决影响演练计划的障碍和问题,尽可能维持原计划,使演练活动能够正常执行。如果出现采取措施仍不能维持原计划的情况,则应对计划进行调整、修正和更新,同时让演练活动按照新的计划执行。

后装保障实战化演练计划控制的关键就是快速准确地找出演练执行过程中计划偏差产生的原因。战役后装保障实战化演练计划滞后原因分析的"鱼刺图"如图7-3所示,图中"鱼头"和"大骨"表示计划滞后的结果;四周的"鱼刺"表示主要原因;"鱼刺"旁边的"鱼鳞"表示次要原因。

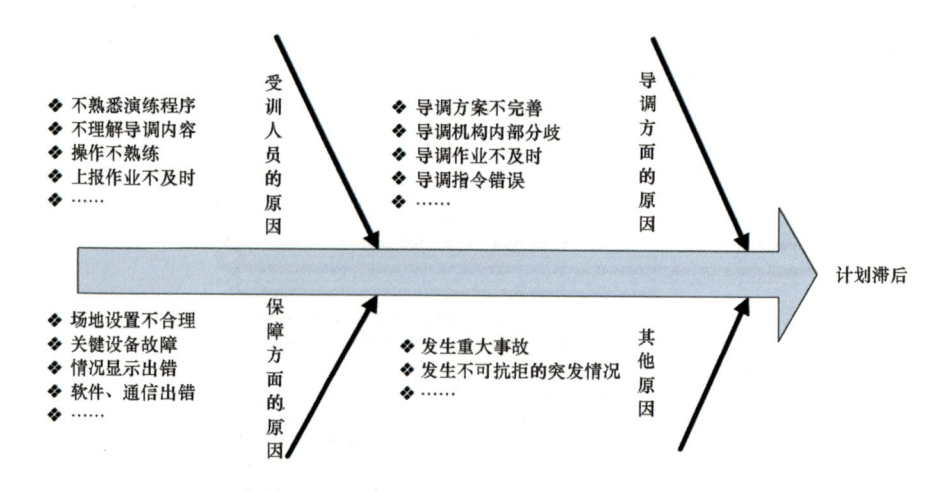

图7-3 演练计划滞后原因分析的"鱼刺图"

根据图7-3可知,演练计划滞后的原因主要分为四个方面。

1. 受训人员方面

受训人员影响演练计划正常执行的原因主要包括:不熟悉演练的程序、不理解导调内容、对操作不熟悉,以及上报作业不及时。

2. 导调方面

导调方面影响演练计划正常执行的原因主要包括:导调方案不完善、导调人员出现分歧、导调作业下发不及时,以及导调指令错误等。

3. 保障方面

保障方面影响演练计划正常执行的原因主要包括:场地设置不合理,关键设备故障,情况显示出错,软件、通信出错等。

4. 其他

影响演练计划正常执行的其他原因主要包括：发生重大事故、发生不可抗拒的突发情况等。

7.3 演练效果评价

后装保障实战化演练效果评价，是衡量演练活动所达到预期目标的实现程度，是后装保障实战化演练管理的重要组成部分。建立后装保障实战化演练效果评价指标体系，构建演练效果评价模型，从演练全寿命周期出发，客观评价演练效果，是衡量演练管理是否达到目标、是否高效的重要手段。

7.3.1 后装保障实战化演练效果评价体系

后装保障实战化演练效果评价体系包括评价流程和评价方式。其中，评价流程包括确定评价目标、建立评价指标体系和构建评价模型等步骤。评价方式主要是指演练各参与者围绕演练效果评价的工作方式和相互关系。

1. 评价流程

后装保障实战化演练效果评价包括确定评价目标、建立评价指标体系和构建评价模型。

确定评价目标。根据战役后装保障实战化演练的计划、内容和要求，确定演练效果评价目标。

建立评价指标体系。根据战役后装保障实战化演练效果评价目标，结合演练的主要内容、阶段和活动，建立衡量演练效果的指标体系，在此基础上，构建指标体系的具体衡量尺度，即评价标准体系。

构建评价模型。包括权重模型、单指标评价模型和综合评价模型。

2. 评价方式

后装保障实战化演练效果评价，贯穿于整个演练活动，是对演练全过程的全面检查和系统衡量，是评价主体和评价对象共同作用的过程。评价主体，指由谁组织实施演练效果评价；评价对象，指对谁进行演练效果评价。

（1）评价主体

为了确保后装保障实战化演练效果评价的科学性、全面性和真实性，评价主体的构成要多元化。因此，演练效果评价主体应包括演练上级机关、施训人员、受训人员和评判组等。

（2）评价对象

后装保障实战化演练效果评价对象，包括参与演练的所有人员（施训人员和受训人员）以及演练活动的全过程。

7.3.2 后装保障实战化演练效果评价指标

建立后装保障实战化演练效果评价指标的流程如图 7-4 所示。为了科学全面反映后装保障实战化演练效果评价指标体系，构建的指标体系除了评价指标外，还包括评价主体、评价对象和评价方法等。

根据前文的分析，后装保障实战化演练效果评价主体包括上级机关、施训人员、受训人员和评判组等；后装保障实战化演练效果评价对象是参与演练的所有人员（施训人员和受训人员）以及演练活动的全过程；后装保障实战化演练评价方法主要有查阅资料、座谈访问、问卷调查、考试考核、实地检查和统计分析等。

后装保障实战化演练效果评价指标体系的一级指标依次以 A，B，C……表示。二级指标编号采用一级指标编号加下标的形式，如，一级指标 B 属下的第一个二级指标用 B_1 表示。三级指标编号采用二级指标的下标后依次再加一个数字序号，如二级指标 B_1 属下的第一个二级指标用 B_{11} 表示。后装保障实战化演练效果评价指标体系示例如图 7-5 所示，包括准备阶段、实施阶段和结束阶段 3 个一级指标，下设 12 个二级指标和 36 个三级指标。

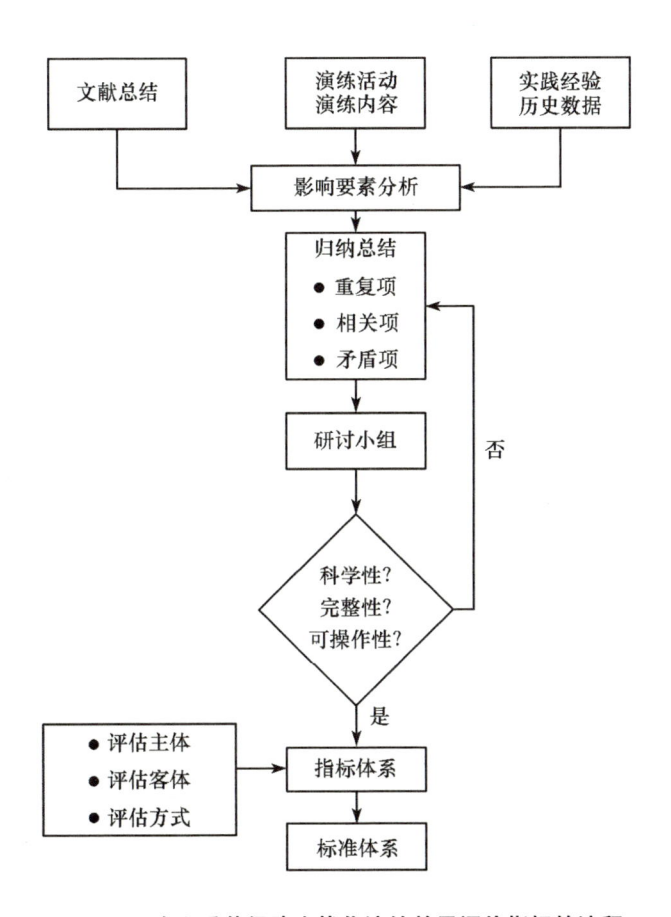

图7-4 建立后装保障实战化演练效果评价指标的流程

7.3.3 后装保障实战化演练效果评价模型

后装保障实战化演练效果评价模型包括评价指标权重模型、单指标评价模型和综合评价模型等。运用熵值法确定演练效果评价指标权重，运用灰色理论建立定性指标评价模型，运用模糊数学模型建立定量指标评价模型，运用模糊综合评价法建立效果评价模型。

1. 评价指标权重模型

后装保障实战化演练效果评价指标体系中各指标的重要程度及对演练效果的贡献程度不同，需要对各指标赋予不同的重要性系数，一般运用熵值法

一级指标	二级指标	三级指标
准备阶段A	导调机构A_1	机构设置A_{11}
		人员编配A_{12}
		人员职称A_{13}
	演练文书A_2	演练计划A_{21}
		演练想定A_{22}
		导调文书A_{23}
	保障条件准备A_3	场地准备A_{31}
		通信保障准备A_{32}
		物资器材准备A_{33}
		演习警戒准备A_{34}
		后勤准备A_{35}
	理论准备A_4	导调人员准备A_{41}
		保障人员准备A_{42}
		受训人员准备A_{43}
实施阶段B	施训人员B_1	组织管理B_{11}
		导调效果B_{12}
		导调能力B_{13}
		应变能力B_{14}
	受训人员B_2	到位情况B_{21}
		演练秩序B_{22}
		设备使用B_{23}
		执行效果B_{24}
	演练内容B_3	作战准备阶段演练B_{31}
		作战实施阶段演练B_{32}
		作战结束阶段演练B_{33}
	演练方式方法B_4	推演方式B_{41}
		推演方法B_{42}
结束阶段C	演练讲评与总结C_1	演练讲评C_{11}
		演练总结C_{12}
	演练成绩C_2	装备指挥机关成绩C_{21}
		装备保障部（分）队成绩C_{22}
	知识能力C_3	理论知识C_{31}
		业务技能C_{32}
		能力素质C_{33}
	演练满意度C_4	施训人员满意度C_{41}
		受训人员满意度C_{42}

后装保障实战化演练效果评价指标体系

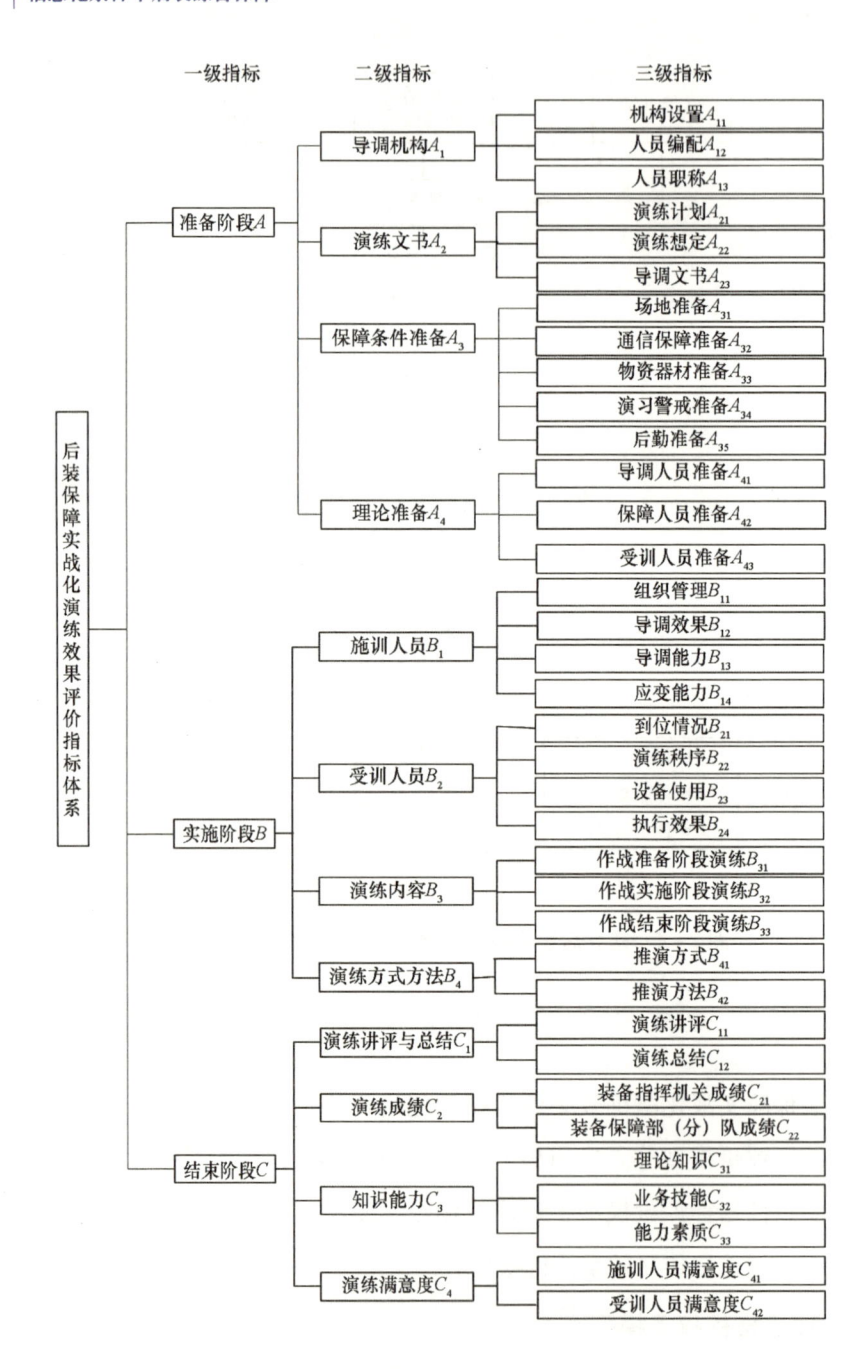

图 7-5　后装保障实战化演练效果评价指标体系

确定评价指标权重。熵值法是根据各项指标经验值或历史数据提供的信息量确定指标权重的方法。熵广泛应用于热力学和化学中，主要用于计算系统中的失序现象。在信息论中，熵是指随机变量出现的期望值，又称为平均信息量。信息熵表示信息无序的程度，信息熵越大，无序度越高，其效用值越小；信息熵越小，无序度越小，其效用值越大。

2. 单指标评价模型

后装保障实战化演练效果单指标评价模型包括定性指标评价模型和定量指标评价模型。运用灰色理论构建定性指标评价模型，运用模糊数学的理论构建定量指标评价模型。灰色理论主要涉及三类信息，即"黑、灰、白"。其中"黑"表示信息完全未知，"白"表示信息完全明确，"灰"表示信息不完全明确。灰色理论的主要目的是实现事物是由黑到灰再到白的过程。运用灰色理论构建后装保障实战化演练效果定性指标评价模型，能够有效解决定性指标信息不完全的劣势，能够实现定性指标的"白化"和定量化。

3. 综合评价模型

后装保障实战化演练效果模糊综合评价模型的步骤如图7-6所示。

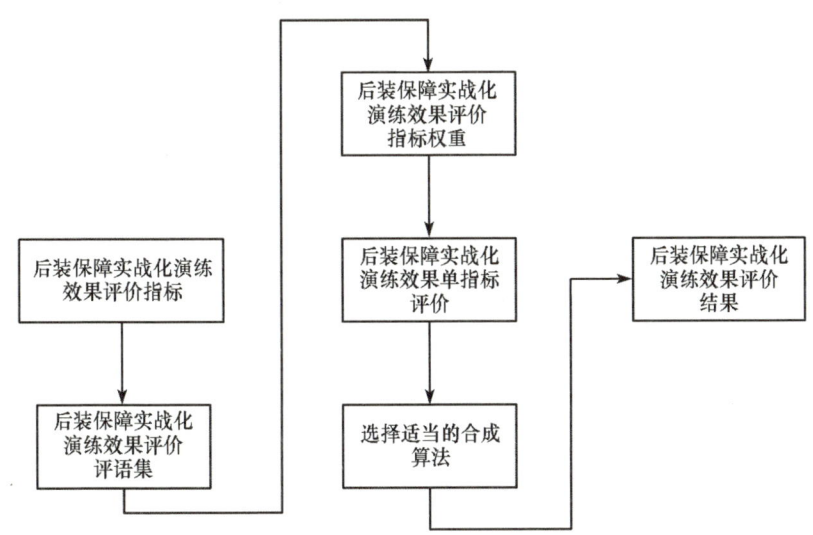

图7-6 后装保障实战化演练效果模糊综合评价模型的步骤

在后装保障实战化演练效果评价指标体系、评语集、评价权重的基础上，根据各指标的定性评价结论，得到单指标评价的模糊隶属度矩，运用加权平均型合成算子，构建后装保障实战化演练效果综合评价模型，并得出评价结果，包括定性评价结果和定量评价结果。

参考文献

[1] 徐宗昌. 保障性工程[M]. 北京:兵器工业出版社,2002.

[2] 凤健飞. 三军联勤保障[M]. 北京:海潮出版社,2000.

[3] 宋太亮. 装备综合保障实施指南[M]. 北京:国防工业出版社,2004.

[4] 于永利,张柳. 装备保障工程基础理论与方法[M]. 北京:国防工业出版社,2015.

[5] 张宝珍. 国外新一代战斗机综合保障工程实践[M]. 北京:航空工业出版社,2014.

[6] 杨拥民,葛哲学,罗旭,等. 装备维修性设计与分析技术[M]. 北京:科学出版社,2019.

[7] 陶俊勇,谭源源,易晓山,等. 装备通用质量特性技术基础[M]. 长沙:国防科技大学出版社,2017.

[8] 李星新,叶飞,王松山. 装备通用质量特性基础与试验[M]. 北京:北京理工大学出版社,2020.

[9] 国家自然科学基金委员会工程与材料学部. 机械与制造科学:学科发展战略研究报告(2021—2025)[M]. 北京:科学出版社,2021.

[10] 温熙森. 模式识别与状态监控[M]. 北京:科学出版社,2007.

[11] 陈雪峰. 智能运维与健康管理[M]. 北京:机械工业出版社,2020.

[12] 邵新杰,曹立军,田广,等.复杂装备故障预测与健康管理技术[M].北京:国防工业出版社,2013.

[13] 胡茑庆,秦国军,胡雷,等.非线性系统故障诊断的混合方法[M].北京:国防工业出版社,2014.

[14] 李曙林.军用飞机作战使用生存力分析与评估[M].北京:国防工业出版社,2016.

[15] 荆强.装甲装备抢救[M].北京:国防工业出版社,2014.

[16] 蓝羽石.物联网军事应用[M].北京:电子工业出版社,2012.

[17] 卢瑞文.自动识别技术[M].北京:化学工业出版社,2005.

[18] 张谦.现代物流与自动识别技术[M].北京:中国铁道出版社,2008.

[19] 杨军,王毅刚,叶飞.装备综合保障工程综合数据环境建模与控制[M].北京:国防工业出版社,2015.

[20] 杨拥民,钱彦岭,李磊,等.装备维修保障信息化体系结构设计概论[M].北京:国防工业出版社,2012.

[21] 中国机械工程学会.3D打印 打印未来[M].北京:中国科学技术出版社,2013.

[22] 徐旺.4D打印:从创意到现实[M].北京:清华大学出版社,2016.

[23] 阿米特·班德亚帕德耶,萨斯米塔·博斯.3D打印技术与应用[M].王文先,葛亚琼,崔泽琴,等译.北京:机械工业出版社,2017.

[24] 于永利,郝建平,杜晓明,等.维修性工程理论与方法[M].北京:国防工业出版社,2007.

[25] 顾金星,苏喜生,马石.物联网与军事后勤[M].北京:电子工业出版社,2012.

[26] 宋航.物联网技术及其军事应用[M].北京:国防工业出版社,2013.

[27] 王喜富.物联网与物流信息化[M].北京:电子工业出版社,2011.

[28] 李长海,李晓松,孙陆青,等.战役装备保障实兵演习管理[M].北京:国防工业出版社,2014.

[29] 宋华文,王鹏,周天印. 装备保障实战化训练概论[M]. 北京:国防工业出版社,2018.

[30] 韦灼彬,熊先巍. 装备保障效能评估与建模[M]. 北京:国防工业出版社,2020.

[31] 陶帅. 装备维修保障体系能力评估[M]. 北京:国防工业出版社,2019.

[32] 朱小冬,刘广宇,葛涛. 信息化作战装备保障[M]. 北京:国防工业出版社,2007.

[33] 胡利民,杨超,张增磊,等. 装备保障基地化训练[M]. 北京:国防工业出版社,2011.

[34] 王云宪,吕小刚. 智能化作战的基本特征[N]. 学习时报,2018-09-19(A7).

[35] 方福生,李勇,孙剑. 前瞻智能化战争后装保障[N]. 解放军报,2022-12-29(07).

[36] 胡茑庆,胡雷,陈凌,等. 装备健康管理的现状、未来与挑战[J]. 国防科技,2015(2):10-15.

[37] 胡茑庆,陈徽鹏,程哲,等. 基于经验模态分解和深度卷积神经网络的行星齿轮箱故障诊断方法[J]. 机械工程学报,2019(7):9-18.

[38] 彭宇,刘大同,彭喜元. 故障预测与健康管理技术综述[J]. 电子测量与仪器学报,2010(24):1-9.

[39] 石志军,陈信在,丛方磊. 船舶雷达装备战损分析与评估的技术研究[J]. 中国修船,2020(5):56-59.

[40] 海方,刘洁,汪时交,等. 浅谈外军飞机战损评估与修理[J]. 航空维修与工程,2021(2):30-34.

[41] 张宝珍. 21世纪的保障方案:JSF的自主式后勤[J]. 航空维修与工程,2003(1):27-30.

[42] 田旭光,田晓涛,蔡延曦. 武器装备保障信息化研究现状与发展思考[J]. 信息系统工程,2018(1):160-163.

[43] 张晓怀.基于IETM的舰船装备保障信息化系统设计[J].设备管理与维修,2019(4):8-9.

[44] 贾丽,谢汶姝,李梓,等.浅析信息化条件下航天装备保障发展趋势[J].科技资讯,2019,17(7):244-247.

[45] 岳军,赵辉.浅析直升机装备保障信息化[J].内燃机与配件,2019(12):197-198.

[46] 齐健东.信息化条件下通信装备保障方式探析[J].数字技术与应用,2019,37(9):216-218.

[47] 刘世伦,王兵,马翠,等.装备保障信息化基础性建设总体思路研究[J].海军工程大学学报(综合版),2019,16(4):73-76.

[48] 刘功龙,申卫民,杨毅钧,等.武器装备保障信息系统集成与应用研究[J].数字技术与应用,2020,38(6):81-83.

[49] 朱亮标,李庆萌.装备综合保障信息化综述[J].电子产品可靠性与环境试验,2021,39(S2):77-80.

[50] 陈锋,张子骏,洪东跑.武器装备综合保障模式及发展探索[J].航天工业管理,2020(8):50-55.

[51] 王恺,黎云轩,郑觉醒.装备综合保障管理体系建设研究[J].设备管理与维修,2022(4):12-13.

[52] 孙东平,李世令.浅析信息化体系结构在潜艇装备维修保障中的应用[J].国防科技,2014,35(6):51-53.

[53] 李婷,李德鹏,杨少军,等.基于效能发挥的航空装备维修保障信息化建设[J].航空维修与工程,2021(2):27-29.

[54] 王南天,钱彦岭,李岳.仿生自修复硬件多层结构模型[J].国防科技大学学报,2016,38(4):85-89.

[55] 张海鸥,王超,胡帮友,等.金属零件直接快速制造技术及发展趋势[J].航空制造技术,2010,8:43-46.

[56] 冯向敏,赵武奎,鲍毓楠.部队装备保障演练考核指标体系[J].四川兵

工学报, 2009, 30(6):131-133.

[57] 苏亚东, 王向明, 吴斌, 等. 4D 打印技术在航空飞行器研制中的应用潜力[J]. 航空材料学报, 2018, 38(2):59-69.

[58] 陆洪武, 陈建国, 王荣颖. IETM 技术发展综述及其特点分析[J]. 舰船电子工程, 2009, 29(7):25-28, 44.

[59] 杨培亮, 朱亮标. 装备 IETM 标准化和应用的现状及问题探讨[J]. 电子产品可靠性与环境试验, 2021, 39(S2):72-76.

[60] 蒋科艺, 郝建平. 沉浸式虚拟维修仿真及其应用[J]. 计算机工程与应用, 2015(21):208-211, 214.

[61] 柳辉, 郝建平. 基于虚拟维修仿真的维修性分析系统设计与实现[J]. 系统仿真学报, 2006, 18(2):378-384.

[62] 徐玉国, 邱静, 刘冠军. 装备自主维修保障的维修与库存联合优化[J]. 航空学报, 2013(8):1864-1873.

[63] 吴量, 李诗华, 徐东. 智能化军事物流保障技术体系研究[J]. 军事运筹与系统工程, 2021, 35(2):75-80.

[64] 赵明, 阮拥军. 基于"霍尔三维结构"的陆军实战化装备保障演练课目库构建[J]. 军事交通学报, 2022(1):75-80.

[65] 尹旭阳, 阮拥军, 贾仪忠, 等. 基于 ISM 的装备维修保障演练评估影响因素分析[J]. 科技与创新, 2021(6):38-40.

[66] 田向辉. 基于物联网的军事物流智能化系统的设计与实现[D]. 长春:吉林大学, 2015.

[67] 李孝涛. 基于贝叶斯网络的航天系统安全风险建模方法及应用研究[D]. 长沙:国防科学技术大学, 2016.

[68] 李廷鹏. 装备使用保障性分析与使用保障过程权衡优化关键技术研究[D]. 长沙:国防科学技术大学, 2016.

[69] 张玉锋. 装备保障信息集成中间件关键技术的研究与实现[D]. 长沙:国防科学技术大学, 2007.

[70] 李莉. 保障信息系统数据集成管理工具的研究与实现[D]. 西安:西安电子科技大学,2014.

[71] 张宁. 船舶保障信息集成与综合决策系统设计与实现[D]. 西安:西安电子科技大学,2021.

[72] 卓清琪. 基于膜计算理论的仿生电子阵列自组织与自修复方法研究[D]. 长沙:国防科学技术大学,2016.

[73] 王南天. 胚胎型仿生自修复硬件设计关键技术研究[D]. 长沙:国防科学技术大学,2016.

[74] 王瑶. 基于S1000D标准的交互式电子技术手册系统研究[D]. 大连:大连海事大学,2017.

[75] 戚祝绮. 无力反馈沉浸式虚拟维修性评估技术研究[D]. 长沙:国防科技大学,2019.

[76] 钱永产. 装甲装备虚拟维修训练系统研究[D]. 北京:北京科技大学,2010.

[77] 徐玉国. 装备自主维修保障关键技术研究[D]. 长沙:国防科学技术大学,2012.

[78] Derby B. Printing and prototyping of tissues and scaffolds[J]. Science, 2012, 338(16): 921-926.

[79] Niu G, Yang B, Pecht M. Development of an optimized condition-based maintenance system by data fusion and reliability-centered maintenance[J]. Reliability Engineering & System Safety, 2010(7): 786-796.

[80] Wang N, Li Y, Yu Z, et al. Online test method of FPGA solder joint resistance with low power consumption[J]. Microelectronics Reliability, 2015, 55(2015):1867-1871.

[81] Tumbleston J R, Shirvanyants D, Ermoshkin N, et al. Continuous liquid interface production of 3D objects[J]. Science, 2015, 347 (6228): 1349-1352.

[82] Skylar M A, Mueller J, Visser C W, et al. Voxelated soft matter via multimaterial multinozzle 3D printing[J]. Nature,2019, 575: 330-335.

[83] Frazier W E. Metal Additive Manufacturing: A Review[J]. Journal of Materials Engineering and Performance,2014, 23(6):1917-1928.

[84] Guo L, Yan Z, Ge W, et al. Origami and 4D printing of elastomer-derived ceramic structures[J]. Science Advances,2018, 4(8):eaat0641.

[85] McNamara C, Proetsch M, Lerma N. Investigating low-cost virtual reality technologies in the context of an immersive maintenance training application [C]. 8th International Conference on Virtual, Augmented and Mixed Reality, 2016: 621-632.